土地资源管理创新与发展研究

崔希英　郭　梅　许　莉　著

吉林科学技术出版社

图书在版编目（CIP）数据

土地资源管理创新与发展研究 / 崔希英，郭梅，许莉著 . -- 长春：吉林科学技术出版社，2023.8
ISBN 978-7-5744-0933-0

Ⅰ . ①土… Ⅱ . ①崔… ②郭… ③许… Ⅲ . ①土地资源－资源管理－研究 Ⅳ . ① F301.2

中国国家版本馆 CIP 数据核字（2023）第 199459 号

土地资源管理创新与发展研究

著　者	崔希英　郭　梅　许　莉
出 版 人	宛　霞
责任编辑	王凌宇
封面设计	树人教育
制　版	树人教育
幅面尺寸	185mm×260mm
开　本	16
字　数	300 千字
印　张	13.5
印　数	1-1500 册
版　次	2023 年 8 月第 1 版
印　次	2024 年 2 月第 1 次印刷
出　版	吉林科学技术出版社
发　行	吉林科学技术出版社
地　址	长春市南关区福祉大路 5788 号出版大厦 A 座
邮　编	130118

发行部电话／传真　0431—81629529　　81629530　　81629531
　　　　　　　　　　81629532　　81629533　　81629534

储运部电话　0431—86059116

编辑部电话　0431—81629520

印　刷	三河市嵩川印刷有限公司
书　号	ISBN 978-7-5744-0933-0
定　价	85.00 元

前　言

土地是民族自立之本、国家发展之基、国民福祉之源。

土地、人口和政府是构成一个国家的根本要素，其中土地作为一种稀缺资源，在任何社会，既是生产资料，又是重要的资产。可以说，人类社会的发展史就是一部人类对土地资源的利用和改造的历史。在中国自古有言，"有土斯有财""土地是财富之母""地者，万物之本源，诸生之根菀也"等，这些名言深入人心。中国古代经历了漫长的农业社会，中华民族是强调"民以食为天"的农耕民族，对于土地天然的感情自然最深，所以重视土地的利用与管理似乎是我们这个民族的天性。

中国共产党作为新中国的执政党，自成立以来，就致力于探索一条具有中国特色的解放和发展生产力的道路，所以一直高度重视土地工作。回顾新中国的历史，土地制度的变迁一直是国家制度建设和变革的重要内容，梳理下来其大致经历了五个阶段：一是新中国成立初期土地统一管理阶段；二是改革开放以前土地分散管理阶段；三是改革开放以后土地转向集中统一管理阶段；四是 2004 年以后进入土地垂直管理阶段；五是 2018 年以后进入自然资源部统一管理阶段。一路走来，我国土地产权制度由集权走向分权，土地规划制度由分立走向合一，建设用地管理制度由计划走向市场，土地保护制度由行业走向系统，土地管理体制由分管走向统管。现如今我国正在习近平新时代中国特色社会主义思想的指导下深化土地资源管理各项改革，土地资源管理研究和教育正在进入高质量发展的新时代。

土地资源管理作为一门综合性很强的新兴学科，涉及的知以领域相当广泛，很多问题在学界仍然在讨论探索之中，特别是土地领域的政策法规变动往往"牵一发动全身"，再加上编撰者水平有限，本书一定存在诸多不足之处，请同行和读者批评指正。

目 录

第一章 绪 论

土地是人类赖以生存的空间，是人类社会生产中重要的自然资源和生产资料，也是劳动的对象。土地几乎是人类赖以生存的最重要的自然资源。土地资源除了包含自身所固有的一切自然资源之外，同时还包含具有可供人类发展生产的社会经济特性。这两种特性合称为土地资源"二重性"。

人类社会的发展自然离不开对土地资源的利用和改造，可以说人和土地的这种关系是人类社会发展过程中最基本的生产关系。随着社会生产力的发展和人口迅速的增长，土地资源与人类社会的关系逐渐超出单一的国家和民族的范畴，成为整个人类生存和可持续发展的全球性问题。这是不以人的意志为转移的自然和社会发展规律所决定的。

强化土地资源的研究和管理是当前各国政府的共识，而土地资源管理作为一个综合学科必将在土地研究和土地管理中发挥更大的作用。

第一节 土地的概念与相关特性

土地和土地资源是土地资源学中最基本、最重要的概念。学术界对于这一概念有过激烈的争论和广泛的探讨。但是至今尚无一个为大家公认的定义。但是，随着人们对土地资源、土地资源学、土地资源管理等的深入研究，它们的概念逐渐完善和准确。

一、土地

由于研究角度和认识深度的不同，关于土地概念的描述众说纷纭。人们对于土地的界定，随着社会生产力的发展、科学技术的进步以及人们对土地的认识和探索的逐步加深而不断更新和完整。

纵观古今中外，对于土地的含义的表述，归纳下来大致有以下几种：

——土地与土壤是同义词。

——土地是地球表面的陆地部分，它是由泥土和沙石所堆积的固定场所。

——土地是地球表面的陆地和水面，它是由气候、地貌、土壤、水文、岩石、植被等构成的自然历史的综合体，还包含人类活动的成果。

——土地就是自然，土地的范围包括地球表面的水、陆地、空气等自然物及光、热引力等自然力。

土地是立国的要素。一个国家的土地、人民和主权共同构成立国的三要素。

——土地是指设置管辖权和所有权的地球陆地表面（含海岛和内陆水域）。

由此就可以看出，土地的内涵是有广义和狭义之分的，古今中外，不同时期的不同学科的学者，从不同的角度赋予了土地不同的含义。

为了弄清楚土地的概念，追根溯源要从"土"字谈起。早在公元前121年，《说文解字》（许慎著）中就将土地解释为："土者，是地之吐生物者也"，意思为"地"是"吐"生物的，是万物之母。并用示意图，把"土"字分解为植物地上部分、表土层、植物地下部分和底土层四个层次。在《管子校正》卷十四中将土地定义为"地者，万物之本源，诸生之根竟也"。可见在我国古代，人们通常把土地称为地面，即土地是指地球表面的陆地部分，由土壤和岩石堆积而成，而水域、大气层以及地上和地下的各种物质和能量则不属于土地的范畴。这是最简单、狭隘的土地概念。

随着社会生产力的发展和科学技术的进步，人们对土地的认识和理解在逐步完善。例如从事农业生产的人们发现，农作物生长不仅与土壤或者地形相关，而且受到其周围的整个自然环境的控制；从事房地产开发的人们发现，建筑房屋和各种工程不能只限于考察地貌和基础地质，还要考虑气候、排水、地表和地下水文特征，以及动植物的生存环境；从事旅游地规划设计的人们发现，旅游景区不是简单地由山（地貌）、水（水文）构成的，而是一种由地貌、气候、水文、土壤和生物等自然要素构成的统一整体。关于土地的概念，便由此逐步全面和系统起来。

英国经济学家马歇尔指出了土地是指大自然无偿地资助人类的地上、水中、空中、光热等物质和能力。"美国经济学家伊利认为："……土地这个词……其意义不仅是指地球表面，因为它还包括地面上和地面下的东西。"这是人类从经济学角度对土地的论述，可称之为土地广义的概念。即土地是自然的产物，土地的范围既包括地球陆地表面，也包括水面、空气、光、热及地下蕴藏的矿物等各种自然物和自然力。

近几十年以来，随着现代生态学、地学及其他自然科学的发展，土地的概念从地球表面扩大至地球的表面，由孤立的平面扩展为系统的立体空间，形成了生态学和系统论观点的土地概念。澳大利亚的克里斯钦等应用生态学家的观点，对土地的概念进行了较为完整的阐述，指出了一块土地，在地理上被认为是地球表面的一定区域，其特点包括该地域的大气层、土壤及其下面的岩石、地形、水、动植物群落以及人类过去和现在活动结果在内的、上下垂直的、生物圈相当稳定或可预见的一切循环因素。这些因素在一定程度上对人类目前及将来的土地利用有着重大影响。"

1972年在荷兰的瓦格宁根召开的农村土地评价的专门会议上，与会学者达成共识，提出了土地包含地球特定地域表面及其以上或以下的大气、土壤及基础地质、水文和植被，它还包括这一地域范围内过去和目前人类活动的种种结果，以及动物就它们对目前和未来人类利用土地所产生的重要影响。"

联合国粮农组织（FAO）在1976年发布的《土地评价纲要》中也接受了上述概念的基本论点，指出："土地是比土壤更为广泛的概念，它包括影响土地用途潜力的所有自然环境，如气候、地貌、土壤、植被和水文以及人类过去、现在的活动成果产目前，这一论点已为西方学者所广泛接受。

中国的地学界比较普遍地认为了土地"是一个自然地理综合体概念，它是地表某一地段包括地貌、岩石、气候、水文、土壤、植被等全部因素在内的自然综合体，还包括过去和现在人类活动对自然环境的作用在内。土地的特征是土地各构成要素相互作用、相互制约的结果，而不从属于其中任何一个要素。土地的水平范围包括陆地、内陆水域和滩涂，垂直范围取决于土地利用的空间范围。石玉林曾在《〈中国1：100万土地资源图〉分类系统说明》一文中说明了土地是气候、地貌、岩石、土壤、植被和水文等自然要素组成的自然综合体和人类过去和现在生产劳动的产物。土地是一个垂直系统，它可分为3层：表层、内层、底层（或地上层、地表层和地下层）。它包括地形、土壤、植被的全部，以及影响它的地表水、浅层地下水、表层岩石和作用于地表的气候条件。"

系统论观点认为，土地是一个由耕地、林地、园地、牧草地、水域、居民点用地、工矿用地、旅游和特种用地等子系统构成的生态系统，这些土地子系统都是由生物成分和非生物成分（包括光照、土壤、空气、温度等）共同组成的，借助于能量与物质流动转换而形成的不可分割的有机整体。土地生态系统及其子系统都属于开放系统，彼此之间存在着极其复杂的能量与物质的循环与转化，正是通过与外界不断的物质和能量交换，依靠不断耗散外界的物质和能量，才能维持土地生态系统的平衡。

从景观学角度看，土地即景观。《牛津英语词典》（1933年）对景观有以下几种解释：一幅表示内陆自然景色（如草原、林地、山地等）的画面；某一地区的地形组合；在视角线内的一片土地或广阔的自然景色。依据景观生态学原理，景观就是地面上生态系统的镶嵌，景观在自然等级系统中是一个比生态系统高一级的层次，景观就是自然和人文生态系统的载体的土地，因此，景观生态学又被称为"地生态学"，其研究重点就是某一地区不同空间单元的土地-生物关系。

所以，地学、生态学和系统论观点均认为，土地是气候、地貌、岩石、土壤、植被和水文等自然要素与人类劳动所形成的一个立体的自然综合体，对土地的任何利用活动，都受土地生态系统某些构成要素的制约，并对土地的演变产生影响。因此，研究土地不能孤立地把它看成是地球陆地表面的物质空间，而且应从发展的角度、系统的观点将土地看作包括人类影响在内的一定生态系统演变的结果。只有这样，才能较全面地反映土地概念的实质，才有助于探索合理利用土地的方法和途径，进而实现人类社会可持续利用有限的土地资源的目标。

从经济学角度来看，土地的概念较为宽广。马克思在《资本论》第一卷中指出："经济学上所说的土地是指未经人的协助而自然存在的一切劳动对象。"西方经济学家把陆地、水面、地上空气层、地下矿产物以及附着在土地上的阳光、热能、风力、地心引力、雨水等一切自然物和自然力，都列入土地范畴之列。延伸到政治经济学领域，土地的概念则着重在土地的利用，即在社会物质生产中土地是实现劳动生产过程和任何生产的必需条件，起着生产资料（劳动对象和劳动手段）的效果。

从经济管理的角度来看，土地资源是自然资源的必要组成部分，土地是物质实体，有其生产利用特点，即"当资源尚未被人们利用时，不能称为资源"。因此，土地是根据其自然历史特性等分割成各种用地的。国家要使土地得到合理利用，就必须在国民经济各个部门之间合理分配土地，每个土地使用者只能在其额定土地范围内利用土地。土地金融则把土地看成是不动产，将其作为长期信用的担保品和抵押品。

从法学观点来看，凡占有某块土地者，其所有权可能管辖的范围应当包括地表、地下以及地上附着的一切自然物和自然力。法律上的土地仅是指人们能够利用、控制的土地。人力难以到达、难以控制利用的陆地，还不能成为法律意义上的土地。人们尚不能利用的沙漠、冰峰、雪山在人们尚未开发之前，只能是陆地而不算是土地。

可见，从经济、管理、法学的角度来看，土地明显和人类的生产生活联系更加紧密，更强调土地对于人类的利用价值。特别是在市场经济下，土地不仅是一种珍贵的自然资源，为人类提供产品和活动场所，而且是巨大的社会资产，为人类社会产生增值价值。

综上所述，我们可以将土地做如下的定义：土地是由地球陆地表面一定立体空间内的气候、土壤、基础物质、地形地貌、水文及植被等自然要素构成的自然地理综合体，同时还包含着人类活动对其改造和利用的结果，因此，它也是一个自然经济综合体。关于土地的概念可以总结出以下几点认识：

（1）土地是多学科的研究对象；

（2）土地是由土壤、气候、地形、岩石、水文、植被等自然要素相互作用、相互制约构成的自然综合体，其有自身形成、发展和演变规律；

（3）土地的概念有广义和狭义之分，有平面土地和立体土地之别；

（4）土地本身是一个系统；

（5）土地的性质和功能取决于各种自然要素的综合作用的结果；

（6）土地是人类赖以生存的生产资料和生存资料，具有社会经济属性。

二、土地资源

所谓资源，是针对物质是否可以被人类所利用而言的。顾名思义，资源就是指人类生产和生活资料的来源。联合国环境规划署（UNEP）的解释是"所谓资源，特别是自然资源，是指在一定时间、地点的条件下能够产生经济价值，以提高人类当前和将来福利的自然环境因素和条件：这一解释赋予了资源概念的内涵，即"能够产生经济价值"。

由此可见，土地资源是指在一定的技术条件和一定时间内可以为人类利用的土地。那么，为什么要提出"土地资源"这个概念呢？其目的主要是为了更进一步强调土地作为一种自然资源所具有的资源利用价值方面的基本属性，如草地资源、林地资源、宜农土地资源等。

严格地讲，土地与土地资源是有本质区别的。土地的概念是对人们所研究的客观对象的总称，它包括了一切类型的土地；而土地资源则是从土地所具有的资源利用价值的角度来阐述其具体土地资源含义，它的分类需要经过对土地的资源价值和利用功能的评价以后，才能确定是一种什么样的土地资源，如宜农土地资源、宜林土地资源、旅游用地、交通用地等。因此，土地与土地资源的概念，从外延上讲，土地的范畴比土地资源更广，而从内涵上来看，土地资源的内容比土地更具体，两者的关系可用图1-1来表示。

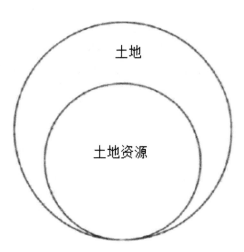

图1-1　土地和土地资源的相互关系示意图

当然了资源"是一个动态的概念，有些土地就当前而言用途极少，甚至难以利用，但随着科学的进步、人类社会的发展以及需求的多样化，在将来完全有可能变为有用的，甚至是宝贵的资源；同样，目前人类可以利用的一些土地，由于利用不当（如严重的水土流失、土地污染等）或自然灾害等原因，在将来也完全有可能变成无法利用的不毛之地。因此，从这个意义上讲，将土地和土地资源等同起来泛泛而谈，也是可以接受的。

此外，土地具有资源和资产的双重内涵。前者是指土地作为自然资源，是人类生产和生活的根本源泉；后者是指土地作为财产（含资产），具有了经济（价值）和法律价值（独占权）意义。

三、土地的功能

土地是宝贵的自然资源和资产，是人类不能出让的生存条件和再生产条件。土地的主要功能可总结为以下几方面。

（一）承载功能

土地能将万物，包括生物与非生物负载其上，成为它们的安身之所。动物、植物等生物，各种建筑物、构筑物、道路等非生物，所以能存在于地球上，是因为土地有负载的功能。没有土地，万物自无容身之地。正如古人所说了皮之不存，毛将焉附。"

（二）养育功能

土地具有肥力，具备适宜生命存在的氧气、温度、湿度和各种营养物质，从而使各种生物得以生存、繁殖，使地球呈现出一片生机勃勃的景象。

（三）仓储功能

土地蕴藏着丰富的矿产资源，如金、银、铜、铁等金属，石油、煤、水力、天然气等能源资源，沙、石、土等建材资源，为人类从事生产、发展经济提供了必不可少的物质基础。

（四）景观功能

土地自然形成的各种景观秀丽的群山、浩瀚的大海、奔腾的江河、飞泻的瀑布、无垠的沃野、悬崖幽谷、奇峰怪石、清泉溶洞，千姿百态，为人类提供了丰富的风景资源。

（五）储蓄和增值功能

土地作为资产，随着对土地需求的不断扩大，其价格呈上升趋势。因此，投资于土地，能获得储蓄和增值的功效。

四、土地的特性

土地，作为生产资料，与其他生产资料相比，具有以下基本特性。

（一）土地物质的自然性

土地是自然生成的，是自然的产物。在人类出现以前，地球已经有了 40 多亿年的历史，所以，土地绝非人类劳动的产物。它的产生与存在是不以人类意志为转移的。所以土地与其他生产资料的区别，在于土地不是前人的劳动成果，其他生产资料几乎都是人类经过劳动创造的。

（二）土地面积的有限性

土地是自然的产物，土地的面积为地球表面积所限定（指正射投影面积）。地壳运动，空气、阳光、水、生物的分解作用，风力、流水的侵蚀、搬运作用，人类的生产活动等可使水地变为陆地（围海造田、围湖造田等），山地化为平地，坡地变为梯地，不断地改变着地球表面的形态，但土地的总面积始终未变。在现有的科学技术条件下，人力不可能创造土地、消灭土地或用其他生产资料来替代。正如列宁所指出的："土地有限是一个普遍现象。"

（三）土地位置的固定性

每一块土地都有固定的空间位置，不能移动，地块之间也不能互相调换位置，也就是说，土地的绝对位置是固定不动的，这就使得有限的土地在利用方面受到很大限制。但是，土地距离市场的远近及交通条件可以随着社会经济的发展、资源的开发、道路网的完善与扩建、城镇布局的调整及其经济辐射面的扩大而改变，即土地的相对位置是可以变化的，这种变化对土地的利用及地价有着重要的影响。例如，大庆由于石油的发现与开采而迅速发展成城市，交通条件也相应得到了改善；又如福州市五四路附近的土地，因开发了地下温泉而地价大增。

其他生产资料可以根据生产的需要，不断地变换位置，或从一地点搬迁到另一地点。

（四）土地质量差异的普遍性

土地是自然生成的，不是人类按统一标准制作的，因此，不同的土地单元所处的地形不一，所含养分、水分及土壤质地也都不一致，所处地点的小气候条件、水文、地质状况亦有很大差异，加之离城镇的远近、交通便利程度的差别，使得土地质量千差万别，质量完全相同的土地单元几乎没有。所以，对土地的利用要因地制宜。其他生产资料是按统一规定的标准设计制造的，只要原材料相同、技术条件一致，其质量基本上是相同的。

（五）土地利用的永续性

土地是可更新资源。在农业土地利用过程中，土壤养分和水分虽不断地被植物吸收、消耗，但通过施肥、灌溉、耕作、作物轮作等措施，可以不断地得到恢复和补充，从而使土壤肥力处于一种周而复始的动态平衡之中。土地，若能合理利用，其生产能力不但不会随着时间的推移而丧失，相反，还会随着科学技术的进步而提高。因为，土地具有储蓄银行的作用，投入土地的活劳动和资本，除转化为农产品外，其余部分则凝聚在土地中。正如马克思所说了土地的优点是，各个连续的投资能够带来利益，而不会使以前的投资丧失作用。"同时，随着科学技术的进步及其在农业中的应用，可以更好地将土壤中的有效肥力释放出来，从而提高土地生产力。例如，20 世纪 60 年代以来，化肥的广泛应用，使世界粮食产量增加了大约1/3。

土地在非农业生产部门中，作为地基、活动场所等的作用，也不会随着时间的流逝而消失，也不会因水灾、旱灾、火灾、地震等而丧失，对土地载力的利用是永续的。例如唐山地震后，仍在原处矗立起了高楼大厦，使唐山市旧貌换新颜。其他生产资料，在使用过程中，会逐渐磨损、变得陈旧，最后丧失其有效性能而报废。

（六）土地属性的双重性

作为生产资料的土地具有双重性，它表现在土地既是生产力的重要因素，同时又是土地关系的客体。土地既是资源，是人类生存和发展的物质基础，同时土地也是巨大的社会资产。土地可分为土地物质和土地资本（马克思曾把投入土地的资本称为土地资本）。土地属于资产性资源，又是资源性资产。土地占有制是土地关系的基础，决定着土地肥力的培育和发展以及土地利用的合理程度。正如马克思指出："肥沃绝不像所想的那样是土壤的一种天然素质，它和现代社会关系有着密切的联系。"任何一种土地利用方式都具有一定的社会形式，土地的利用反映着一定的土地关系。因此，土地利用不单纯是一个自然技术问题，也是一个社会经济问题。按照马克思主义观点，可以认为土地利用不仅取决于科学技术的发展水平，还受社会生产方式的制约。

通过以上对土地的概念及其特性的讨论可以得出如下结论：土地的合理利用不仅具有实际必要性，而且也具有客观可能性。"十分珍惜、合理利用土地和切实保护耕地"是我国必须长期坚持的基本国策。

第二节　土地管理

一、土地管理的概念

土地管理是指国家在一定的环境条件下，综合运用行政、经济、法律、技术方式，为提高土地利用的生态、经济、社会效益，维护土地所有制，调整土地关系，监督土地利用而进行的计划、组织、指挥、协调、控制等综合性活动。一般而言，国家把土地管理权授予政府及其土地管理部门。因此，土地管理也是政府及其土地管理部门依据法律和运用法定职权，对社会组织、单位和个人占有、使用、利用土地的过程或者行为所进行的组织和管理活动。其本质是对土地资源的行政管理。这一概念包括以下六个方面的含义：

（1）土地管理的主体是国家。国家土地行政主管部门负责全国土地的统一管理工作，土地管理的主体是各级政府的土地行政主管部门及其公务员，包括政府、土地行政主管机关、行政首长和土地行政主管部门的普通公务员。各级人民政府的土地管理部门是土地管理的行政执法机关和行政监督机关，其行为体现国家行为特征。

（2）土地管理的客体是土地，以及土地利用中产生的人与人、人与地、地与地之间的关系。

（3）土地管理的基本任务是维护社会中占统治地位的土地所有制、调整土地关系和监督并合理组织土地利用，目标是不断提高土地利用的生态效益、经济效益和社会效益，以满足社会日益增长的需求。

（4）综合运用行政、经济、法律、技术等手段管理土地。

（5）管理的职能是计划、组织、指挥、协调与控制。计划是一种预测未来、设定目标、决定决策、选择方案的连续过程。组织是建立组织机构，确定职位、职责和职权，建立各级人员的相互联系。指挥与协调是对部属行动进行领导与监督，并建立纵向、横向间良好关系，协调彼此间步调，统合共同的力量，为实现既定目标而努力。控制是通过修正执行状况与原定计划之间的偏差，以保证达到预期目标的管理活动。

（6）土地管理具有鲜明的阶级性，其目的和特点受社会环境的制约，特别受社会制度、土地制度的制约。例如，我国是社会主义国家，在土地制度上实行社会主义土地公有制，这就决定了我国的土地管理除了要最大程度地提高土地利用综合效益外，还要维护社会主义土地公有制，从而为有计划地、合理地利用土地提供保证。

二、土地管理的指导思想和基本原则

党的十八大以来，按照"四个全面"战略布局和"五位一体"总体布局，牢固树立和贯彻落实创新、协调、绿色、开放、共享的新发展理念，坚持节约资源和保护环境的基本国策，坚持最严格的耕地保护制度和节约用地制度，积极服务供给侧结构性改革，加快形成引领经济发展新常态的国土资源管理体制机制和利用方式，尽职尽责保护国土资源，节约集约利用国土资源，尽心尽力维护群众权益，优化国土资源开发与保护格局，提高国土资源利用质量和效益，为确保如期全面建成小康社会，为实现第二个百年奋斗目标、实现中华民族伟大复兴的中国梦奠定更加坚实的资源基础。

土地管理的基本原则如下：

（1）坚持保护保障并重。强化规划管控，加强市场调节，创新完善资源保护和开发补偿机制。统筹资源利用规模、结构、布局和时序，保障资源合理需求。在开发中保护，在保护中开发，以资源可持续利用支撑经济社会健康可持续发展。

（2）坚持节约高效利用。全面落实节约优先战略，牢固树立节约集约循环利用资源观，健全资源节约集约利用制度。强化资源节约全过程管理，降低资源消耗强度，提高资源利用质量和效益，加快转变资源利用方式，实现绿色发展、循环发展和低碳发展。

（3）坚持增进人民福祉。践行以人民为中心的发展思想，坚持把资源惠民服务作为增进人民福祉的工作方向，发挥资源管理在城乡统筹、脱贫攻坚、社会保障、防灾减灾等方面的调节、引导和促进作用，使人民受益、人民满意，有更多的获得感和幸福感。

（4）坚持全面深化改革。深化重点领域和关键环节改革，从重计划配置、项目安排向尊重市场决定、注重制度设计转变，努力营造适应创新驱动发展需要的国土资源制度环境，激发国土资源事业活力。

（5）坚持建设法治国土。加强国土资源重点领域立法，建成法制完备、职能科学、权责统一的国土资源管理体系，打造执法严明、勤政廉洁、敢于担当的国土资源管理队伍，建立法治统筹、公正文明、守法诚信的国土资源管理秩序。

三、土地管理的任务

我国土地管理的基本任务是维护社会主义土地公有制及土地所有者和使用者的合法权益，保护、开发、合理利用土地，切实保护耕地，推动社会经济的可持续发展。现阶段，土地管理的具体任务如下。

（一）依法维护土地权益

进行土地权属管理，依法保护土地所有者、使用者及相关权利人的合法权益，承办并组织调处重大权属纠纷，查处重大违法案件。

（二）保护土地资源

保护和合理开发利用土地资源是土地管理的根本任务。从严控制城乡建设用地，保障城市化和第二、三产业建设所必需的土地供给。在保护生态环境的前提下，加强耕地开发和复垦，积极推动土地整理，努力提高土地利用效率，确保规划期内耕地总量的动态平衡。在合理开发利用土地资源的过程中加强对土地的保护，才能实现土地资源的可持续利用和社会的可持续发展。

（三）合理利用土地

土地管理的重要任务之一就是合理利用土地，以满足国民经济各部门对土地的需求，保持土地生态系统高效良性循环，有效地防止滥占耕地及其他浪费土地现象的发生。

（四）规范土地利用行为

通过法律、技术、经济、行政等方面的手段来规范土地利用行为，才能达到土地管理的根本目的。保证土地资源在国民经济各部门和各个项目上的合理分配与有效利用，建立优化的土地利用结构与布局，防止出现土地资源的闲置与浪费，维护良好的生态环境。

（五）健全土地管理制度，依法行政，实现土地管理秩序的根本好转

根据土地管理的需要，加强土地管理法制建设，形成完备的法律体系，保证土地管理有章可循、有法可依，建立和完善土地执法管理体系，组织强有力的执法队伍，坚持严格依法行政，加大执法监察力度，严肃查处土地方面的违法案件，保护土地资源是土地管理的重要任务。实施土地有偿使用制度并正确课征土地税收，保证国有土地的地租收归国家，通过土地税收和土地有偿使用集中国家财政资金，保证土地收益分配合理。

四、土地管理的主要内容

（一）土地法规与政策的制定

在土地管理中，组织立法和制定综合性政策是行政管理的一项重要内容，主要包括以下几点：

（1）组织开展土地管理中的重大方针政策和发展战略的调查研究。

（2）组织编制土地立法规划，组织拟定土地管理的法律、行政法规草案和行政规章。

（3）负责土地管理的法律、法规执行过程中的具体应用解释工作，研究相关法律、行政法规草案与土地管理的法律、法规的协调问题。

（4）依法办理由自然资源部受理的行政复议工作。

（5）组织开展土地管理的法律、法规的宣传教育工作。

（二）地籍管理

地籍管理是土地管理的基础，其主要内容有以下几点：

（1）开展初始土地登记，土地使用权出让、转让、租赁、授权经营及划拨等各类土地权属变更登记，土地使用权出租、抵押登记，土地用途变更登记及其他变更土地登记工作；负责土地证书监管。

（2）研究解决历史遗留和新出现的土地权属问题的政策界限，负责确定土地权属，承担调处重大土地权属纠纷；开展土地确权、土地权属纠纷调处工作。

（3）开展全国土地资源调查、变更调查及土地条件调查等专项调查工作，负责对土地资源状况进行评价。

（4）开展土地利用动态监测，及时提供建设用地规模扩展等监测数据及分析成果；开展土地资源利用现状、土地权属状况及其变更情况的统计工作，及时开展统计分析，提供以耕地变化为主的土地资源利用统计数据。

（5）建立地籍信息资料公开查询制度及土地登记查证制度；掌握地籍管理工作动态，开展调查研究工作。

（三）土地规划和土地用途管制

编制土地利用总体规划与计划是土地管理的一个重要内容。土地利用总体规划与计划的具体内容是：研究全国和重点地区国土综合开发的政策措施，编制全国性及区域性的国土规划和各级土地利用总体规划；拟定土地供应政策；指导、审查和编制基本农田保护规划、土地复垦规划、土地整理规划、未利用土地开发规划等专项规划。

（四）耕地保护

国土资源管理的根本目的，就是保护和合理开发利用资源。土地管理的核心问题之一就是保护耕地。耕地保护的内容主要包括以下几点：

（1）拟定实施耕地特殊保护、耕地占补平衡、土地整理和复垦的政策；分析耕地增减动态，研究制定宏观调控和加强的措施。

（2）依据土地利用总体规划及专项规划，推进基本农田保护、土地开发、土地整理和土地复垦监督等工作。

（3）拟定基本农田保护区的技术和方法，制定基本的农田保护管理制度和措施。

（4）对已批准的各类建设项目涉及占用耕地的占补平衡措施的审核和监督检查工作。

（5）依据耕地数量变化情况的监测结果，对耕地总量减少的地区，提出限期采取补足措施的建议，并监督实施和组织验收。

（五）农用地转用和土地征收征用

农用地转用是现状的农用地按照土地利用总体规划和国家规定的批准权限报批后转变为建设用地的行为，又称为农用地转为建设用地。其主要内容如下：

（1）拟定农用地转用管理办法，拟定农用地转用审查报批管理制度和工作程序；拟定征地管理的有关政策和办法；拟定建设项目征用土地的审查报批管理办法。

（2）承办需报上级政府或主管部门批准的农用地转用、征地和土地开发的审查、汇总、报批工作。

（3）指导征地制度改革，依法推行统一征地制度，规范征地程序和办法，拟定征地补偿费用计算、使用和管理办法。

（六）土地供应和市场管理

土地供应和市场管理是土地管理的重要内容。其主要内容如下：

（1）制定地价体系和地价管理制度，开展土地分等定级、基准地价、标定地价和地价指数的评定与监测。

（2）制定建设用地供地标准和建设用地审查报批管理办法，指导和规范国有建设用地的供应。

（3）制定并组织实施土地使用权出让、转让、出租、抵押、作价出资等管理办法和地产交易规则，规范土地市场，完善市场体系。

（4）负责公布土地市场运行动态，预测土地市场发展趋势，研究和提出调控土地市场的措施。

（5）制定划拨国有土地使用权目录并组织实施，制定划拨国有土地使用权转让、出租、抵押及改变土地用途的政策和管理办法。

（6）制定乡（镇）村用地管理办法，指导集体非农建设用地管理及审批工作，指导各地制定乡镇各类建设用地标准、占地补偿办法及补偿标准，制定和组织实施农村集体土地使用权流转办法，制定鼓励城乡集约利用建设用地的政策和管理办法。

（七）土地执法与监察

土地执法与监察是实现国家土地管理职能、保证土地管理法律法规全面实施的基本途径，其具体内容包括：①监督检查土地管理法律、法规的贯彻执行情况；②受理对土地违法行为的检举、控告；③调查土地违法案件；④受理不服土地行政处罚决定申请复议的案件；⑤指导、监督检查下级土地管理部门的土地监察工作；⑥协助相关部门调查处理土地行政管理人员在依法执行职务时遭受打击报复的案件。

五、土地管理的原则

（一）依法管理原则

土地管理必须有法可依、执法必严、违法必究。目前，我国已基本建立了以《中华人民共和国土地管理法》（以下简称《土地管理法》）为主体的一系列土地法规政策和行政规章，为依法管理土地提供了法律依据。

（二）统一管理原则

一是把全国土地作为一个整体，实行城乡地政的统一管理；二是要求在土地管理部门及其工作人员合理分工的基础上进行有效的密切合作，形成一个相互协作、协调统一的管理结构，发挥整体功能，实现土地管理目标。

（三）维护社会主义土地公有制原则

土地公有制是我国社会主义制度的物质基础，因此，土地管理必须坚持和维护社会主义土地公有制。

（四）充分合理利用和保护土地原则

土地管理的根本要求在于满足经济社会发展对土地的需求，实现土地资源的可持续利用。因此，实现对土地资源的充分、科学、合理、有效利用和保护是土地管理的基本准则。

六、土地管理的方法

综合运用行政、经济、法律、技术等手段管理土地。

（1）行政方法指领导者（管理者）运用行政权力，用命令、指示、规定、通知、条例、章程、指令性计划等方式对系统进行控制。行政方法依靠行政权力，具有权威性、强制性、单一性和无偿性等特点，行政方法只有在符合客观规律、反映人民群众根本利益时，才能在管理中发挥重要作用。

（2）经济方法是管理者按照客观经济规律的要求调节和引导土地利用活动，以实现管理职能的方法。管理者用经济利益鼓励、引导、推动被管理者，使其行为和利益与管理者所要达到的目标结合起来，这是一种导向的间接控制方法。经济杠杆是经济方法的工具，在调节经济利益、实现管理目标方面发挥着重要作用。常用的经济杠杆包括地租地价杠杆、财政杠杆、金融杠杆和税收杠杆。其中，通过地租地价杠杆可以实行土地有偿使用，使土地所有权在经济上得以实现调节土地供需矛盾，指导土地的合理分配和利用，优化土地利用结构，鼓励对土地的投入，提高土地利用的集约度。

（3）法律方法是管理者通过贯彻、执行有关土地的法规，调整人们在土地开发、利用、保护、整治过程中所发生的各种土地关系，规定人们行动必须遵守的准则来进行管理的方法。在土地管理中运用法律方法，主要是运用立法和司法手段来巩固和调整各方面的土地关系，制定法律必须正确认识和真实反映事物本身的客观规律。法律方法比行政方法具有更大的强制性、严肃性和权威性。

（4）技术方法是管理者根据土地的自然、经济规律，运用 GIS、GNSS 等高科技数字化技术、系统工程、土地规划等来执行管理职能的方法。

综上可见，行政方法、经济方法、法律方法、技术方法各具特色，但又有各自的局限性，土地管理中必须综合运用上述方法，才能收到事半功倍的效果。

七、土地管理体制

土地管理体制是指土地管理机构设置、管理权限划分及运行等各种制度的总称。其内容包括各级土地管理机构的设置、各级土地管理机构的职能和权限划分、各种职责和权限的相互关系及运行方式等。

（一）我国土地行政管理组织体制的演变

中华人民共和国成立以来，我国土地行政管理组织体制大致经历了以下五个阶段。

1. 中华人民共和国成立初期土地统一管理阶段

中华人民共和国成立初期，为适应土地改革、社会管理和国民经济发展的需要，国家在内务部内设置地政局，统一管理全国的土地改革工作，具体负责全国各类土地统一管理，同时也形成了土地的统一管理体制。然而，随着政府管理部门分工的细化，土地管理工作开始分散，1954年国家撤销了地政局，把土地管理的职能分散到农业部、水利部和城市建设等部门，进而结束了土地的全国统一管理体制。

2. 改革开放以前土地分散管理阶段

土地的全国统一管理体制结束后，从20世纪60年代到80年代初，我国的土地由多个行政主管部门分散、多头管理。农牧渔业部主要管理农用地，而国务院其他职能部门，如民政部、林业部、铁道部、交通部、建设部、工业部等都分散管理各自的建设用地，从而形成了各自为政、政出多门的分散的土地管理体制，土地管理工作陷入政出多门、管理较混乱的局面。

3. 改革开放以后土地转向集中统一管理

1982年，国家重新在农牧渔业部设置土地管理局，负责全国的土地管理工作。1986年3月，国务院下发了《中共中央、国务院关于加强土地管理、制止乱占耕地的通知》，并组建国家土地管理局，统一管理土地，结束了土地的分散管理体制，确立了"国务院土地管理部门主管全国土地的统一管理工作，县级以上地方人民政府土地管理部门主管本行政区域内的土地管理工作"的全国城乡地政统一管理体制。1998年，国土资源部挂牌成立，并将全国土地统一管理扩展到矿产资源和海洋资源。

4.2004年以后进入土地垂直管理阶段

2004年，国务院进一步理顺省级以下国土资源管理体制，4月下发《国务院关于做好省级以下国土资源管理体制改革有关问题的通知》，正式明确省级以下土地管理机构实行垂直管理。2006年，建立了国家土地总督察制度。2006年，国务院下发了《国务院办公厅关于建立国家土地督察制度有关问题的通知》，国土资源部向全国派驻9个国家土地督察局，以切实加强土地管理，完善土地执法监察体系。

至此，对土地相对集中管理、自上而下监督的土地统一管理模式基本形成，即国务院国土资源行政主管部门统一负责全国土地的管理和监督工作，实行国家、省、市、县四级管理，在领导班子管理体制上，实行中央与省双层管理、省级以下垂直管理的体制。

5.2018 年以后进入自然资源部统一管理阶段

党的十九届三中全会审议通过了《中共中央关于深化党和国家机构改革的决定》和《深化党和国家机构改革方案》。2018 年 3 月，第十三届全国人民代表大会第一次会议批准《国务院机构改革方案》。为统一行使全民所有自然资源资产所有者职责，统一行使所有国土空间用途管制和生态保护修复职责，着力解决自然资源所有者不到位、空间规划重叠等问题，将国土资源部的职责，国家发展和改革委员会的组织编制主体功能区规划职责，住房和城乡建设部的城乡规划管理职责，水利部的水资源调查和确权登记管理职责，农业部的草原资源调查和确权登记管理职责，国家林业局的森林、湿地等资源调查和确权登记管理职责，国家海洋局的职责，国家测绘地理信息局的职责整合，组建自然资源部，作为国务院组成部门。自然资源部对外保留国家海洋局牌子。自此，我国土地行政管理组织体制正式进入自然资源部统一管理阶段。

（二）自然资源部的主要职责

自然资源部的主要职责是精准贯彻落实党中央关于自然资源工作的方针政策和决策部署，实行全国自然资源集中统一管理。其中涉及土地管理方面的职责主要有以下内容。

（1）履行全民所有土地、矿产、森林、草原、湿地、水、海洋等自然资源资产所有者职责和所有国土空间用途管制职责。拟订自然资源和国土空间规划及测绘、极地、深海等法律法规草案，制定部门规章并监督检查执行情况。

（2）负责自然资源调查监测评价。制定自然资源调查监测评价的指标体系和统计标准，建立统一规范的自然资源调查监测评价制度。实施自然资源基础调查、专项调查和监测。负责自然资源调查监测评价成果的监督管理和信息发布。指导地方自然资源调查监测评价工作。

（3）负责自然资源统一确权登记管理工作。制定各类自然资源和不动产统一确权登记、权籍调查、不动产测绘、争议调处、成果应用的制度、标准、规范。建立健全全国自然资源和不动产登记信息管理基础平台。负责自然资源和不动产登记资料收集、整理、共享、汇交管理等。指导监督全国自然资源和不动产确权登记工作。

（4）负责自然资源资产有偿使用工作。建立全民所有自然资源资产统计制度，负责全民所有自然资源资产核算。编制全民所有自然资源资产负债表，拟订考核标准。制定全民所有自然资源资产划拨、出让、租赁、作价出资和土地储备政策，合理配置全民所有自然资源资产。负责自然资源资产价值评估管理，依法收缴相关资产收益。

（5）负责自然资源的合理开发利用。组织拟订自然资源发展规划和战略，制定自然资源开发利用标准并组织实施，建立政府公示自然资源价格体系，组织开展自然资源分等定级价格评估，开展自然资源利用评价考核，指导节约集约利用。负责自然资源市场监管。组织研究自然资源管理涉及宏观调控、区域协调和城乡统筹的政策措施。

（6）负责建立空间规划体系并监督实施。推进主体功能区战略和制度发展，组织编制并监督实施国土空间规划和相关专项规划。开展国土空间开发适宜性评价，建立国土空间规划实施监测、评估和预警体系。组织划定生态保护红线、永久基本农山、城镇开发边界等控制线，构建节约资源和保护环境的生产、生活、生态空间布局。建立健全国土空间用途管制制度，研究拟订城乡规划政策并监督实施。组织拟订并实施土地、海洋等自然资源年度利用计划。负责土地、海域、海岛等国土空间用途转向工作。负责土地征收征用管理。

（7）负责统筹国土空间生态修复。牵头组织编制国土空间生态修复规划并实施有关生态修复重大工程。负责国土空间综合整治、土地整理复垦、矿山地质环境

恢复治理、海洋生态、海域海岸线和海岛修复等工作。牵头建立和实施生态保护补偿制度，制定合理利用社会资金进行生态修复的政策措施，提出重大备选项目。

（8）负责组织实施最严格的耕地保护制度。牵头拟订并实施耕地保护政策，负责耕地数量、质量、生态保护。组织实施耕地保护责任目标考核和永久基本农田特殊保护。完善耕地占补平衡制度，监督占用耕地补偿制度执行情况。

（9）负责测绘地理信息管理工作。负责基础测绘和测绘行业管理。负责测绘资质资格与信用管理，监督管理国家地理信息安全和市场秩序。负责地理信息公共服务管理。负责测量标志保护。

（三）自然资源部机构设置

自然资源部内设机构包括办公厅、综合司、法规司、自然资源调查监测司等 20 余个厅、司和局。其中直接涉及土地管理业务的司、局，有自然资源调查监测司、自然资源确权登记局、自然资源所有者权益司、自然资源开发利用司、国土空间规划局、国土空间用途管制司、国土空间生态修复司、耕地保护监督司、国土测绘司、地理信息管理司、国家自然资源总督察办公室、执法局等。各司、局的主要职责如下。

（1）自然资源调查监测司。拟订自然资源调查监测评价的指标体系和统计标准，建立自然资源定期调查监测评价制度。定期组织实施全国性自然资源基础调查、变更调查、动态监测和分析评价。开展水、森林、草原、湿地资源和地理国情等专项调查监测和评价工作。承担自然资源调查监测评价成果的汇交、管理、维护、发布、共享和利用监督。

（2）自然资源确权登记局。拟订各类自然资源和不动产统一确权登记、权籍调查、

不动产测绘、争议调处、成果应用的制度、标准、规范。承担指导监督全国自然资源和不动产确权登记工作。建立健全全国自然资源和不动产登记信息管理基础平台，管理登记资料。负责国务院确定的重点国有林区、国务院批准项目用海用岛、中央和国家机关不动产确权登记发证等专项登记工作。

（3）自然资源所有者权益司。拟订全民所有自然资源资产管理政策，建立全民所有自然资源资产统计制度，承担自然资源资产价值评估和资产核算工作。编制全民所有自然资源资产负债表，拟订相关考核标准。拟订全民所有自然资源资产划拨、出让、租赁、作价出资和土地储备政策。承担报国务院审批的改制企业的国有土地资产处置。

（4）自然资源开发利用司。拟订自然资源资产有偿使用制度并监督实施，建立自然资源市场交易规则和交易平台，组织开展自然资源市场调控。负责自然资源市场监督管理和动态监测，建立自然资源市场信用体系。建立政府公示自然资源价格体系，组织开展自然资源分等定级价格评估。拟订自然资源开发利用标准，开展评价考核，指导土地节约集约利用。

（5）国土空间规划局。拟订国土空间规划相关政策，承担建立空间规划体系工作并监督实施。组织编制全国国土空间规划和相关专项规划并监督实施。承担报国务院审批的地方国土空间规划的审核、报批工作，指导和审核涉及国土空间开发利用的国家重大专项规划。开展国土空间开发适宜性评价，建立国土空间规划实施监测、评估和预警体系。

（6）国土空间用途管制司。拟订国土空间用途管制制度规范和技术标准。提山土地、海洋年度利用计划并组织实施。组织拟订耕地、林地、草地、湿地、海域、海岛等国土空间用途转用政策，指导建设项目用地预审工作。承担报国务院审批的各类土地用途转用的审核、报批工作。拟订开展城乡规划管理等用途管制政策并监督政策实施。

（7）国土空间生态修复司。承担国土空间生态修复政策研究工作，拟订国土空间生态修复规划。承担国土空间综合整治、土地整理复垦、矿山地质环境恢复治理、海洋生态、海域海岸带和海岛修复等工作。承担生态保护补偿相关工作。指导地方国土空间生态修复工作。

（8）耕地保护监督司。拟订并实施耕地保护政策，组织实施耕地保护责任目标考核和永久基本农田特殊保护，负责永久基本农田划定、占用和补划的监督管理。承担耕地占补平衡管理工作。承担土地征收征用管理工作。负责耕地保护政策与林地、草地、湿地等土地资源保护政策的衔接。

（9）国土测绘司。拟订全国基础测绘规划、计划并监督实施。组织实施国家基础测绘和全球地理信息资源建设等重大项目。建立和管理国家测绘基准、测绘系统。监督管理民用测绘航空摄影与卫星遥感。拟订测绘行业管理政策，监督管理测绘活动、质量，管理测绘资质资格，审批外国组织、个人来华测绘。

（10）地理信息管理司。拟订国家地理信息安全保密政策并监督实施。负责地理信息成果管理和测量标志保护，审核国家重要地理信息数据。负责地图管理，审查向社会公开的地图，监督互联网地图服务，进行国家版图意识宣传教育，协同拟订界线标准样图。提供地理信息应急保障，指导监督地理信息公共服务。

（11）国家自然资源总督察办公室。完善国家自然资源督察制度，拟订自然资源督察相关政策和工作规则等。指导和监督检查派驻督察局工作，协调重大及跨督察区域的督察工作。根据授权，承担对自然资源和国土空间规划等法律法规执行情况的监督检查工作。

（12）执法局。拟订自然资源违法案件查处的法规草案、规章和规范性文件并指导实施。查处重大国土空间规划和自然资源违法案件，指导协调全国违法案件调查处理工作，协调解决跨区域违法案件查处。指导地方自然资源执法机构和队伍建设，组织自然资源执法系统人员的业务培训。

同时，根据中央授权，自然资源部向地方派驻国家自然资源督察北京局、沈阳局、上海局、南京局、济南局、广州局、武汉局、成都局、西安局，承担对所辖区域的自然资源督查工作。

第三节　土地资源管理学的研究对象和研究方法

一、土地资源管理学的研究对象和学科性质

只有当一门学科具有自己独特的研究对象时，这门学科才是独立的。每门学科都应具有自己特有的研究对象，否则就会失去存在的价值。

众所周知，管理运动是客观的，是不以人的意志为转移的，它有自身的规律。土地管理学的研究对象是作为自然经济综合体的土地的利用和土地关系的管理，以及这一完整的、综合的、具体的社会现象的规律性。即研究调整土地关系和监督、调控土地利用，使之达到预定目标的管理活动的规律性。

土地管理活动是人类在一定社会条件下的自觉的、有目的的活动，它不可能脱离当时的社会经济条件而孤立地进行。土地管理的目标必须是当时社会经济条件下应该而且可能达到的目标。管理活动中采用的技术方式也必须与当时的科技发展水平相适应。因此，研究土地管理的规律性，必须将管理活动置于一定的社会经济条件下来

考察。

　　土地资源管理学是管理科学的一个分支学科，它与其他部门管理学的区别在于研究的客体不同，也就是管理的对象不同。土地管理学是研究土地数量、质量、权属、利用以及土地市场管理活动的规律性。

　　土地管理学是土地科学的一个子学科。它与土地科学的其他子学科，如土地资源学、地籍学、土地经济学、土地利用规划学、土地法学、土地信息学等共同构成了土地科学这一标准学科。各个子学科都具有各自的研究对象，从而形成相互独立的学科，但它们又互相联系，从不同的方面研究土地科学的特定对象，从而形成一个学科群。例如，土地资源学是从自然资源的角度研究土地资源区域分异特征及其合理利用与保护。地籍学是以地籍制度、地籍管理措施和技术体系为主要研究内容的学科。土地经济学是从经济学的角度研究土地利用中产生的人与地、人与人之间的关系及发展协调。土地利用规划学是从规划学的角度研究土地资源合理分配与土地利用合理组织。土地法学是从法学的角度研究与土地有关的各种法律．规范土地利用中人与人、人与地的关系。土地信息学是研究利用现代信息技术采集、贮存、管理、分析和描述土地信息并提供使用的学科。而土地管理学则是从管理学的角度研究对土地关系和土地利用的管理活动的规律性，它着重研究如何调整土地关系，监督、调控土地利用，才能实现管理目标。

　　土地资源管理学是将整个土地管理过程以及管理过程中的一切职能，经济、法律、技术、行政等各种因素作为一个整体来研究的，它是研究这一整体运动规律性的学科。地籍管理学、土地利用管理学等则是研究管理过程中个别阶段或某项内容的学科。农村土地管理学、城市土地管理学是研究农村和城市土地管理特殊规律的学科，而土地管理学研究的是一般规律与特殊规律的结合。

　　土地资源管理学是介于土地科学和管理科学的一门交叉学科，是理论与实践相结合的应用学科。

二、土地资源管理学的任务和内容

（一）土地资源管理学的任务

　　土地资源管理学的基本任务是应用土地管理的原理和方法，来研究和阐明一定的社会生产方式下如何调整土地关系，监督、调控土地利用的规律性，以实现平衡土地供需矛盾，取得尽可能大的生态效益、经济效益和社会效益的目的。

　　在不同的社会生产方式下，土地管理学的任务是不相同的，在资本主义社会，土地管理学的任务是研究如何管理土地才能达到维护资本主义土地关系，并获取最大利润的目的。社会主义社会，土地管理学是为维护社会主义土地关系、调控土地利用和满足整个社会对土地的需求服务的。

（二）土地资源管理学的内容

土地资源管理学的内容是由该学科的研究对象决定的。根据我国的具体情况，土地管理学内容体系可由下列几部分组成：

1. 土地管理的原理

土地管理的原理包括土地的概念和特性，土地管理的经济学原理，土地管理的生态经济学原理和现代管理原理。

2. 土地管理的内容和方法

土地管理（包括对农村土地和城镇土地的管理）的基本内容由地籍管理、土地权属管理、土地利用管理、土地市场管理四大部分组成。

（1）地籍管理。地籍管理包括土地调查和土地动态监测，土地分等定级与估价，土地登记，土地统计，地籍信息管理、应用、维护、更新等内容。

（2）土地权属管理。土地权属管理包括土地所有权、物权等的审核和依法确认，土地权属流转、变更管理，土地权属纠纷的调处，依法查处有关侵犯土地所有权、物权等方面的违法案件等内容。

（3）土地利用管理。土地利用管理是通过编制和实施全国、省、市、县、乡土地利用总体规划和专项规划，进行土地用途管制，采取地租、价格、税收等经济杠杆对农用地，特别是城乡建设用地、未利用地的开发、利用、保护进行组织、监督和调控。

（4）土地市场管理。土地市场管理包括对土地市场供需、土地交易、土地价格、土地市场化配置等进行管理。上述四部分内容是相互联系、相互依存的，它们共同构成完整的土地管理内容体系。地籍管理为土地权属管理、土地利用管理和土地市场管理提供有关土地的数量、质量、权属和利用状况及其变化的信息以及土地权属状态的法律凭证，是搞好土地权属管理、土地利用管理和土地市场管理的基础性工作。土地权属管理、土地利用管理和土地市场管理之间同样是相互联系的。土地权属的变更、土地市场交易必须要符合土地利用总体规划的要求。例如，国家依法征收的土地，依法出让的国有土地，这些土地的位置和征收、出让后的用途必须以土地利用总体规划为依据。同样，土地利用总体规划和土地利用计划的编制.必须考虑到土地权属状况和变更计划，以及土地市场状况才能更科学、有效地进行土地利用管理。由于土地利用最终是土地权属单位对土地的利用，而且土地权属变更和土地用途变化往往是通过土地市场实现的，所以，土地利用管理、土地权属管理、土地市场管理三者是紧密地联系在一起的。从上述四大内容在土地管理系统中的作用来看，地籍管理是基础，土地权属管理、土地市场管理是途径，土地利用管理是核心。因为土地管理的总目标是取得尽可能大的生态效益、经济效益和社会效益，实现土地资源的持续利用，这主要是通过合理利用土地来实现的，而土地权属管理、土地市场管理的任务在于正确地调整土地关系，调动土地权属单位合理用地的积极性，并通过市场机制合理配置土地资源，为实现土地管理的总目标服务。

三、土地资源管理学的研究方法

唯物辩证法是各门学科共同的、基本的研究方法。土地管理学除了将唯物辩证法作为本学科的基本研究方法外，它的主要研究方法有综合分析法、系统分析法、比较研究法、模拟研究法、定性定量法等。

（一）综合分析法

土地管理学必须将土地关系和土地利用作为一个不可分的统一体来研究；将土地管理作为组织、技术和社会经济方面相互联系的统一体来展开研究。

土地关系与土地利用是紧密联系在一起的，它们是土地利用过程中形成的生产关系和生产力。生产力决定生产关系，生产关系又反作用于生产力，因此，土地管理学必须对土地关系和土地利用的规律性进行综合分析研究。也就是将土地关系和土地利用看成是一个相互联系、相互制约的社会现象，对其中众多因素与矛盾进行综合分析，才能做到自觉地利用土地管理客体所固有的客观规律，实现土地管理的目的。

土地管理是一个综合的社会现象，它涉及组织、技术、经济、法律、政治、心理、社会等方面，土地管理学只有对上述方面进行综合分析，才能使管理活动符合管理过程本身固有的规律。

（二）系统分析法

土地管理是一个相互联系的有机整体。如果说全国土地管理是一个母系统的话，那么省、市、县、乡的土地管理则是不同层次的子系统。这就要求采用系统方法研究如何使各层次的土地管理系统的目标、职能、原则、方法、机构、干部、技术、结构和过程互相协调起来，使整体与部分、整体与外部环境互相协调起来。这就在客观上要求采用系统方法揭示它们之间的联系和运动的规律性，通过系统优化来提高系统的总体作用。

（三）比较研究法

比较研究是以辩证唯物主义和历史唯物主义为基础，运用大量调查统计资料，对土地关系、土地利用及土地管理的历史、现状、未来进行对比分析和预测的方法。建立具有中国特色的土地管理学，必须结合我国的实际，对国外土地管理学说去粗取精，弃其糟粕，取其精华，这就需要采用比较研究法。

比较研究包括纵向比较和横向比较，宏观比较和微观比较，动态比较和静态比较，以及综合比较分析。

　　对不同历史时期不同社会生产方式下的土地关系和土地利用以及管理活动的比较研究，对同一历史时期不同社会制度下的土地关系和土地利用以及土地管理活动的比较研究，可以揭示土地关系和土地利用以及管理活动的一般规律和特殊规律。

　　对同一种社会生产方式下，不同时期土地关系、土地利用和管理活动规律的动态分析，对某一特定时间的土地关系、土地利用及管理活动进行的静态分析，以及动态和静态相结合的分析，都需要采用比较研究法来反映其现状、发展过程、变动方向和趋势。用比较分析法，从宏观上揭示整个社会或整个区域协调土地关系、监督调控土地利用的规律性。同时，也要从微观上分析研究局部地区（乡、村、单位等）协调土地关系和人地矛盾的规律性，并将二者紧密结合起来，才能有效地实现土地管理的预定目标。例如，对建设用地进行管理，在宏观上要根据社会经济发展要求和土地的自然经济条件，确定全国非农建设占用耕地的控制面积。同时，在微观上要严格非农建设占用耕地的审批工作，特别在土地选址时，要尽量充分利用荒地、劣地、山坡地、废弃地，才能保证将全国非农建设占用耕地控制在限定的面积以内。

（四）模拟研究法

　　为了深入地了解土地管理过程和可能得出的结果，采用一些科学方法对管理行为进行模拟是管理学的一种有效研究方法，如利用仿真环境、数学模型、计算机技术、角色扮演等方式模拟替代可能发生的行为过程，从中认识、分析和研究实际行为过程中可能出现的情况，从而为实施有效的管理提供建议和方案。

（五）定性定量法

　　土地管理学着重研究对土地关系和土地利用这一完整的社会现象的计划、组织、协调、控制，这就要求对土地关系和土地利用决策找出质和量的规定性，因此，必须采用定性与定量相结合的研究方法，通过定性分析揭示事物的本质及其内在联系，再用数学方法通过定量分析找出事物量变到质变的界限。例如，为确定土地使用费级差标准而进行的土地分等定级，往往是首先用定性的方法划分出不同的质量等级，然后再用定量的方法确定土地等级之间相差的幅度。所以，定性分析是定量分析的基础，而定量分析是定性分析的深化，二者互相补充，相辅相成。正如马克思所指出的了一种科学只有在成功地运用数学时，才算达到了真正完善的地步。

第四节　我国土地管理的回顾与展望

一、中国土地管理制度的历史演变

（一）历史演变的基本脉络

与世界其他国家相比，中国的土地制度历史悠久而独特。我们的先人早在原始氏族公社时期，就已懂得利用土地种植谷物解决衣食问题。进入文明社会以后，随着国家的出现，氏族土地公有制演变为国有制，《诗经·小雅·北山》中所说的"溥天之下，莫非王土；率土之滨，莫非王臣"，就是这一时期土地制度的本质特征。西周时期，中国的土地制度是"井田制"。土地所有权属于天子，诸侯大夫使用分封的土地，即所谓"溥天之下，莫非王土"。战国时期，商鞅变法，废井田，开阡陌，承认人民拥有私田，允许自由买卖，中国成为世界上最早实行土地私有制的国家。从秦汉至唐朝中叶，中国土地制度呈现国家均田与贵族占田并行即土地国家所有和私人所有并行的格局。西汉中期，朝廷采纳董仲舒的建议，对贵族豪强按照爵位等级限制其拥有的最高田亩数，以防止土地兼并。北魏和唐朝初期，推行均田制。以唐中叶的"两税法"为标志，中国土地制度进入新阶段。此后的王朝不再进行均出，国家土地所有制衰落，土地私有制占据支配地位。到宋代，中国已经进入了完全的土地私有制时期。国家税赋制度经"一条鞭法"和"摊丁入亩"改革后，变成完全的地亩税，国家仅靠赋税制度调整农民与地主、国家与地主的关系。土地发展市场高度发达，租佃关系日益发展，为近代资本主义因素的发育打下基础。

1911 年辛亥革命后，解决土地问题被仁人志士作为打开中国迈向现代化的钥匙，但没有如愿。19 世纪末 20 世纪初，中国民主革命的先驱孙中山先生提出了"三民主义"，其中民生主义的核心之一就是土地国有、耕者有其田和平均地权。国民党自建在国民政府后，也曾颁布《土地法》《土地法施行法》，着手进行土地制度改革，但其作为大地主大资产阶级利益的代表，为维护自身利益而未实行彻底的土地制度改革。直到 1949 年，平均地权的主张非但没能得以实现，土地问题反而比任何时期都严重。

中国共产党从一开始就把解决土地问题作为中国革命的中心问题。大革命失败后，中国共产党建立了农村根据地，在各根据地开展了以消灭封建地主土地所有制为主要内容的土地革命运动。在土地革命时期，提出"依靠贫雇农，联合中农，限制富农，保护中小工商业者，消灭地主阶级，变封建半封建的土地所有制为农民的土地所有制"的主张。在抗日战争时期，提出"地主减租减息、农民交租交息"，巩固了抗日民族统一战线。在解放战争时期，制定了《中国土地法大纲》，没收地主土地，废除封建剥削土地制度，实行耕者有其田的土地政策。中国共产党在解决土地问题上的成功成为取得政权的法宝，正如毛泽东1936年在延安回答美国记者埃德加·斯诺提问时所说"谁赢得了农民，谁就会赢得中国；谁能解决土地问题，谁就会赢得农民工"。

（二）中华人民共和国成立以来土地管理制度的变迁

1949年10月中华人民共和国成立后，党和政府始终把土地问题放在稳定与发展的重要位置，尤其重视土地立法及制度建设。在过去的70多年时间里，中国的土地管理制度的演进与国家经济社会发展变迁的脉络是一致的，在探索和实践中不断完善，在改革和创新中不断发展，形成了既适合中国国情又充分吸收世界文明成果的现代土地管理制度框架。

1.1949—1952年的国民经济恢复时期

在这一时期中国颁布了具有临时宪法性质的《中国人民政治协商会议共同纲领》（1949年）以及《中华人民共和国土地改革法》（1950年）等重要法规。土地管理制度的核心是解决土地所有权问题。

通过这两部法律的实施，对旧中国的国有土地予以继受，对官僚、买办资产阶级拥有的土地予以没收，仅用三年时间就完成了现代史上人口规模最大的土地改革，废除了地主土地私有制，建立了农民土地所有制。3亿多无地、少地农民获得了7亿多亩土地和其他生产资料，极大地调动了农民的生产积极性，农村生产水平与农民生活水平明显提高。

2.1953—1977年的社会主义改造和社会主义探索时期

在这一时期，中国颁布了第一部《中华人民共和国宪法》（1954年制定了《农业生产合作社示范章程草案》（1955年）《高级农业生产合作社示范章程》（1956年）和《农村人民公社工作条例（修正草案）》（1962年，简称"人民公社六十条"），出台了《国家建设征用土地办法》（1953年颁布，1958年修正），土地管理制度的重点是确立农村集体土地所有制和建立国家建设征用土地制度。

在农村，1954年的宪法明确了国家依照法律保护农民的土地所有权和其他生产资料所有权。不久就经由互助组、初级社、高级社的农业合作化运动，基本完成了农村的社会主义改造，实现了农村土地私有制向公有制的转变。1958年发动"一大、二公、三拉平"的人民公社化运动，推行土地所有制和农村生产与生活方式的冒进。三年严重自然灾害后，退回到"三级所有、队为基础"的农村集体土地所有制，并由"人民公社六十条"予以确立。与此同时，中国展开了大规模经济建设，推进国家工业化，国家建设征用土地问题凸显。《国家建设征用土地办法》明确了国家征用农民土地的目的和补偿安置原则。"国家为了公共利益的需要，可以依照法律规定的条件，对城乡土地和其他生产资料实行征购、征用或者收归国有"第一次被写入宪法。

3.1978 年至今的改革开放时期

在这一时期，中国曾多次修订《中华人民共和国宪法》，颁布了中华人民共和国成立后的第一部《中华人民共和国土地管理法》，后又进行了全面修订，出台了《中华人民共和国城镇国有土地使用权出让和转让暂行条例》《中华人民共和国城市房地产管理法》《中华人民共和国物权法》《中华人民共和国农村土地承包法》等一系列法律、法规。中国土地管理进入制度化和法制化轨道，重点是形成和逐步完善了中国的现代土地管理制度。

1978—1986 年，中国形成了几项重大的土地管理制度。在农村废除了"政社合一"的人民公社体制，实行集体所有制下的农户家庭承包经营制度。1982 年修订的宪法第一次明确了城市土地属于国家所有、农村土地属于农民集体所有的两种所有制并存的法律架构；1986 年颁布的第一部《中华人民共和国土地管理法》进一步明确了"城市市区的土地属于全民所有即国家所有。农村和城市郊区的土地，除法律规定属于国家所有的以外，属于集体所有；宅基地和自留地、自留山，属于集体所有"的土地所有权基本架构，规定了国家建设用地和农村建设用地的取得和使用方式，明确了全国土地的集中统一管理和依靠土地利用总体规划管理建设用地的原则。

1987-1997 年，土地管理制度的重点是建立与社会主义市场经济相适应的城镇国有土地有偿出让制度。中国在计划经济时期长期实行的是无偿、无限期、不准转让的国有土地使用制度。深圳等城市国有土地使用权有偿出让试点取得成功，为推进城镇国有土地有偿使用制度提供了契机。1988 年修改的《中华人民共和国宪法》和《中华人民共和国土地管理法》取消了土地不得出租的条款，明确土地的使用权可以根据法律的规定转让。继农村实行集体所有制下的土地承包使用制度改革后，中国城镇国有土地也实行了所有权与使用权相分离的制度。1990 年颁布的《中华人民共和国城镇国有土地使用权出让和转让暂行条例》和 1994 年颁布的《中华人民共和国城市房地产管理法》以及《中华人民共和国土地管理法》的修订，标志着中国城镇国有土地使用权出让、转让、出租、抵押的市场交易制度正式确立。城镇国有土地有偿使用制度的改革为实现土地所有者权益、显化国有土地资产价值、促进城市建设等发挥了重要作用。

1998 年至今，中国土地管理制度进入进一步完善发展时期。1998 年新修订的《中华人民共和国土地管理法》对土地管理和利用方式进行了重大改革。根据中国人多地少的基本国情，借鉴国外先进国家的土地管理经验，明确了以耕地保护为目标、以用途管制为手段、以土地利用总体规划为龙头的现代土地管理制度基本框架；建立了基本农田保护制度、建设占用耕地占补平衡制度和农用地转用审批制度，严格控制建设用地转用，切实保护耕地。进入 21 世纪，党中央和国务院又针对土地管理中出现的新情况、新问题，陆续出台相关文件，如《国务院关于深化改革严格土地管理的决定》（国发〔2004〕28 号）《国务院关于加强土地调控有关问题的通知》《国发〔2006〕31 号）、《国务院办公厅关于建立国家土地督察制度有关问题的通知》（国办发〔2006〕50 号）、《国务院关于促进节约集约用地的通知》（国发〔2008〕3 号）、《国务院办公厅关于严格执行有关农村集体建设用地法律和政策的通知》（国办发〔2007〕71 号），强化严格依法管理，启动土地参与宏观调控，建立国家土地监察制度，提出实行"两个最严格"的土地制度（最严格的耕地保护制度和最严格的节约用地制度），进而使中国的土地管理制度日趋完善。

这一时期，中国土地权利法律建设也取得了历史性进展。2002 年出台的《中华人民共和国农村土地承包法》标志着对农村土地权利依法保护的实现；2007 年出台的《中华人民共和国物权法》标志着中国保护以土地等不动产为主的物权保障体系正式创立，中国的土地权利保障进入法制轨道。党的十九届三中全会审议通过了《中共中央关于深化党和国家机构改革的决定》和《深化党和国家机构改革方案》，2018 年 3 月，第十三届全国人民代表大会第一次会议批准通过《国务院机构改革方案》，我国土地管理正式进入自然资源部统一管理阶段。2019 年 8 月，重新修订了《中华人民共和国土地管理法》，土地管理的法治建设更加趋于完善。

总之，经 70 多年的努力，中国已建立起一套以宪法、物权法、民法、土地管理法、森林法、草原法、环境保护法等法律法规组成的完整的土地法律体系；适合中国社会主义初级阶段和中国特色社会主义市场经济体制的现代土地管理制度框架基本形成；所确立的各项基本制度应该继续坚持，并在实践中不断丰富、完善和创新其实现形式。

二、中国土地管理的规律与展望

土地管理作为人类社会活动的基本内容和制度，自从有了国家，出现阶级社会，就已经存在了。从奴隶社会到封建社会、半封建半殖民地社会，再到新中国的成立，我国的土地管理从土地制度、土地管理体制、内容等方面发生了巨大的变化，由简单到复杂，由单一到全面，并随着社会体制的变革而不断发展演进。

（一）土地所有的均分与兼并的矛盾斗争与循环往复

迄今为止的中国历史，首先是一部土地制度的变更史。从夏朝开始进入奴隶社会，到秦汉进入封建社会，直至清朝封建社会的灭亡，长达几千年的历史发展过程中我们可以清楚地看到，在这么长的历史阶段变化和频繁的朝代更替过程中，中国农村封建土地制度呈现出惊人的周期循环。每次新朝代的产生都跟前一朝代最初产生相似，而每一个朝代发展变化的过程又是惊人的相同。先是推翻旧的王朝，后恢复生产，制定新的土地政策和制度，重新分配土地，鼓励土地的分散经营，进而走向土地的兼并而出现大量土地向地主阶级集中的现象，最后导致地主阶级与农民阶级矛盾的激化，随之农民起义，建立起新的王朝，接着又是新的一轮循环。

在现代史上，农村土地制度体系也经历了比较曲折的变革，呈现一种阶段性的迂回轨迹。先是新中国成立初期的农民土地所有制，实现"耕者有其田"。在农业合作化后，土地所有权和使用权出现了高度的集中。改革开放后，土地使用权平均承包给了农民。到现阶段由于小规模、产业化的生产已经跟不上生产力发展的步伐，很多地方又出现了土地以"转包""入股"的形式集中到种田大户手中。这一周期性的超稳定的循环，虽然会随着生产力的提高和工商业的发展而减小对社会和政治的影响，但是这一特征给我们一个重要的启示：制度体系的健全、权力制衡关系的规范化，是土地制度体系建设和不断优化的根本要素之一。如何建立起适应人与地之间协调关系的土地制度，是一切社会发展和经济增长的关键。

（二）土地管理体制的演进

从夏朝到战国时期，各王朝都设地官主管土地的行政管理事务，并进行土地、道路、沟渠的设计和井田规划；到了魏晋以后，设六部，其中户部掌管全国户籍、地籍、财政税收等行政管理工作；发展到半殖民地半封建社会，国民政府专设地政司，统一管理全国土地。因此，上述各时期的土地管理基本上属于土地统管体制，而且更多地注重土地利用过程管理。新中国成立以后，开始实行土地分管体制，城市土地由城建部门、规划部门或民政部门、房管部门管理，而农村土地则一直由农业部门管理。1986年国家进行了土地管理体制的改革，成立全国地政统管机构国家土地管理局和各级政府的土地管理机构，形成了全国城乡地政统管体制。1998年国务院增设国土资源部，负责土地、矿产、海洋等资源的规划、利用、保护和管理，从全国的土地管理发展为从陆地到海洋，从土地到矿产的国土资源的统一管理。

（三）土地管理手段由单一到多样

奴隶社会的土地管理过程主要是采用井田制，封建社会发展到户籍、地籍和土地税收综合管理，并进行土地清查和登记，建立账簿和图册，主要是为各王朝征税服务。到了半殖民地半封建社会，土地管理手段更加细化，由税收地籍发展到产权地籍，进行详细的地籍整理，按县级行政区域分区，区分段，段分宗，按宗编号，并进行地籍测量和土地登记。

（四）土地管理内容的逐渐丰富

奴隶社会和封建社会的土地管理主要集中在农地利用的管理，半殖民地半封建社会加强了城乡土地的全面管理，尤其是进行土地交易管理。我国现阶段的土地管理的内容更加丰富，从城市土地到农村土地，都进行土地资源调查、土地利用规划、地籍调查、土地登记、建设用地审批、土地使用权出让转让、地价评估等。可以说涉及了土地资源利用、配置和土地资产及其价值实现的各个方面。

（五）土地管理目的由单一到多样

在奴隶社会和封建社会，土地管理主要是为了征税，所谓的"鱼鳞图册"就是按土地所有者的土地面积大小征收土地税的最根本依据；而现在，社会主义条件下的土地管理则是以保证国家的土地资源最合理有效利用为首要目标，以土地持续利用为基本前提，以实现土地资源的合理有效利用为促进国家社会经济全面发展提供基本保证。

由此可见，土地管理是国家管理的一个重要方面，并随着社会制度、国家体制的变革而不断变化发展。土地管理实践的历史发展，为土地管理学的产生和发展奠定了实践基础。

第二章　土地资源管理概述

第一节　土地的基本概念

一、土地定义

土地是地球表层的一部分。是陆地表层由岩石、土壤、地形、气候、水文、生物等自然要素所组成的自然历史综合体，它包括人类过去和现在的活动成果。

土地的这一定义包括以下几层含义。

（一）土地是自然的产物

土地是地球自然环境进化，出现海陆分异的结果。土地不是人类劳动的产物。

（二）土地是自然综合体

土地原由岩石、土壤、地形、气候、水文、生物等自然要素所组成的综合性物质体系，是由这些要素相互作用、相互影响、相互制约而形成的具有一定的结构和功能的有机整体。土地的性质和使用价值，取决于全部构成要素的综合作用，而不是任何单一要素特征的表现。土地质量的好坏可能是某个要素起主导作用，但也要认识到各个土地构成要素具有不可取代的作用和地位，必须综合考虑各个构成要素的特性和相互联系。

（三）土地是地球表面的一部分，是具有固定位置的空间客体

土地的水平范围一般包括陆地、内陆水域和海岸滩涂。当把土地理解为"未经人的协助而自然存在的一切劳动对象"，或者是"大自然无偿地资助人们的地上、水中、空中、光和热等物质和力量"时，土地的水平范围就包括了整个地球表层，即海洋和陆地。土地的垂直范围取决于土地利用的空间范围。若从农业考虑，是土壤母质层到植被冠层。若从工矿土地利用出发，则是地下岩石层到建筑物的顶部。

（四）土地具有人类活动的历史烙印

土地包括人类过去和现在的活动影响。它具有为人类利用的价值，是人类生存和发展最重要的一种自然资源。人类活动可以改变土地的质量，提高土地的生产能力和经济产出能力，也能够引起土地退化。人类活动促进或者延缓了土地和环境的演化过程。

二、土地资源与土地资产

所谓资源，顾名思义，是指生产资料与生产资料的来源。土地资源是指在一定技术条件和一定时间内可为人类利用的土地，是一种重要的自然资源。严格地讲，土地与土地资源是又区别的。土地既可以是一种生产条件，即自然条件；也是一种自然资源。

自然资源与自然条件是两个不同范畴的科学概念。自然条件指自然界为人类生存和发展服务，人们从事常生活和经济生产的场所与环境。自然资源是指在一定时间、技术条件下，能够产生经济价值，以提高人类当前和将来福利的自然环境条件。自然资源则是生产与生活的物质前提，至于自然条件能否成为自然资源，有着明确的质和量的规定。

土地资源是指经过人们投入，能够得到收益的土地。也就是说，是具有使用价值的土地。有着土地即使大量投资，所得的收益也很有限，例如，远离居民点和交通线，而又没有任何矿藏的高大流动沙丘、戈壁和裸岩，它们虽然都是自然综合体，是土地，但却很难称之为土地资源。当然，土地资源也是一个发展的概念，有些土地在当前看来是用途极少，甚至无用的。随着科技进步，人类需求多样化，将来会是有用的，甚至是宝贵的资源。从这个意义上讲，土地与土地资源相提并论，泛泛而谈并无不可，但讲土地资源比土地考虑经济范畴多些，具有一定的技术经济前提。

土地资产指土地财产，即作为财产的土地—财产对象实体最重要的属性是有限性（稀缺性）：有用性、可占用性和具有价值。土地资源是人类生产和生活的物质基础，当人类对它的需求越来越大时，土地资源出现了稀缺现象，因而被一部分人采用排他手段当作财产而占有。从这个意义上说，地产，是指具有明确的权属关系（有其物主）和排他性，并具有经济价值的土地资源。它是土地的经济形态，是资本的物的表现。

从法律角度看，财产并非是由物组成的，而是由"人对冲权利"所构成。正如美国著名经济学家 R·T. 伊利所指出："财产就意味着一种控制经济财货的专有权利。"从这个意义上讲，地产是产权主体对土地的独占权，或是产权主体对土地资源作为其财产的占有和排他性权利。

土地具有资源和资产的双重内涵，前者是指土地，作为自然资源，是人类生产和生活的根本源泉，它具有一定的技术经济前提；后者是指土地，作为财产，其有了经济（价值）和法律（独占权）意义，它具有明确的法律保障。土地资产不仅可以为土地所有者、使用者和经营者使用并带来经济收益，而且还可以进行土地交易，具有商品的一般特性。而土地资源，由于没有明确界定产权，虽然它具有使用价值，但却不能进行交易，不能够成为商品。

土地资产，简称地产，是不动产的一种类型。不动产是不能移动或移动后会破坏其功能和经济价值的财产，它主要指土地及其定着物，如建筑和构筑物。不动产可以是单纯的土地，也可以只指土地上定者物——房产；还可以是地产和房产的合称，即房地产。从结构和物理形态上看，房产和土地具有相互依存、不可分割的关系。土地可以没有房屋而独立存在，房屋不能离开土地而单独存在。一般而言，房为地载，地为房用。房产的产权发生转移，与之相关的土地产权也必须随之转移；土地的产权发生转移，与之相关的房产的产权也必须发生相应的转移。

三、土地的功能

土地是人类生存和发展的条件，是人类劳动的一般对象，是人类最根本的最重要的自然资源和最宝贵的财产。土地的功能，可以概括为以下几个方面。

（一）负载功能

土地为地球上的万物提供了安身之所。土地为人类及地球上的动物、植物和微生物提供了生存空间，也为各种建筑物和构筑物提供了建设基地。没有土地，万物就无法存在。

（二）养育功能

土地具有肥力，具备适宜生命存在的氧气、温度、湿度和各种营养物质，从而使各种生物得以生存、繁殖、世代相传，使地球呈现出一片生机勃勃的景象。土地的养育功能，决定于植物的第一生产力，植物的单位面积产量越高，可以为动物提供的食物也越多，人类可获得的动物产品也越多。因此，土地的养育功能也可以说是土地的生产功能。

（三）仓储功能

土地能够涵养水源，蕴藏有丰富的矿产资源，为人类从事生产、发展经济提供了必不可少的物质条件。

（四）景观功能

土地的形态不同，自然形成了各种景观：秀丽的群山，浩瀚的大海，奔腾的江河，飞泻的瀑布，无垠的沃野，悬崖幽谷，奇峰怪石，清泉溶洞，千姿百态，为人类提供了丰富的风景资源，是旅游业发展的重要物质基础。

（五）生态保护功能

土地能够容纳万物，并将许多对于人类有害的物质和能量，通过其缓冲、过滤与调节，减少其对人类和动、植物生长的不利影响，能够在一定程度上能够使生态平衡保持稳定。

（六）历史记录功能

土地是一个自然历史综合体，土地不仅记录了地球环境变化的许多自然历史信息，而且也埋藏了人类活动的许多历史文化遗迹。通过土地利用、覆盖变化的研究，可以还原地球自然和人类历史的真面目。

（七）商品功能

土地具有商品属性，它可以通过市场交易，获得产权流转，进行货币交换。

（八）储蓄和增值功能

土地作为资产，随着对土地需求的不断扩大，其价格呈上升趋势，因此，投资于土地，能获得储蓄和增值的功效。

四、土地的特性

土地的基本特性包括自然特性和经济特性。土地的自然特性是土地在自然演化过程中形成的，是土地固有的，与人类对土地的利用与否没有必然的联系。土地的经济特性是人类在对土地利用过程中产生的，在人类诞生以前尚未对土地进行利用时，这些特性并不存在。

（一）土地的自然特性

（1）位置固定性。土地的空间位置是固定的，不能移动。在地球发展史上，虽曾出现过大规模的"沧海桑田"的变迁，但这早已成为历史的陈迹。目前，大陆漂移、岛屿隐现等对陆地面积和位置的影响，其变化的时间尺度需要用地质年代计算，是以百万年、千万年，甚至亿年为单位的。对于人类经济活动周期，不要说几年、十几年，即使几十年、几百年也微不足道，没有很大的实际意义。从人类的生产活动看，虽然从技术上说部分土地表层的移动也是可能的，但这不仅数量有限，而且代价高昂，一般不具有经济可行性。土地位置的固定性，要求人们就地利用各种土地。

（2）面积有限性。土地是地球的陆地部分，而地球是自然历史形成的，其面积具有不可再生性。人类可以改良土地，提高土地质量，改变土地形态（由丘陵变成平原，由贫瘠变为肥沃），但不容易扩大（或缩小）土地面积。土地面积有限性，迫使人们必须节约土地，集约地利用土地资源。

（3）空间差异性。土地的特性和质量特征，是土地各构成要素（地质、地貌、气候、水文、土壤、植被等）相互联系、相互作用、相互制约的总体效应和综合反映。地理位置不同，地表的气候、水热对比条件不一样，地质、地貌对其具有再分配的功能，使得地表的土壤、植被类型也随之发生变化，因而导致土地的巨大自然差异性。这种差异性不仅存在于一个国家或一个地区的范围之内，即使在一个基层生产单位内也同样存在着。随着生产力水平的提高和人类对土地利用范围的扩大，这种差异性会逐步扩大，而不是趋于缩小。土地的空间差异性，要求人们因地制宜地合理利用各类土地资源，确定土地利用的合理结构与方式，以取得土地利用的最佳综合效益。

（4）功能永久性。任何生产资料都会在使用中磨损，最后报废。然而，土地作为一种生产要素。"只要处理得当，土地就会不断改良。"在合理使用和积极保护的条件下，农用土地的肥力可以不断提高，非农用土地可以反复利用，永无尽期。土地的这一自然特性，为人类合理利用和切实保护土地提出了客观的要求与可能。

（二）土地的经济特性

（1）土地供给的稀缺性。在人类出现以前，没有人类对土地的利用和需求，当然也就无所谓土地供给的稀缺性。只有当人类出现以后，特别是由于人口不断增加和社会经济文化的发展，对土地需求不断扩大，而可供人类利用的土地又是有限的，因而产生了土地供给的稀缺性并日益增强。土地供给的稀缺性，不仅表现在土地供给总量与土地需求总量的矛盾上，还表现在由于土地位置固定性和质量差异，导致某些地区（城镇地区和经济文化发达、人口密集地区）和某种用途（如农业用地）的土地特别稀缺。由于土地稀缺性日益增强，土地供求矛盾的日益激烈化，导致一系列土地经济问题的产生。土地供给稀缺性是引起土地所有权垄断和土地经营垄断的基本前提，由于土地供给稀缺，在土地私有并可以自由买卖或出租的条件下，容易出现地租、地价猛涨，土地投机泛滥等现象。

（2）土地利用方式的相对分散性。由于土地位置的固定性，对土地只能就地分别加以利用，因而土地利用的方式是相对分散的。这一特点在农用土地上表现得更为明显。农业（种植业）利用绿色植物从土地中吸取营养物质，将太阳的光、热能转化为生物能，生产农产品。没有一定面积的土地就不能转化一定量的光、热能，也就不能生产足够人们需要的农产品。因此，农业生产必须分散在广大面积的土地上进行。即使在非农产业中，土地利用方式可以相对集中，但是由于土地立体利用需要非常高的经济投入，并存在着一定的技术经济限制，其仍然以水平空间利用为主，相对其他资源而言还是相当分散的。土地利用方式相对分散这一特性，要求人们在利用土地时要进行区位选择，并注意搞好地区间的交通运输联系，以提高土地利用的综合区位效益。

（3）土地利用方向的多宜性。任何一块土地，特别是好的土地，其往往适合于多种土地用途。它可以作为从事第一产业的耕地，也可以用于发展第二产业的工厂建设，还可用于第三产业用地，例如公共用地、居住用地、商业用地等。由于这一特性，对一块土地的利用，常常同时产生两个以上用途的竞争，并可能从一种用途转换到另一种用途。这种竞争常使土地趋于最佳使用和能够获得最大经济效益，并使地价达到最高。这一特征也要求人们在利用土地时，必须坚持土地利用的最有效利用原则，防止土地资源浪费。

（4）土地利用后果的外溢性。任何土地利用都会对周围环境产生作用和影响。每块土地利用的后果，不仅影响本区域内的自然生态环境和经济效益，而且必然影响到邻近地区，甚至整个国家和社会的生态和经济效益，产生巨大的社会后果。如在一块土地上建有一座有污染的工厂，就会给周围地区带来环境污染。流域上游土地的滥垦滥伐，导致的水土流失，往往引起下游河、湖的泥沙淤积，调洪蓄洪能力下降，出现洪涝或旱灾。在一个城市中心的繁华地段建设一座占地很多而单位面积收益不高的仓库、工厂等，不仅使该地段的土地效益不能充分发挥，而且还影响城市繁华地段综合功能的完善。相反，一块土地的集约合理利用，也会对周围环境产生积极的效应。例如，大型公园、绿地和文体卫生设施的建设，往往会提高周围住宅用地的价值；具有连带效应的基地型企业的落户，会引来大量相关配套产品生产企业的投资。当然，周围环境的改善，其他土地的合理开发，也往往使得不进行任何土地投资的土地所有者，也能够获得土地价格增值的收益。土地利用后果的外溢性，要求我们无论采用何种土地所有制，政府部门都要以社会代表的身份行使征用权和管理权，对全部土地的利用进行宏观的管理、监督和调控。

五、土地、人口、环境和可持续发展

（一）土地、人口、环境和经济发展的辩证关系

对于土地、人口、环境和经济发展的辩证关系，可以从以下几个方面进行认识：

（1）人类的出现是大自然进化的结果。人是地球的主人，是全部社会经济活动的主体。人类社会的发展过程是一个不断认识自然、征服自然和改造自然的过程。劳动创造了人本身，人口的质量直接表现为人本身具有的认识、改造世界的条件和能力。人既是生产者，也是消费者。一定数量和密度的人口是土地利用和物质资料生产的前提，它对于提高土地利用率和土地经营集约化水平，具有非常重要的促进作用。但是，人口增长太快，土地人口压力超过土地可承载的人口容量，往往会导致土地的掠夺性开发，过度的毁林开荒，草原过牧，围湖垦殖，竭泽而渔，往往导致土地生态环境的破坏，土地资源退化，出现土地肥力衰减，水土流失，土地沙漠化、沼泽化、盐碱化等等。

（2）土地是社会物质生产的基础，是人类最重要的资源和最宝贵的财富。丰富的

土地资源，有利于促进区域社会经济的发展，提高人民群众的生活质量水平。目前世界上经济发达的国家，也是世界上人均土地资源较多，土地质量较好的国家。根据20世纪90年代初对世界土地资源的统计，发达国家每人占有的耕地超过0.5公顷，而发展中国家人均不足0.33公顷。发展中国家拥有世界75%的阔叶林；而发达国家占有90%以上的针叶林。欧洲集约经营的放牧地，其生产力每公顷每年500个动物生产单位（APU）以上，而大部分发展中国家则少于20个动物生产单位。第三世界63%的人口生活在"土地短缺"或者"极度短缺"的国家（在那些国家中，70%以上的潜在可耕地已经开垦），发展中国家仅有15%的人口生活在土地资源丰富的国家之中。

（3）土地与人口的关系主要表现为土地的供求关系。随着人口的增加，人类科学技术水平及生活水平的提高，对土地的需求量也越来越大。在渔猎时代，人们不知道农耕，所以无人需要耕地，随着农业的发展，便有了对耕地、林地等的需要。随着生活水平的提高，人们不再满足吃饱，还要求有宽敞舒适的住宅、公园、草坪、游乐场、车库等，因而，对土地的需求程度也相应增大。但土地是自然产物，其自然供给量有限，然而，土地的经济供给量却是可以根据需求加以调节的，人们不断调整土地利用结构，扩大需求量大、且利用效益高的土地的供给。同时，随着科学技术的进步，人们能够将尚未利用的土地投入使用，并通过提高低效利用、粗放经营的土地的集约化利用水平，以增加土地供给的经济总量。

（4）人类有目的利用、开发、改造和保护土地，是为了促进人类社会经济的可持续发展。人地关系就是人与自然的关系，人类不能陶醉于"人定胜天"的理想，更加重视人与自然万物的密切联系，学会尊重自然，效法自然，以"天人合一"、"人地和谐"的自然观，处理好土地、人口、环境和经济发展的关系，在不断提高土地生产力和经济产出，使其物质生产在满足人类日益提高的物质和文化生活需要的同时，能够保持和建立良好的生态平衡，维护自然环境的生物多样性，使子孙后代满足他们生存和发展的能力只能增加，不会减少。

（二）选择和建立保证自然—社会—经济可持续发展的土地利用和管理运作模式

为了实现自然—社会—经济可持续发展的目标，必须要调整和优化土地、人口、环境和经济发展的关系，按照可持续发展的原理，对土地利用和管理运作模式进行科学的设计和具体实施。

第一，要使经济增长与恶化环境的土地投入脱钩。例如，化肥、农药的大量投入，虽能使农作物增产，但也能使土壤结构变坏、环境遭受污染。因此，应使造成土地退化和环境污染的投入要素使用量持续下降，直至脱钩，以无污染、无公害的投入要素取而代之。

第二，实行以预防为主的环境政策。要改变环境治理的"事后战略"，实行以预防为主的环境政策。为此，在进行土地资源开发和利用之前，土地利用规划和土地利用环境影响评价、土地利用环境整治规划必须同时进行。

第三，将土地资源利用的外部效应内部化。为了防止人们利用土地，从中获得利益，而把由此造成的贾源退化、破坏、病污染转嫁给社会、未来、自然界。这种外部性的存在，是造成土地、人口、环境和经济发展关系恶化的基本动因。实行持续发展，要求将土地资源与环境利用的外部效应内部化，将破坏土地资源与环境的代价由责任人承担，从而使合理利用和保护土地资源与环境，成为人们的自觉行动。

第四，积极控制人口增长，实行计划生育。政府对人口增长过程应当进行合理的调控，根据资本积累、技术进步和自然资本变化，使人口规模和增长速率与社会经济发展、土地的人口承载力、人均社会福利最大化相适应。

第五，消除贫困。贫困是人地关系恶化、环境生态平衡破坏的重要动力。由于贫困人口往往是居住在土地资源禀赋比较差的地区，人口本身的素质较低，就业门路少。为了维持生计，人们往往首先想到的是开垦土地，对土地资源进行掠夺式的开发，从而严重地破坏生态环境。而这种结果又反过来使水土流失增加，降低了土地的生产能力，使贫困人口更加贫困，更加疯狂地毁林毁草垦殖。如此循环往复，使生态平衡破坏得越来越厉害，甚至出现土地荒芜和废弃。只有提高贫困人口的素质，弱化贫困人口与土地垦殖密不可分的关系，实现农业劳动力的合理转移，使他们真正脱贫致富，才能实现对土地资源的合理有效保护。

第二节　土地资源管理的目的、任务和内容

一、土地资源管理的内涵与特性

（一）土地资源管理的内涵

土地资源管理是国家在一定的环境条件下，综合运用行政或经济、法律、技术方法，为提高土地利用生态、经济、社会效益，维护在社会中占统治地位的土地所有制，调整土地关系，监督土地利用，而进行的计划、组织、协调和控制等综合性活动。

土地资源管理的这一定义，具有如下几个方面的涵义：

（1）土地资源管理的主体是国家。国家委派国务院土地行政主管部门管理全国土地的统一管理工作，县级以上地方人民政府土地管理部门主管本行政区域内的土地统一管理工作。

（2）土地资源管理的客体是土地，以及土地利用中产生的人与人、人与地、地与地之间的关系。

（3）土地资源管理的内容由土地权籍管理、土地利用管理、土地经济管理、土地行政管理等四大部分组成。

（4）土地资源管理的基本任务是维护在社会中占统治地位的土地所有制、调整土地关系和监督土地利用。

（5）土地资源管理的目标是不断提高土地利用的生态效益、经济效益和社会效益，以满足社会日益增长的需求。

（6）土地资源管理的方式包括行政手段、经济手段、法律手段、技术手段。

（7）土地资源管理的职能是计划、组织、控制和协调。

（8）土地资源管理的目的和特点受社会环境的制约，主要受社会制度、土地制度的制约。

（二）土地资源管理的特性

（1）统一性。从中国人多地少的基本国情出发，对城乡土地实行统一管理，有利于实现土地资源的科学和合理利用，切实控制土地的非农开发，切实有效地保护耕地。

（2）全面性。土地资源管理是一项复杂的系统工程，它涉及土地调查、土地权属的确认、土地登记、土地评价、土地规划、土地利用、土地经营、土地整理、土地保护、土地税收、土地执法等等各个方面的内容。土地资源管理只有实现全面管理，才能最终达到土地管理的目的。

（3）科学性。土地资源管理的科学化和现代化，是实现土地管理的目标，提高土地管理效率的保证。科学的土地管理，首先是按照自然规律、经济规律和社会发展规律。其次，是运用先进的管理科学思想和理论指导，遵循土地管理自身规律，不断自觉地改革和调整土地管理体制。最后，运用现代化科学管理方法和手段，实施土地管理活动。

（4）法制性。土地资源管理是一种公共管理，其行为主体是国家政府土地行政管理部门。土施资源管理的法制性主要表现为：其一，土地管理本身是法律规定的；其二，土地管理机构的设置、土地管理职权都有明确的法律规定；其三，土地管理部门对土地事务的管理都必须以法律为依据，即依法管理，并承担相应的法律责任；其四，土地管理人员（行政人）的职责、职权和义务具有法律的规定性。

（5）服务性。土地资源管理的对象、范围相当广泛。从国家整体利益出发，土地管理必须为国民经济建设服务。从管理关系各角度看，土地管理机构及其人员，是"社会公仆"，应当积极地为社会大多数人谋利益，为合理利用土地和不断提高土地生产力提供管理服务。

二、土地资源管理的目的

土地资源管理目的是指在一定历史时期内土地管理服务的方向和土地管理活动预期实现的目标。

我国土地资源管理的目的是：维护社会主义土地公有制，正确调整土地关系；合理组织土地利用，切实保护耕地；保护土地所有者和使用者的合法权益，坚决制止乱占滥用土地的现象，保证和促进社会经济可持续发展。

三、土地资源管理的任务

（一）维护土地所有制

在任何社会制度下，国家实行土地管理制度的目的，都在于维护土地所有制。它也是土地管理制度具有阶级性的表现。土地具有两重性，即它不仅是生产资料，而且是构成社会人地关系的客体。自阶级社会以来，统治阶级为了取得对土地占有的合法化，制定了一系列的法规并设立了执法机构，其目的都是为了维护土地的所有权。

社会主义土地管理建立在社会主义土地公有制的基础上，是国家用以维护土地公有制的一项国家措施。目前，全国土地权属紊乱、非法侵占、买卖及其他非法转让土地的现象仍然相当普遍，严重地损害了社会主义土地公有制。通过土地管理，可以制止或约束对社会主义土地公有制的各种侵犯行为，保护社会主义土地所有者、使用者和经营者的合法权益，稳定社会主义土地利用方式。

（二）充分合理地利用土地

土地资源具有数量有限、稀缺和不可替代等特征，是人类生存的基本条件，是最珍贵的生产资料。为了充分合理地利用土地，必须进行土地的分配与再分配，进行土地利用规划，合理地开发、整治土地，保护土地资源，对土地实行有偿、有限期和有流动的使用。为了充分、合理利用土地，必须对土地利用实行宏观控制和计划管理。编制全国土地利用总体规划和省、市、县及乡镇土地利用总体规划；对建设用地实行计划供给，对土地利用根据规划进行用途管制，对耕地保护要求实现占补平衡等等，努力促进全国各地土地利用效率和效益的提高，保证土地用养结合，维持土地系统的生态平衡。

（三）贯彻执行土地法规

土地法规是调整土地关系法律和规章的总称，是国家用以维护统治阶级对土地占有关系的行为规范，反映了在一定社会生产方式中，统治阶级对土地占有、使用和权利转移等的意志。在社会主义国家里，土地立法的目的，在于保护社会主义土地公有制，促进土地的合理利用，最大限度地满足国民经济的发展和人民生活日益改善的需要。健全、完善土地法制，虽然本身不应当直接创造财产，但是可以通过确认和保护土地所有者、使用者和经营者的合法权益，可以鼓励财富的积累和创造。贯彻和执行土地法规，落实国家在土地开发、利用、保护和整治等方面的方针和政策，是土地资源管理的重要任务之一，也是科学地管好用好土地的政治保证。

（四）保证国有土地资产的保值和增值

我国过去长期实行的土地无偿使用制度，是浪费土地、乱占耕地和破坏土地资源的一个重要原因。实行国有土地有偿使用，是我国土地管理制度的一项重大改革，也是运用经济手段管好用好土地，控制乱占耕地的一项措施。显化土地资产的市场价值，把土地费用纳入生产成本进行经济核算，有利于企业公平竞争和合理分担土地税费。运用土地价格和级差地租杠杆，发挥市场对土地资源的高效配置功能，促进产业经济结构调整和生产力布局优化，有利于提高土地利用的社会经济综合效益，实现国有土地资产的保值和增值。国有土地出让价格上升，政府可获得的土地收益增加，也能够更加多地投资建设和完善城市基础设施和农田水利设施，改善土地利用条件和土地生态环境。

（五）健全地籍管理制度

土地的分配与再分配，是土地管理的一项重要工作，是人们使用土地的前提，是合理利用土地的基础，但不是土地管理的最终目的。土地管理的最终目的是通过土地合理分配，充分利用全部土地，保护土地资源。土地分配与再分配必然涉及土地权属关系的调整，如果出现地界不明确，争执不休，地权紊乱，土地也就得不到合理的利用和保护。为此，就必须做好土地管理的基础性工作，健全地籍管理制度。

四、土地资源管理的内容

土地资源管理的基本内容，是由土地资源管理的目的和任务所决定的，主要包括土地的权籍管理、土地资源利用管理、土地资产经营管理和土地行政管理等4个方面的内容。

（一）土地权籍管理
主要包括土地调查、土地确权、土地登记、地籍信息与档案管理、土地统计等内容。

（二）土地利用管理
主要包括土地评价，土地规划的编制、实施和管理，土地计划管理，建设用地管理、耕地保护管理，以及土地开发、复垦、整理和保护等监督和调控。

（三）土地资产管理

主要包括土地资产经营、土地价格管理、土地税费管理、土地市场管理等工作内容。

（四）土地行政管理

主要包括土地行政管理组织、土地法制建设、土地纠纷调处、土地管理执法监察、土地利用的计划和审批、土地交易合同管理等工作内容。

土地管理的上述四项内容，反映了土地管理的各个侧面，其着眼点不同，有自己的特殊性和相对独立性。但是，它们在整个土地管理实践中是密切相关的，彼此之间相互渗透，相互补充，相互支持。土地权籍管理，确定了土地的权属关系，提供土地管理信息服务和法律凭据，是土地管理的基础和工作前提。土地利用管理是土地管理的核心。它以土地资源的开发、利用、改造和保护为中心开展工作，实现合理组织利用土地，优化土地资源配置，切实保护耕地，努力提高土地的利用比率和集约化经营水平，充分发挥土地生产潜力，使土地利用的社会、经济和生态效益最佳，为国民经济建设和社会进步提供用地保证，推动社会经济可持续发展。土地资产管理，充分发挥土地价格和级差地租的杠杆作用，合理确定土地价格标准，促进土地公平和公开交易，通过土地税收合理调节土地资产和收益分配，通过土地资产经营，实现土地资产保值和增值，为土地管理提供了动力来源。土地行政管理，通过政府及其土地行政主管部门的依法行政和优质服务，可以形成良好的土地开发和投资环境，提高土地开发和利用的效率和效益；通过土地执法监察，有法必依，违法必究，执法必严，杜绝各种违法用地、非法占有土地、滥垦滥用土地、进行土地非法交易和破坏耕地等不良行为和土地犯罪现象的发生，为土地资源的合理利用，维护土地所有者、使用者和经营者的合法权益提供保障，土地行政管理是实现土地管理目标的重要途径和保证。

第三节　土地资源管理的原则和方法

一、土地资源管理的原则

土地资源管理的原则取决于土地制度和土地管理的总目标。我国土地管理是建立在社会主义土地公有制的基础上，是以充分合理地利用土地，切实保护耕地为主要目标，其基本原则有以下几项。

（一）依法管理原则

依法管理是要依照《土地管理法》及其他相关土地法规的规定，建立土地管理制度，管好用好土地。我国《土地管理法》的颁布和施行，为依法统一管好土地，包括惩治乱占滥用土地和破坏耕地的人和事提供了法律基础，标志着我国土地管理工作进入依法管理的新阶段。有了土地管理法律不等于就能自动地管好用好土地，还必须做好法律宣传工作，提高执法的自觉性，做到有法必依，执整必严。

（二）统一管理原则

所谓统一管理，就是依照《土地管理法》的规定，实行全国土地统一管理，城乡地政的统一管理。实行统一管理，一方面要依法建立土地的统一管理机构，健全土地统一管理制度；另一方面也要正确处理国家、部门、地区、单位、个人之间的关系，协调和理顺各方面的土地关系，充分调动一切积极因素，合理利用每寸土地。

（三）维护社会主义土地公有制的原则

维护社会主义土地公有制是社会主义土地管理的重要目的之一。土地管理机关必须依法禁止土地买卖和其他非法转让土地的活动，保护社会主义土地公有制不受侵犯。各单位或个人使用土地，必须依法办理审批手续，切实保护土地所有者、使用者和经营者的合法权益。

（四）充分合理利用和保护土地的原则

社会主义国家的土地利用，必须最大限度地满足整个社会日益增长的生产和建设用地的需要。为此，要结合土地特点和属性，各用地单位的性质和土地用途，统筹安排各部门的土地利用。从"一保吃饭、二保建设"的土地供应原则出发，要优先安排农业土地利用，即将土地质量好、肥力高的适宜于农业利用的土地，首先用于农业生产。城镇、工矿、交通等非农业建设占用土地，要贯彻节约用地的原则，要精打细算，严格控制用地指标，尽可能少占或不占耕地。

保护土地主要是指对土地质量或土地生产能力的保护，它包括对土地肥力及其环境的保护。土地保护要与土地开发、合理利用和改造、整治有机地结合，才能不断提高土地利用率和土地投资的效果。

二、土地资源管理的方法

实现土地管理目标，提高土地管理效率，要综合运用行政方法、经济方法、法律方法和技术方法。

（一）行政方法

土地管理的行政方法是指政府及其土地行政主管部门依据法律赋予的职权，以政府文件、政令、规划、计划、考核等形式，对土地利用和经营行为直接进行组织、干预、控制和处理，按照行政系统自上而下实施管理的方法。

行政管理系统通常采用命令、指示、规定、通知、条例、章程、指令性计划、政策和文件等方式对子系统进行控制。行政方法依靠行政权力，具有权威性、强制性、直接性、单一性和无偿性等特点。

政方法能使管理系统达到高度的集中统一，可以发挥高层领导的决策作用，充分依靠行政机关和领导者的权威，通过行政层次和行政手段，对下属管理机构和土地利用等方面进行组织、指挥、协调、控制。

行政方法只有在它符合客观规律，反映人民群众根本利益时，才能在管理中发挥重要作用。科学的行政方法要以科学决策为依据，做出的指令，既要有利于整体目标的实现，又要协调好各部分的关系。例如，非农建设占用耕地控制指标的制定，如果仅仅考虑保证国家建设用地一个方面，那么，制定出来的控制指标在实践中肯定是行不通的。所以，行政方法不等于强迫命令、瞎指挥。

行政方法具有一定的局限性。表现在：①管理效果受领导水平的限制，领导水平不高，就容易产生瞎指挥。②横向沟通困难，信息传递迟缓，有时严重失真。③行政层次多，手续繁杂，影响工作效率。④行政行为具有较大的被动性，不利于发挥子系统的主观能动性。

行政管理方法，除了政府和土地行政管理部门的指令性的手段外，也可以通过制定优惠政策、激励措施和信息咨询等方式进行管理。在我国社会主义民主日益健全和政治改革不断深化的形势下，转变政府职能，树立服务意识，努力调动广大人民群众开发、利用、改造和保护土地的主观能动性，更是提高土地管理效率和效果的重要途径。

（二）经济方法

土地管理的经济方法是指管理者按照客观经济规律的要求，运用经济手段，调节和引导土地利用活动，以实现管理职能的方法。

经济利益原则是经济方法的核心。管理者用经济利益鼓励、引导、推动被管理者，使其行为和利益与管理者所要达到的目标一致起来，这是一种导向型的间接控制方法。

经济手段（杠杆）是经济方法的工具，它在调节经济利益、实现管理目标方面有着不可替代的作用。在土地管理方面常采用的经济杠杆有：

（1）地租地价杠杆。通过地租、地价杠杆可对土地管理发生以下作用：其一，实行土地有偿使用，使土地所有权在经济上得以实现；其二，调整土地供需矛盾。当某种用途的土地供需出现矛盾时，可通过适当调节地租和地价水平，使土地供需大体平衡，优化土地资源配置；其三，进行地价成本核算，提高企业经营效益；其四，制定地价优惠政策，招商引资，推动土地开发，加快区域经济发展。

（2）财政杠杆。通过财政拨款、财政转移支付等手段来体现国家对土地利用的宏观控制，如国家对复垦土地、兴修大型水利工程、城市建设等的投资，对于耕地开垦、退耕还林提供政策性补贴等等。

（3）金融杠杆。金融机构通过银行信贷向用地单位提供资金，刺激用地单位对土地的投资。由于银行信贷是以有偿使用、还本付息为特点的，所以，金融机构还可利用有弹性的利率，指导用地单位对土地进行合理利用。用地单位也可通过金融市场，发行土地股票、债券，筹集土地资金，用于土地开发。

（4）税收杠杆。税收是国家按照法律规定的标准，凭借政权力量，无偿取得财政收入的一种手段。国家通过不同的税种（耕地占用税、土地增值税等等），合理调节土地收益分配，引导地方土地合理开发、利用和保护。

经济方法的局限性在于：其一，它是通过调节人们的经济利益关系来指导土地利用，实现管理目标的，具有间接性，对于某些土地开发和利用的外部不经济行为缺乏限制，对于有些违法利用土地行为也很难及时制止；其二，人行除了物质利益外还有精神和文化需要，单纯依靠该种方法来调动人们的积极性，在土地利用中有时并不一定都能奏效。

（三）法律方法

法律方法是管理者通过贯彻、执行有关土地的法规，调整人们在土地开发、利用、保护、整治过程中所发生的各种土地关系，规定人们行动必须遵守的准则来进行管理的方法。

在土地管理中运用法律方法，主要是运用立法和司法手段，来巩固和调整各方面的土地关系。制定法律必须正确认识和真实反映事物本身的客观规律。作为管理手段，法律规范应具备条件、规则和制裁三部分内容，以体现管理的相对封闭原理。司法是行使法律手段的保障。制定法律仅能解决管理有法可依的问题，要保证法律的贯彻执行，还必须建立相应的司法机构和制度。国家司法机关依照法规，通过侦查、调解、仲裁、起诉和审判等手段，确保各种法规的实施。

法律方法比行政方法具有更大的强制性、严肃性和权威性。但法律只能在合法与非法之间调整与控制人们的活动，这个范围毕竟是有限的，对于很多超越法律范围的土地不合理利用行为，就显得无能为力。

（四）技术方法

技术方法是管理者按照土地的自然、经济规律，运用现代化的技术装备、科技手段和科技成果应用来执行管理职能，提高土地管理水平的方法。

运用技术方法管理土地要取得良好效果，必须做到：①管理信息的客观、真实和具有现势性；②分析方法科学、适用，具有针对性；③科技成果对问题分析透彻，并具有对未来的预见性；④技术设备先进，功效显著，具有使用上的便利性。技术方法在土地管理中的应用，重在促进土地管理的科学化和现代化。

第三章 土地资源管理的理论基础

第一节 土地资源的发生学理论

一、土地构成要素的作用分析

土地是一个自然历史综合体。从地球的历史分析，土地是地球形成和海、陆分异的结果。地球作为太阳系的一颗行星，由于纬度条件不同，其地表获得太阳辐射的强度不一样，而产生了温度从赤道到两极的降低。由于地球自转轨道和公转轨道存在着23.5度的夹角，便产生了地表太阳直射位置的季节移动和一些区域气候的四季变化。由于陆地和海洋的热力差异，出现了季风环流等风向变化，使得风自海上来的地区，降水由海洋向内陆减少。

从土地的构成因素分析，它由地质、地貌、气候、水文、土壤和生物等自然环境要素构成，是这些要素相互作用、相互联系和相互制约而形成的物质体系，也包括人类活动过去和现在的作用与影响。地质因素，即地球的岩石圈及其构造，它决定着地表物质的组成，是地貌和土壤形成的基础，是土地空间形态和土壤肥力形成的决定因素。地貌是土地形态的空间表现形式，山地、丘陵、高原、平原和盆地，海拔高度、相对高度、坡度和地表切割程度，是地球内外力矛盾斗争的统一，也决定着地表物质和能量流动的方向，对地球表面的水、热条件进行了再分配。气候条件是一个地区天气的平均状况。太阳辐射是地表的能量来源，是植物光合作用的基础，它决定着土地的生物生产潜力。水是地球分布最广泛的溶剂，通过正常的三相转换循环，是地表物质迁移和能量转化的重要媒介，它影响着地表热量的利用效率，作为自然环境重要的外营力，也制约着土地资源的形成与发展。土壤是地球表面具有肥力的疏松表层。土壤肥地具有肥力，土壤肥力是核心。植物是土地生产力的缔造者。各种植物在生长发育过程中，同自然环境或土地的其他构成要素相互作用，不断发生物质和能量交换，是土地生态系统中最活跃的因素。土壤和植被是土地重要的构成因素，既是土地资源质量的代表，也是其综合特征的反映，并可指示土地演替的方向。

人类是自然演化的产物，劳动创造了人本身。人类从诞生以来就与土地形成了密切的关系，土地是一切生产和一切存在的源泉。人类认识自然、征服自然、改造自然的过程，从某种意义上讲，也就是土地开发、利用、保护和改造的过程。人类对土地或土地资源的作用，其直观的表现形式是形成了各种各样的土地利用类型。人类活动作为土地形成和变化的重要动力，加快或延缓了土地的自然演替过程。人类对土地的开发利用合理，可以有效地提高土地的生产力；相反，则破坏土地的生态平衡，导致土地退化。

二、土地利用类型的形成

一个地区土地利用的现状是人们在长期的生产实践中，根据经济规律，适应自然景观的结果；也是生产力发展，社会劳动分工使土地利用目标多样化的反映。土地利用类型结构与用途的形成与发展，受多种因素的制约。

在远古时代，人们刚刚是人、猿相揖别的时候，基本上是靠狩猎、采果为生，谈不上对土地的开发。从距今 15000 年左右，人类开始进入原始农业时期，驯化和饲养兽类，利用简单的工具，对某些价值较大的野生植物进行种植，便开始了土地资源开发的过程。在新石器时代，第一次社会大分工，使种植业与畜牧业相互分离，在土地用途上便产生了种植业用地（耕地）与林牧用地的类型分别，农业生产在许多地区成为主要的活动。第二次社会大分工，手工业和商业逐步独立，原始的居民点也随着原始社会向奴隶社会生产力发展，其中一部分居民点由于独特的地理条件或其他因素不断扩大自身的规模和功能，成为一个地区中心——城市。这便出现了城镇用地与农村用地的分异。

（一）农村土地利用类型的形成

就农村土地利用类型的形成而言，它主要表现为：

（1）土地利用类型的形成是土地与人双向选择的结果。土地作为农业生物生长发育的环境和基础资源，对农业生物具有多宜性，利用土地提供了多种选择。由于人类对农业产品的需求是多种多样的，但是土地对于某些用途又具有一定的限制性，人类只能使农业适应于生态环境，而不是生态环境适合于农业，人类对生态系统的调控仍具有一定的局限性，这又是土地对人类作用的选择。

（2）土地利用类型的形成与发展，是自然景为复杂多样性与农业生产地域专门化的统一。土地生态系统在各种自然因素写自然过程的相用下，其在地域上具有明显的差异，它要求人们根据土地类型划分与土地评价，在不同的均质土地单元中因地制宜地进行生产布局，但人类从事的农业生产，它深受规模效益的制约，实现农业现代化需要使农业生产地域专门化。土地利用的多样化，有利于充分地利用各种土地资源，也有利于土地生态系统稳定性的增强。然而，对于农业管理、机械化、新技术推广、商品经济发展来说，农业生产地域专门化有着较大的优越性。

（3）土地利用类型的形成与发展是生态经济系统平衡保持与更新过程的统一。人类以土地为农业生产对象和生产资料，通过作物的栽培与动物养殖，不断地从土地生态系统中摄取物质和能量，同时也通过田间劳动、耕作施肥等等活动来补充土地的物质与能量消耗。土地生态系统的生态平衡保持，需要人类少干扰与破坏自然生态过程的连续性与稳定性，加强自然保护。但人类需要的增长，又要不断提高土地生产力，必须打破自然生态平衡，重建高效多能的人工生态系统。

（4）土地利用类型的形成与发展，更是多种矛盾运动对立统一的结果。但土地利用既受土地本身生态经济规律制约，又受土地利用的行为与决策规律控制。对土地认识水平的限制，使土地利用的形成与发展方向会出现一定的偏差。长期的土地利用，形成一定的利用改造传统与农产品消费习惯。如民族、历史、文化、生活习俗等对土地利用用途的变更形成约束。一个地区的土地利用不仅具有客观性，而且具有一定的稳定性。

（二）城市土地利用类型的形成

城市土地是在长期的经济发展和城市建设过程中，由自然土地或农业用地改造而来的，是城市景观替代自然景观或农业景观后而形成的土地利用方式。城市土地利用类型形成是在城市建设过程中的使用功能划分，城市土地利用类型，根据国家土地主管部门制定的《城镇地籍调查规程》主要分为：商业、金融业用地，市政用地，公共建筑用地，住宅用地，交通用地，特殊用地，水域用地，农用地和其他用地等十大类。城时土地利用类型的形成，是一个人口、经济、文化空间集聚，城市空间扩张和生产地域合理分工的过程。它受到城市建设和发展的自然、经济和社会文化因素的制约，是这些因素相互作用和影响的综合体现。

（1）城市土地利用类型的形成源于城市的建立。城市建立的原因是多种多样的：有因矿产资源开发而形成的工矿城市；有因制造业发展而形成的工业城市；有因地理位置优越，交通发达而形成的交通枢纽城市或港口城市；有因市场体系完备，商家云集而形成的商贸城市；有因旅游资源丰富而形成的旅游城市；有因行政机构进驻而形成的行政中心城市等等，不同类型的城市，其土地利用方向不同，土地利用类型结构也就不一样。城市土地利用类型的形成取决于城市居民生活和工作的需要。

（2）城市土地利用类型的形成，是土地利用对其区位条件的优化选择。城市建设和发展受到生产力布局规律的制约。如人口总是向劳动报酬较高而地域迁移，生产企业总是向生产成本较低的地域迁移，科技和管理机构总是向信息资源丰富、消息灵通的地方迁移，商贸总是在人流、物流和信息流流量大，市场经济发达的地方繁荣。生产力布局的有利区位条件，影响着城市的生产力分布，城市不同的产业和部门对土地区位的优化选择，也就形成了不同的土地利用类型。

（3）城市土地利用类型是城市不同的土地用途空间竞争的结果。城市土地的价格，一般说来，由市中心向城市边缘逐渐降低，离市中心距离越近，地价就越高。不同的城市产业部门，其经济收益水平存在着差距，对地价的承受能力也不一样。如商业、金融业，其收益高、利润多，能够支付城市中心的高地价，城市中心区位也有利于其事业的发展，因此它们大多是位于城市的中心位置。工业因为其收益能力相对较低，其在空间竞争上无法支付城市中心的高地价，城市边缘地区地价较低，对外交通方便，适应其生产发展要求，故它们多布局在城市边缘地区。而城市居民住宅用地的布局，一般按照其居民工资收入的不同，有不同的选择。城市中心地价高，房屋质量好，房租贵，是高收入者的居住分布区。城市边缘，因为其地价低，房租低，低收入者的住宅用地多在此分布。当然，随着城市的扩大，城市中心的"城市病"严重，住宅建筑老化，环境质量差，高收入者很多搬迁至城市郊区居住，城市中心住宅反为低收入者占有，这种状况显然是城市环境恶化的结果。

（4）城市土地利用类型有自发形成的，更多地受到城市规划控制的作用。在城市中，有一些特殊地区，例如中心区、住宅区和工业区等等，在历史上可能是自发形成的，也可能是规划后形成的。在自发形成的城市结构中，其工业区往往和居住区混杂在一起，工业污染常常影响居民的生活和休息，故大多数富有居民总是试图搬迁，城市旧城改造往往也先从这里开始。新建城市或城市更新大多要进行城市规划，城市用地性质及其空间配置主要按照规划进行。

随着时间的推移，城市发展加快，因此根据城市规划形成的城市土地利用类型的面积相对较大。

城市中自发形成的土地利用类型是在市场机制作用下形成的，反映出城市土地级差地租的不同，其土地利用可能内部经济，而外部不经济。按城市规划形成的土地利用类型反映了社会和公众的干预。它既要强调社会利益第一的原则，使外部经济效益有效提高；又应当反映城市土地市场的空间发展趋势，诱导地价合理变化，以市场机制促进城市规划的落实。

（5）城市土地利用类型是人们在城市建设过程中遵循经济规律、适应自然景观的结果。一个城市的土地利用，应当形成自己的地方特色，根据其自然环境条件来进行城市景观设计，也包括对过去乡村文明或城市建设的历史继承、发展和保护。例如，城市的公园，其绿化用地，有可能是从前的乡村林地或草场，也可能是对昔日豪门富绅的体娱场所绿化的继承。城市建设要体现城市区域文化特色，旧城改造不是对从前的土地利用全面否定，过去的优秀传统建筑值得保留，一些原来的土地利用分区的功能必要时还要加强，其土地利用类型也具有稳定性。新建城市对原有农用土地利用类型的改变，如果将一些景观风貌优美的林地和水域在城市建设中保留，不仅可以减少开发成本，也可以使城市土地利用具有延续性。

三、自然环境的地域分异规律

自然环境地域分异规律表现最为明显的，人们在生产生活中感受最深，也最受人关注的应当说是陆地自然地带性。所谓陆地自然地带，即是指自然地理环境各组成成分及自然综合体在地表沿一定方向发生分异，呈带状延伸分布的表现形式。陆地自然地带性，就是指这种地带的地域分异规律，它包括纬度地带性、经度地带性和垂直地带性。其中，经度地带性与纬度地带性的结合称为水平地带性。

水平地带性在空间上表现出一定的图式，我们不妨把它看作模式。它的形成取决于纬度地带性因素（太阳辐射分布的纬度差异）和经度地带性因素（海陆对比引起的干湿差异）在不同地域中的表现强度和组合方式。当纬度地带性占优势时，水平地带大体上沿纬线延伸，呈纬度分异的地带；当经度地带性占优势时，水平地带基本上沿经线延伸，呈经度分异的地带。

关于陆地上的水平地带分布，前苏联的马克耶夫提出了一个比较复杂而详细的理想大陆上出现的图式（或模式）。这一图式把陆地水平自然地带概括为27种景观类型，其更替规律可以概括为下列几点：

第一，南北半球的地带谱基本对称。

第二，环球分布的自然地带只限于极地、高纬度和赤道带，其他纬度则出现所谓的干湿度地带性（经度地带性）变化，即从沿岸森林经草原到内陆荒漠的经度变化。

第三，除寒流经过的沿岸外，大陆两岸基本上分布着各种森林地带，并向极地过渡到草甸冻原地带。这种更替方式属于海洋性地带谱。

第四，大陆内部则分布大陆性地带谱，即自荒漠地带开始，经草原、泰加林和冻原地带过渡到极地冰雪长寒地带。泰加林是寒温带大陆性气候条件下生长的森林，因此在西岸发生尖灭，东岸则变窄。

第五，在寒暖洋流发生分歧的沿岸，出现特殊的地中海地带。这是一种特殊的海洋性地带，具有冬湿夏干的地中海气候以及与之相应的常绿灌木丛和夏季落叶的灌木混交林与褐土。

地理学对水平地域结构的研究，特别注意有关水平地带的控制因素。在寻找这个因素时，常把气候指标与实际自然地带加以对比，从而检验这些指标等值线与自然地带分布的符合情况。经过研究，水热对比关系是使水平地带发生更替的主要原因。为了阐明自然地带分布与水热对比的关系，前苏联地理学家布迪科和Ａ·Ａ·格里哥里耶夫提出了采用辐射干燥指数（=R／（L×r））来确定下垫面的热量与水分平衡关系，各自然地带的边界可以用这一指标的某一定值等值线划分。例如冻原的辐射干燥指数＜0.35，森林为 0.35~1.1，草原为 1.1~1.23，半荒漠为 2.3~3.4，荒漠 >3.40 森林景观的各种类型也可以根据年辐射差额的绝对值差别而进行区分。

垂直地带性是指自然地理要素及其自然综合体随地势高度增加而发生相应的垂直分异规律。山地垂直带的更替方式称为垂直带谱。山地垂直带的形成，主要是随地势高度增加而引起的水热组合分异。关于地球表面山地垂直带谱的分布图式（或模式），马克耶夫也进行了很好的概括。从图中也可以看出其更替规律可总结为以下几点：

第一，不同的自然地带（水平地带）具有不同的垂直带谱。其所在的水平自然地带也就是其垂直地带的起始带，一般称为基带。正是基带的特点把垂直地带与水平地带联系了起来。即研究山地自然环境垂直地带性，山地的位置很重要。

第二，不同的纬度位置，具有不同的垂直带谱。一般说来，垂直带谱中垂直带的数目也由低纬度向高纬度减少，垂直自然带的结构随之由复杂变简单，同类型自然带的分布高度也逐渐下降。在冰原地带，垂直带谱与水平带谱便融为一体。

第三，山地垂直带谱具有大陆垂直带谱和海洋性垂直带谱两种图式，主要是受山地距海洋的距离造成的水热对比状况不同的制约。由海岸向内陆，随干燥度的增加，同类型的垂直带的分布高度也有逐渐升高和结构简化的趋势。在海洋性情况下，垂直带谱基本上重复水平带谱。在大陆性的情况下，垂直带谱则有自己的特殊结构。如在低纬度具有特殊的干旱、半干旱垂直带谱，这些区域的基带为荒漠或草原，向上由于降水增多，局部变为森林垂直带。

垂直地带性是从水平地带上派生出来的，其成因归根结底也是水热组合变化，它与水平地带性有着密切的关系，有其明显的相似之处，但也存在着客观的差异：

一是垂直地带分异的基本前提是温度由低处向高处迅速降低，它比水平地带由赤道向两极降低的速度要快得多。水平地带的宽度以千米为单位度量，而垂直带各带幅高差一般只有几百米。

二是水平地漏湿度变化主要决定于大气环流和海陆的对比关系，而垂直带的湿度变化一般是由于降水量由下而上的一定限度内增多，并有背风坡与迎风坡的差别，因而两者的水热对比关系并非完全一致。

三是光照强度的赤也有很大的差别。在水平地带，太阳高度角是随纬度变化的，各地有昼夜长短的差别；而山地垂直带山地上下情况基本相同。

四是垂直带内的地貌情况复杂多变，使山地气候亦趋复杂化，垂直带中的土壤、植被群落特征甚至冰川特征，皆可出现相应水平地带所没有的性质。

五是水平地带谱的完备程度取决于大陆的面积与维度位置。而山地带谱的完备程度除其所处维度外，还取决于山体的高度。

第二节　土地经济理论

一、土地的供给与需求理论

（一）土地的供给

要利用土地，就要有可利用的土地。地球上的土地并非全部都可以利用。土地可不可以利用是由土地自身的使用价值决定的。土地的使用价值取决于土地的地理位置、交通条件、地质、地貌、气候条件、水文特性、土壤肥力、植被等等因素。土地供给就是指可利用土地的供给，即地球所能提供给社会利用的各类生产和生活的用地数量，包括现在正在利用的数量和在可预见的未来可供人类利用的数量总和。因为地球的表面积和其中的陆地面积都是一定的，人类难以改变其数量。即使所谓"愚公移山"式的填海运动，对陆地面积的增加也是极其有限的。人类能改变的，仅是可利用的土地面积的内部结构。土地的供给通常分为自然供给和经济供给。

（1）土地的自然供给。土地以其自然固有的特性供给人类利用，以满足人类社会生产和生活的需要，即土地天生的可供人类利用的部分就叫土地的自然供给。为此，土地的自然供给，又称为土地的物理供给或实质供给。它包括已利用的土地资源和未来一段时间里可供利用的土地资源，即后备土地资源。

土地的自然供给是相对稳定的，不论在某一地区或全国以至全世界，土地的自然供给数量是相对固定的，不受任何人为因素或社会经济因素的干扰，因此它是无弹性的。

（2）土地的经济供给。所谓土地的经济供给，是指在土地自然供给的基础上，投入劳动进行开发以后，成为人类可直接用于生产、生活的土地的供给。土地经济供给量是随着土地某种用途或土地利用效益的提高而增加。我工地是多用途的，即同一块土地可以种植农作物，也可以栽果树，还可以建公路或盖房子等作为建筑物的地基或场所使用。土地的多用途是在相互竞争中转变。一般的变化规律是，某种土地用途的效益越高，其经济供给增加的可能性也越大。也就是说，当某一项用途需求增加，其必然是因为该项用途可以带来更高的效益，原供其他用途的土地被迫部分转作该项用途。所以，土地的经济供给是随着土地需求的增加和经济效益的提高而变化的。

土地的经济供给与自然供给既有联系又有区别：其一，土地自然供给是土地经济供给的基础，土地经济供给只能在自然供给的范围内变化；其二，土地自然供给是针对人类的生产、生活及动植物的生长而言的，而土地的经济供给则主要是针对土地具体的不同用途而言的；其三，土地的自然供给在相当长的时间内是固定的、无弹性的。而土地的经济供给是变化的、有弹性的，并且不同用途土地的供给弹性是不同的。例如，用于农作物生产的土地，因受自然条件的限制较多，其供给弹性较小，尤其是特种作物的栽培地，其供给弹性则更小，而建筑用地的经济供给弹性则较大；其四，人类难以或无法增加土地的自然供给，但可以在自然供给的基础上增加经济供给。

影响土地经济供给的因素很多，其中最基本的因素包括：

第一，各类土地的自然供给。某种用途的土地自然供给，从根本上限定了该用途土地经济供给的变化范围，它是经济供给的基础和前提。

第二，社会科学技术的进步。科学技术的进步和发展，可以使原来不能利用的土地变为可利用的；使原来利用不经济的土地变为更经济、更集约，进而增加了土地的经济供给。可见，技术的发展使现有土地供给更充分利用，并使新资源的发现及开发更加容易。有时，技术发展还能提供替代品，从而减少对某些土地资源的需求，亦即相当于相对增加土地经济供给。

第三，社会需求。社会需求的变化促进土地利用方向的改变，从而影响各种土地经济供给的数量。如食物结构的变化影响土地利用结构，间接影响土地的经济供给。

第四，价格。某类社会产品价格上升，会造成该类生产用地的地价上升，从而会增施美土地的供给。

第五，土地利用计划。大多数关于增加土地经济供给的计划，要求开发和利用新的、生产力较低的、位置较为不利的和难于开垦的土地。现在各国都比较重视制定土地利用计划。这类计划的实施，必然增加土地的经济供给。

根据影响土地经济供给的因素，可以采取如下措施增加土地经济供给：

第一，扩大土地利用面积。这是增加土地经济供给最直接的办法。目前，在土地自然供给赋予人类可利用的土地中，还有一定数量的可利用的土地尚未开发利用。土地资源利用率的大小与土地利用的历史、开发能力和手段密切相关。土地开发利用历史长，开发能力强，开发手段多，土地利用率高，垦殖指数就高，相对的可利用而未利用的土地资源就少，反之，亦然。

第二，提高集约经营水平。提高土地利用集约度是增加土地经济供给的重要手段。

第三，建立合理的土地制度。合理的土地制度，尤其是合理的使用制度，可以调动人们珍惜土地、合理用地和有效开发土地的积极性。

第四，调节消费结构。土地因自然、经济条件的不同，都有生产一种或数种最适宜产品的能力。如果用调节人们的消费结构，使之与土地的适宜性相符合，那么，土地的最适宜性就能得以充分发挥，用较少量的土地就能提供较多的产品，从而间接增加土地的经济供给。

第五，利用新技术。利用新技术发展新型工业，生产多种农产品的代用品，病地利用转入更迫切需要的方面。例如，发展新型食品工业，提高粮食的利用率和在人体中的消化率，充分发挥粮食的营养作用，也等于增加粮食用地；发展新型建材工业，使农民住房逐步从平房向楼房发展，少占用土地；用煤渣和工业废料制砖，少用耕地。这些措施都间接扩大了土地的经济供给。

第六，保护土地资源。保护和恢复土壤的良好理化性状、生态环境和水、温条而使现有耕地和其他土地能长久地、高效地为人类服务，永续利用。

（二）土地的需求

土地是人类的生存和发展的基本条件。所谓土地的需求，是指人类日常生活和进行一切物质生产活动对土地的需求或需要的数量。不同的社会生产方式、不同的地区、不同的土地数量和质量的分布状况，人类对土地的需求程度是不同的。

土地的需求变化主要受以下诸因素的制约：

（1）人口数量。随着人口的增长，土地的需求量必然增大。

（2）社会生产力。社会生产力的发展，一方面提高了土地的负荷量；另一方面增加了用地需求。如工业化带来城市化，城市化又带来城镇、工矿用地的需求量的增加。

（3）土地的数量、质量的分布状况。不同用途的土地应该布局在与之相适应的土地质量上，但是，土地利用的实际状况并不完全是这样的。各种土地利用类型都有先用好地的偏向，越是质量好的土地，其需求竞争更加激烈。

（4）人类生活水平的因素。人类生活水平的提高，各项设施用地、交通用地和旅游用施等的需求量也原增加。

土地需求的土质，是人口发展对土地的需求。因此，研究土地供求关系最基本的，就要研究人口与土地的关系。

土地作为一种特殊商品，土地的供求平衡，既受一般商品供求规律的制约，又有其与一般商品不同的特殊供求形式。一般商品其供给数量往往是价格的函数，价格上升，其供应量增加，供求平衡呈现为线性关系。由于土地自然供给缺乏弹性，土地的经济供给只能够在一定范围内变化。土地价格高，在有地可供的情况下，土地的供应可以增加；但是，当土地用到一定程度时，即使价格再上涨，也不可能有土地供应，会出现有价无市的情况。土地供求平衡是相对的、暂时的，而不平衡是绝对的。从实践看，土地供不应求是绝对的、普遍的，而供过于求是暂时的、个别的。

二、报酬递减规律

报酬递减规律是在一定的条件下，生产过程中投入生产要素（资源）的量与所生产的产品量之间的关系受自然限制的一条定律，它适用于一切生产活动。由于初期的经济学者都是从耕地的利用上证明这一规律的存在，当时称之为"土地报酬递减规律"。确实，在人们利用土地从事农业生产时，报酬递减规律特别明显。"土地报酬递减规律"在土地经济学中占有重要的地位。

（一）报酬的含义

在分析报酬递减规律时所称的报酬，是指生产过程中投入生产要素（或资源）的生产率，即投入一定数量的生产因素后所获得的产品数量。根据其表现形式的不同，可分为总报酬、平均报酬和边际报酬。

总报酬是指投入一定量的生产要素所获得的产品总量。

平均报酬是指某项生产要素在一定投入水平下，平均每单位生产要素所获得的产品数量，它等于总产量与相应的生产要素的投入量的比值。

边际报酬是指生产过程中，每增加一个单位变动要素的投入水平所增加的产品数量。它等于新增加生产要素获得的产品增加量与生产要素增加量的比值。

（二）报酬递减规律

报酬递减规律是指当两种或两种以上的生产要素（资源）配合生产某种产品时，若其中某些生产要素的数量是固定不变（如土地面积一定），而其他要素不断增加单位投入，起初每增加一单位变动要素，所增加的报酬（即边际报酬）是大于它前一单位所增得的报酬的；等到某一点后，再增加单位要素投入所增得的报酬，总是小于它前一单位要素所得的报酬。值得注意的是，报酬递减规律所指的报酬递减是边际报酬（而不是总报酬或平均报酬）递减；这种"递减"发生的时间是，当变动要素的投入量达到某一数量后，才出现"递减"。在此数量（点）之前，是"递增"的。

报酬递减还是递增；取决于生产因素的配合比例。生产因素可分为变动因素和固定因素。在农业生产过程中，土地是衡定因素，肥料是变动因素，每亩施肥量存在着一个最佳配合量，少于这一数量不能满足植物生长对营养的要求，多了会使土壤理化性质发生质的变化，对植物生长产生不良影响。工业生产中，若厂房、机器、设备等固定不变，最初增加劳动、原料投入，其产量（产值）将上升，劳动力和原料（变动因素）与厂房、机器、设备等（固定因素）的比例达到某一最佳比值时，其产量（值）达最大，此后再增加劳动力或原料，其产量也不会再增加，或反而下降；若要继续增加产量，就必须使变动因素和固定因素按同比例增加。这种现象普遍存在于生产领域。可见，报酬的递减或递增是由于生产因素的配合量的变化而引起。

必须指出的是，变质因素增加或减少每一单位，其质量应是相同的，即每一单位变动因素的性质和功能应完全一样。否则，就要考虑因素的质量变化对产量（报酬）的影响。

所谓变动因素与固定因素数量的配合，是指绝对数量而言，若就其相对数量（比例数量）来说，则两种数量都在变化之中。因为当变动因素的数量不断增加时，也就是固定因素在比例上不断减少，配合比例一经变化，就有报酬增减变化。配合比例的变化是报酬递减规律的基本原因，故又有人称该规律为变比定律。

（三）报酬递减规律有效的条件

报酬递减规律必须假设在历史生产过程中，除生产要素配合比例变化外，其他条件不变。具体有以下几个条件：

（1）生产技术在某生产阶段相对稳定或者固定不变。即报酬递减或者报酬递增仅仅与生产要素的配合比例有关，而不是技术进步或者生产方法的改变所致。

（2）自然条件不变。特别是农业生产过程中，农产品产量受自然环境影响较大，光照、降雨、干旱等自然条件的改变都会引起产量的增减变化。因此，报酬递减规律必须假设自然条件不变，在分析时必须剔除自然因素的偶然影响作用。

（3）生产规模的大小对生产量递增与递减不发生影响。例如，每亩土地施 15 千克化肥，其产量为 230 千克，那么在 10 亩土地上施用 150 千克化肥与在 0.5 亩土地上施用 7.5 千克化肥其平均每亩的产量都是 230 千克。

（四）报酬递减期规律中各种报酬的关系

（1）总报酬与边际报酬之间的关系。边际报酬是指每增加一个单位变动要素的投入后，所增加的产品数量。所以，总报酬增加与否取决于边际报酬是正值还是负值；当边际报酬为正时，表示新增加一单位生产要素，可以增加产品产量，总报酬必然增加；当边际报酬为 0 时，表示新增加一单位变动因素，获得的产品量为 0，此时总报酬保持不变（相当于浪费了一单位变动因素）；当边际报酬为负时，表示新增加一单位变动因素，不但不能增加产品量，而且由于总投入的生产因素过多，使生产受阻，总报酬反而减少。

（2）平均报酬与边际报酬之间的关系。平均报酬等于变动因素的投入量除相应总报就如变动因素投入 3 个单位，获得的总报酬为 26 个单位，平均报酬等于 26÷3=8.7 个单位，表示平均每个单位因素的报酬为 8.7 个单位产品。如果新增加一个单位因素的新增加的产品量（边际报酬）大于原平均报酬，则新计算的平均报酬必然大于原平均报酬；反之，边际报酬若小于平均报酬，则新计算的平均报酬必然小于原平均报酬；若边际报酬等于平均报酬，则平均报酬不变。

由以上分析可见，三种报酬之间的关系，边际报酬是最主要的，是原动力，其他两种报酬都随它的变化而变化，即总报酬和平均报酬的递增或递减都取决于边际报酬的变化。

根据三种报酬之间的关系，我们也可以将报酬变化分为三个阶段：

第一阶段的主要特征是，边际报酬大于平均报酬，因此，平均报酬一直处于递增状态，也就是说在这一阶段内，随着变动因素每单位的增加，其平均报酬不断在增大。显然，在第一阶段内不应终止生产因素的投入，任何生产过程都不应停留在第一阶段，否则，就是不合理或不科学的生产因素利用。

第二阶段的主要特征是边际报酬和平均报酬都是处于递减状态，边际报酬小于平均报酬，但是边际报酬大于0。在这一阶段存在着生产要素的最佳投入，当边际报酬等于平均报酬时，平均报酬达最大。当边际报酬等于0时，总报酬达到最大。

第三阶段的主要特征是边际报酬为负值，即增加变动因素的投入，反而使总报酬减少。显然，变动因素的投入不应推进到第三阶段。

众所周知，投入的生产要素只要不是随地可取、取之不尽的，人们利用它就必须支付代价，构成生产所必须承担的成本。生产者为保持生产的顺利进行或扩大再生产，必须使总收益不仅足以支付一切成本，而且要寻求最大纯收益，可见，生产要素的价格、产品的价格与生产要素的最佳投入的确定密切相关。如果将上述报酬的形态，由实物形态变成价值形态，那么，边际报酬就变成了边际收益，生产要素的投入就变成了生产成本的增加。

边际收益是指每增加一单位生产要素后，所增加的产值。在产品价格不变时，等于边际产量 × 产品单价。边际成本产量是指每增加一单位变动要素（如1千克化肥）投入使生产增加的费用。在生产要素价格不变时，它就是所投入生产要素的单价。

随着生产要素的不断投入，也会出现以下三种情况：

第一，当边际收益大于边际成本时，纯收益呈现增加趋势，应当进行增加变动生产要素的投入，以不断增加纯收益；

第二，当边际收益小于边际成本时，表示每增加一单位变动要素所产生的收益已经不能够补偿这一生产要素的成本，很不合算，应当及时终止投入；

第三，当边际收益等于边际成本时，表示每增加一单位变动要素所产生的收益正好补偿这一生产要素的成本，此时不盈不亏。因此，这时，生产要素投入量达到的纯收益是最大的，这时的生产要素投入量必然是最佳的投入量。

当边际收益等于边际成本时，生产要素投入量必然是使纯收益最大的最佳投入量。当边际收益等于边际成本时，可以使纯收益达最大；当边际产量与其价格成反比时，可使纯收益达最大；当生产要素投入所增加的成本等于产品的增加收益时，可使纯收益达最大。

三、地租理论

地租理论是土地经济学的核心理论，它具有悠久的研究历史。在马克思以前，资产阶级古典经济学派的许多人物，对资本主义地租问题进行了认真探讨，提出了许多有价值的观点。

英国古典政治经济学的创始人威廉·配第是最早以劳动价值论研究资本主义地租问题的人，他认为商品价值是由劳动和土地共同决定的。法国重农学派的代表人物杜尔哥认为土地所有者之所以能不劳而获地占有地租，是凭借他们拥有法律保护的土地所有权。他指出了作为地租的"纯产品"，是劳动者用自己的劳动向土地取得的财富，是扣除劳动力再生产所必需之后的剩余。英国经济学家亚当·斯密在经济学说史上，较系统地研究了地租问题，给出了近乎正确的地租定义。斯密没有明确提出过绝对地租和级差地租的概念，却分析了绝对地租和级差地租的有关内容。詹姆斯·安德森对级差地租作了比较详细的研究。他认为，不是地租决定土地产品的价格，而是土地产品价格决定地租，虽然土地产品的价格在地租最低的国家往往最高。

大卫·李嘉图是英国古典政治经济学的完成者。他对有关地租理论做出了突出的贡献。他运用劳动价值论的原理研究地租理论，认为地租同利润一样，是劳动创造价值的一部分，为地租理论的科学研究奠定了基础。李嘉图对级差地租作了详细分析，指出地租产生的前提是土地的有限性、土地肥沃程度和土地位置的不同。他认为，如果肥沃的土地很多，可供人们随意耕种，地租就不会产生。正是由于土地有限，人口又不断增加，对谷物的社会需求日益增大，优等土地被人耕种完了以后，就推动人们去耕种次等土地。农产品的价格是由劣等地的劳动耗费（最大劳动耗费）决定的。这样，耕种劣等以上土地的生产效率高，单位成本低，农产品价格除补偿其生产成本和平均利润，还有一个余额转化为地租，即级差地租 I 。进而得出地租取决于不同土地的劳动生产率这一正确的结论。同样，如果不去种劣等地，而是在原有耕地上增加投资，也会产生地租。他认为，由于肥力递减的作用，第一次投资的产出总要比第二次大。两次投资产出的差额就构成级差地租 II 。

马克思和恩格斯批判地继承前人的地租理论，以全新的态度研究了级差地租，创造性地提出绝对地租，创立了科学的地租理论体系。马克思、恩格斯对资产阶级地租理论的批判，主要体现在四个方面：第一，批判了地租是"自然赐予"的错误观点，肯定地租的本质是土地经济关系的体现。第二，批判了地租造成价格上涨的错误观点。第三，批判了级差地租产生于土地的自然差异的错误观点，明确指出土地的自然差异只是级差地租产生的自然基础，其根本原因是土地经营垄断。第四，批判了否认绝对地租的错误观点，明确指出只要存在土地所有权的垄断，就必然有绝对地租存在。马克思、恩格斯在批判资产阶级地租理论的错误观点的基础上，明确指出，资本主义地租的本质是剩余价值的转化形式，是超过平均利润的超额利润。并指明资本主义地租的基本形式是：级差地租、绝对地租和垄断地租，并分别给以科学论证。

级差地租是指优、中等土地的个别生产价格与劣等地生产价格所决定的一般生产价格之差。形成级差地租的条件有三种：其一，土地肥沃程度的差别；其二，土地位置的差别；其三，在同一地块上连续投资的劳动生产率差别。由前两种条件产生的超额利润转化为级差地租Ⅰ；由后一种条件产生的超额利润转化为级差地租Ⅱ。

绝对地租是指因为土地所有权作用，不管租用何种土地都必须缴纳的地租。

垄断地租是由产品的垄断价格带来的超额利润转化成的地租。某些土地具有特殊的自然条件，能生产名贵而稀缺的产品。这些产品就可以根据超过生产价格甚至超过价值的垄断价格出售。

此外，像农用土地一样，非农用地也有地租。例如，矿山地租和建筑地段地租就是指由于土地所有权和使用权相分离的情况，开采矿山和使用建筑地段也要缴纳地租。矿山地租和建筑地段地租，也包括级差地租和绝对地租。

当代资产阶级经济学家对地租理论的研究，一般不涉及地租存在的社会经济根源，而是侧重于地租量的形成、地租的作用和地租、地价量的确定。主要的理论观点有：

（一）地租是土地这一生产要素对产品生产做出的报酬

任何生产至少需要两种生产要素互相结合才能发展，两种生产要素都对产品及其价值做出了贡献。地租就是土地这一生产要素对产品及其价值所做的贡献。为了确定各个生产要素对产品所做的贡献，可以用边际产量决定价格的方法来确定两个协作生产要素各自的贡献。假定生产的产品是由土地和劳动两个要素共同生产的，土地这一生产要素的数量不变，劳动要素可变。这样，计算出劳动要素的边际产量，从而决定出劳动的价格，就可以算出地租的大小。劳动的价格（工资），就是在所有被雇佣的人当中最后一个人的边标产量来决定。第一个人超过最后一个人的边际产量，就是土地对产品所做的贡献，可以作为地租归土地所有者所有。

（二）地租是工资、利息等生产费用之间的一种"经济盈余"

结合边际生产能力的原则确定地租，实际上就是把地租看成工资、利息等生产费用之间的余额，如果产品价格高，作为地租的余额就多，反之就少。土地的供给和其他生产要素不同，全社会土地总量是有限的，土地的供给总量不会随地租的高低而增减，价格上升，不能引起土地供给扩大。地租之所以产生，主要是由于需求因素。从一个部门来看，土地的供给是一个可变量。由于一块土地可有多种用途，为生产某种产品（如麦）而放弃生产另一种产品（如棉）所带来的收益，是这种产品（麦）的"机会成本"。只有用于某一用途（种麦）的土地的实际收入超过机会成本的余额，才是作为"剩余物"的地租。从单个企业来看，土地的供给不是固定的。土地同其他星产要素一样，有一个"供给价格"，价格越高，供给越大。而土地的需求仍然取决于它的边际生产力，需求和供给相互作用得出实际应付的地租。

四、地价理论

地价，即土地的价格。土地价格随同土地交易的出现而存在，是土地经济研究的核心问题。

（一）马克思关于土地价格的理论

马克思在批判地继承古典政治经济学的地租理论的基础上，提出了以劳动价值论为基础的地租和地价理论，认为土地价格是地租的资本化。马克思的主要观点包括：

（1）土地虽然不是劳动产品，没有价值，但有使用价值，并存在价格。马克思认为，任何物品要具有价值，就必须是用来交换的人类劳动产品。自然状态的土地，未经人类的开发，没有投入人类劳动，因而不存在价值，也没有以这种价值为基础的用货币表现出来的价格。但是，土地具有特殊的使用价值，在一定的劳动条件下，土地能够为人类永续提供产品和服务，即产生地租。正是因为有了地租，才产生了地价。

（2）已利用的土地由土地物质和土地资本构成。人类开发和利用了的土地，物化了人类的劳动。马克思把这种固定在土地中的劳动称为土地资本，它属于固定资本范畴。土地资本本身也像其他固定资本一样，会损耗和消失。土地资本能为土地所有者带来利息，它是租金的一部分。而纯粹的自然土地，即抛开了土地资本或者土地改良物价值的土地，就称为土地物质。土地物质纯粹是自然的恩赐，它给土地所有者带来真正的地租。土地资本的利息和真正地租一样，都构成了土地所有者的收入，从而都决定土地价格。所以，土地价格的内涵实际上包含两个部分：一是土地资源价格，即以"虚幻的价格"形成出现的"真正的地租"——地价；二是土地固定资产价格，即土地资产的折旧和投资利息。

（3）土地价格是地租的资本化。土地价格＝地租÷土地收益还原率。

（二）西方经济学家关于土地价格的理论

西方经济学家的价值论和对土地价值的基本观点，可以分为古典价值论和庸俗价值论两个流派。

古典经济学派兴于17世纪中叶至19世纪初的资本主义上升时期，从威廉·配第至亚当·斯密到大卫·李嘉图，一般都以劳动价值论为其学说的基础，认为商品价值是由生产商品中所耗费的劳动量决定，这种劳动价值论为后来马克思主义科学劳动价值学说奠定了基础。依据劳动价值论，他把地租归结为剩余劳动，斯密和李嘉图进一步将地租看作剩余价值的一部分。

自18世纪末、20世纪初庸俗经济学派取代古典经济学派在西方经济学的主导地位后，其早期代表人物法国的让·巴·萨伊和英国的托·罗·马尔萨斯等则对古典经济学派的劳动价值论的科学成分进行否定和歪曲，认为商品的价值是由劳动、资本、土地三个生产要素协调创造的，这就是萨伊提出的"生产三要素"价值论。萨伊又把"三要素价值论"转为三要素创造效用的"效用论"，并转到三种收入决定价值的"生产费用论"。这就把价值和使用价值（效用）混为一谈，而否定劳动是价值的唯一源泉。如此说，土地既创造价值，又创造使用价值，土地自然是有价之物了。英国马歇尔，他融前人的研究为一体，建立了以"均衡价值（格）论"为核心的理论体系，认为土地是大自然赠予人类的自然物质和力量。土地的"原始价值"是真正的地租，是大自然赋予的收益。他认为土地的稀有性会带来地租，但又从边际报酬出发确认边际土地没有地租。他既认为土地是自然赐予的，又说土地是经过人为改进而成的一种特定形式的资本。

进入 20 世纪以来，现代西方经济学和土地经济学对土地价值的观念，仍然大体上是承袭庸俗经济学的价值观，认为"价值是有多种含义的"，广义的价值是指"满足欲望的能力"，"有多少种欲望就有多少种价值"，他们关心的是经济价值和市场价值。他们把土地资源视为市场经济体系中的一种商品，土地价值即"土地资源价值"——或称之为"不动产经济价值"。把经济价值定义为"表示特定财产在特定时间、地点和特定市场的贵贱。进而，经济价值远非每种财产所具备的固有属性，而实际上是一个主观概念"，它"往往取决于供求力量的相互作用"。

西方经济学对土地价格的理论分析，也大多是以市场价格理论为基础的。其具有代表性的土地价格理论是土地收益理论、土地供求理论和"均衡价格"理论。

（1）土地收益理论。西方早期土地经济学家认为，土地是经久的长期的和潜在的取之不尽的收益来源，土地收益减去生产成本和税收等于土地纯收益，这就是"经济地租"，而"土地的收益是确定它的价值的基础"。"把预期的土地年收益系列资本化而成为一笔价值基金，这在经济学上就称为土地的资本价值，在流行的词汇中则称为土地的售价。"这种把土地收益资本化为土地价格的理论，同马克思的土地价格是资本化的地租的说法是很相似的。

（2）土地供求理论和"均衡价格"理论。土地供求理论和"均衡价格"理论认为，土地具有使用价值又有交换关系发生，故有土地价格。而决定土地价格的基本条件是供给与需求和供求规律的作用。土地的自然供给无弹性，土地为自然物没有生产成本，因而土地的供给不以生产成本为基础，地价中不包括生产成本的因素，土地的自然供给量不受地价变动的影响，也不会对地价构成影响。土地的经济供给虽有变动，但也受土地自然供给量不变的限制。因而在供给量不变或变动不大的情况下，土地价格通常是由需求一方决定的。所以对土地需求程度的增减变化直接决定着地价前涨落。然而对一定时期和一定的地区来说，影响土地供需的因素很多，土地的供给与需求又是经常在变动的，因此地价仍然是在供求规律的作用下形成的。

"均衡价格"理论是商品经济发展到当代市场经济后的代表性的价格理论。它把影响价格的一切因素归于以市场为中心的供求关系，认为市场上供给与需求的均衡点形成均衡价格，即市场供求关系决定一切商品价格。既然土地在市场经济体制条件下是商品，其价格的形成也不例外。

对于土地价格的了解，需要正确认识土地价格的特征，区分地价和一般商品价格的不同。土地价格有如下特点：其一，土地价格是土地的权益价格，土地是不动产，人们购买土地不是购买土地本身，而是购买土地获得收益的权利；其二，土地价格不是土地价值的货币表现，不依生产成本定价；其三，土地供给无弹性，或者弹性很小，土地价格由需求决定；其四，土地的稀缺性随着人口增加和社会经济发展不断加剧，地租有不断上涨的趋势。并且，随着科学技术进步，劳动总量在生产中的比重日益降低，使得整个社会的资本有机构成提高，社会平均利润率下降，利息率变小。地租的上升和利息率的下降，使得地价必然出现上升趋势；其五，土地位置固定，不能像一般商品那样可以到处流动，因此土地市场具有明显的地域性。土地价格多是个别形成，没有可能形成统一的市场均衡价格。

第三节　土地利用和区域开发的理论

一、地域分工理论

所谓地域分工亦称地理分工，就是指相互关联的社会生产体系受一定利益机制支配而在地理空间上发生的差异。地域分工是社会分工的空间形式。从个别区域的角度来看，它表现为各个地区专门生产某类产品，有时是某种产品甚至是产品的某一部分，即区域生产专门化。从相互联系的区域体系来看，它表现为全社会的生产地域专门化体系。区域分工有利于发挥地区的自然、经济和社会文化优势；有利于提高劳动者的生产技能，促进科技创新；有利于提高劳动生产率和土地生产力，增加社会经济产出；有利于机械化、自动化等现代化技术和生产体系的应用；有利于企业的经营和科学管理。然而，并非任何生产的地理分异都是可以称为区域分工的。区域分工的必要前提是生产产品的区际交换和贸易，是产品 . 的生产地和消费地的分离。区域分工提供了资源优化配置的基础，不仅决定了区域专业化、区际联系的性质和规模。而且，由于各个产业部门产品的收入弹性和生产率增长率，以及链锁作用的差异，从而决定了各个区域内部部门比例和国民经济区域结构的动态变化。

地域分工是生产力发展的结果。虽然社会分工的思想早在奴隶社会和封建社会就已经存在，但是系统的地域分工理论则是在西方资本主义生产方式的产生和发展中逐步形成的。地域分工理论是一系列理论成果的结合，古典的地域分工理论以亚当·斯密的绝对优势论和大卫·李嘉图的比较优势论为代表，约·穆勒的相互需求原理、哈伯勒的机会成本理论等，使得地域分工的比较成本理论发展成为比较效益原理，并在理论上更加严密和完善。现代地域分工理论以赫克歇尔-俄林的要素禀赋理论为代表，斯托尔珀-萨缪尔逊命题、里昂惕夫之谜等一系列理论，使得赫克歇尔-俄林的要素禀赋理论从资源禀赋差异决定国际贸易和国际分工的原理，延伸到征收关税对各种生产要素间收入产生影响的国际贸易和分工理论，并提出了同产业贸易分工理论、产品生命周期理论、收入偏好相似理论、人力技能理论和协议性区域分工理论等新的地域分工理论解释。地域分工理论的主要观点可以概括为：

第一，任何地区经济的发展或者产品生产，应当认真研究自由贸易条件下，自身所具有的竞争优势。积极推动自己具有绝对成本优势或者比较成本优势的产品出口，在地区或者国家之间形成按照各自有利条件的行业分工和产品交换，以使得各个地区或者国家的资源、劳动力和资本得到最有效利用；使劳动生产率不断提高，社会物质财富迅速增力k能够满足广大人民群众日益提高的物质和文化生活需求。

第二，不管是在一个区域内，还是在一个国家内（区域是贸易的基本单位，国家是区域的一种），在一个给定的时间里，所有的商品价格和生产要素的价格都是由它们各自的供求关系决定的。在需求方面蕴含着两种决定因素，一种是消费者的欲望、要求和爱好。另一种是生产要素所有权的分配状况。这种分配状况影响着个人的收入，从而影响到需求状况。供给方面也包含着两种决定因素，一种是生产要素的供给，即资源赋存情况。另一种是生产的物质条件；这些物质条件决定了商品生产中生产要素的配合比例，表现出要素密集的性质。由这四种基本因素构成的价格机制，在同一时间内决定了一个区域或者国家的所有的商品和生产要素的价格。如果两个区域或者国家要素禀赋不同，其在某种商品生产方面的比较优势不一样，便会使得贸易双方进口使用昂贵生产要素比例大的商品，出口使用低廉生产要素比例大的商品。

第三，区域分工不仅存在于生产成本、资源禀赋条件不同的异质区域，同质区域也能够产生区域分工。同质区域之间的分工不完全是受比较优势原理支配，它可以由于规模积极效益、产品性能差异和需求偏好相似等因素引起。在资本禀赋相对丰富的国家或地区，其必然是生产资本密集型产品并用于出口；在劳动禀赋相对丰富的国家或地区，其必然是生产劳动密集型产品并用于出口；人均收入相似的国家或地区，它们相互之间的贸易潜力最大。科技创新和人力技能能够影响地区之间的贸易优势和贸易流向。一切产品都有创新、成长、成熟、标准化、衰亡这样一个生命周期。在产品生命周期的不同阶段，对生产要素有不同的要求。技术的传播和转移的空间差异，也能够形成比较优势的差别，形成合理的地域分工格局。

二、生产布局理论

生产布局理论是研究生产力的空间分布与再分布的理论，是关于生产力分布发展变化规律的科学总结。由于对于生产分布认识的角度不同，形成了不同的学术流派，其中最具代表意义的有两种：一是西方经济学中强调节约、效率和效益，对生产区位进行优化选择的区位论，二是社会主义经济学中强调计划、协调和平衡，对生产力进行地域经济组织建设的地域生产综合体理论。

区位论被认为是关于人类活动的空间分布及其空间相互作用关系的学说。区位论产生于19世纪20年代，除我们经常提及的屠能农业区位论外，在19世纪和20世纪初，形成了韦伯工业区位论、廖什市场区位论和克里斯塔勒城市中心地理论。第二次世界大战后，特别是20世纪50年代掀起的数量地理革命，把区位论研究推向了一个研究多因素的综合阶段，在成本学派、市场学派的基础上，增加了成本—市场学派、社会学派、行为学派等新的学术流派。20世纪70年代后，区位论开始由静态的描述、解释向动态的模拟、预测迈进，正在形成一门新的空间经济科学体系。

（1）区位论对生产布局的指导意义，主要体现在以下方面：

第一，土地利用类型的形成和土地利用的集约化程度与到城市中心的距离有着十分密切的关系。土地利用方式（特别是农业类型）的区位存在着客观规律，不同的土地利用方式通过空间竞争存在于适合其发展的相对优势区位，离城市中心越远，土地的利用集约化程度也就越低。

第二，产业布局选址应当按照最优化的原理进行。农业应当尽量布局在农业生物生长、发育和繁殖生态环境最适宜的地方，适宜的生态环境能够提高农产品的产量和质量，提高农业生产的经济效益。工业企业往往应当尽量减少不必要的运输，接近原料或燃料产地、接近交通枢纽或者产品消费市场，产品生产成本最低的位置往往是工业企业厂址的最佳选择b第三产业的布局，受到市场的影响很大；企业的效益不完全决定于成本，而可能与服务销售对象和销售数量有关，利润最大的地方有时位于成本最高的地方，企业的最佳选择是利润最大的位置。

第三，影响生产布局的因素多种多样，包括自然因素、社会经济因素，还有投资者知识、偏好和冒险精神等行为因素。任何企业的布局选址是一个投资者的决策过程。要揭示生产布局的规律，不仅要重视企业优势区位的研究，而且也要重视对投资者的决策过程研究。它不仅可以对现有生产力分布进行科学解释，也能够预测它的空间变化。例如，根据人类聚居学对目前聚居区位的分析，人们居住选址主要是受到自然景观的吸引力、交通干道的吸引力和现有城市中心吸引力等三种新因素的影响，全球人口越来越趋向大城市周围、交通干线周围和风景优美的地区（尤其是海岸线）迁移。

第四，科学技术的发展，能够克服某些因素对生产力布局的障碍作用，甚至使原来的制约因素转变为有利因素。例如，现代化的交通运输和通信手段，使得空间距离对生产布局的作用大大减小；灌溉农业使得干旱地区可能比湿润地区更加有利于农业发展。但是，这也不意味着自然条件对生产布局影响的减少。相反，它使得人类活动与自然界的关系越来越密切。人们不仅应当努力学会利用自然、征服和改造自然，而且也要学会保护环境，与环境合作。

地域生产综合体理论产生于十月革命后社会主义苏联的经济区划和区域规划实践，它是马克思、列宁主义关于社会主义生产力布局原则与苏联经济区划和区域规划的具体实践相结合的产物。地域生产综合体理论认为，生产力的合理布局就是科学、合理地进行经济地域组织建设，形成地域生产综合体。地域生产综合体是指在一定地域中能有效地利用地区各种资源、充分发挥生产联合化的、在结构上相互联系的生产企业的总体，它是社会化大生产一种有效的地域组织形式，是生产布局优化的重要途径。

（2）地域生产综合体的特征主要包括：

第一，地域生产综合体并不是自发产生的，也不是由于分离部门所产生的单元在地域集中基础上形成的，它需要实施国民经济综合部门计划，这些计划能保证综合体的组成部分的发展在规模、结构、时序和空间等方面总是严格成比例。因此，那些有条条计划指导组成，缺乏块块横向协调的部门空间集中，构成一个地域生产综合体。地域生产综合体的基本条件是通过相关活动的区域相互联系来实现生产的专业化、协作化。国民经济问题决定了地域生产综合体建立的主要目标、规模和形成时期。

第二，地域生产综合体是由专业化生产部门及与之配套的辅助性生产部门和为地区服务的自给性生产部门所组成的。专业化部门是地域生产综合体的经济支柱，它的产品参与区际之间的交换，决定着地域生产综合体在国民经济中的地位，体现着地域生产综合体的外部联系；辅助性部门和服务性部门一般都是为适应专业化生产发展的需要或为专业化生产部门和当地居民服务的基础上发展起来的，它们和专业化部门保持一定的比例关系，相互协作，密切配合，形成地域生产综合体的内部联系，体现着一个地区的生产结构。每个地域生产综合体都具有自己特色的区域产业结构、动力生产循环结构和空间形态组织结构，不可能是其他地域生产综合体的重复。

第三，地域生产综合体以开发特定区域自然资源为基础，以满足全国经济发展的需要。建设地域生产综合体的前提条件之一就是所在地区必须拥有储量丰富、具有大规模开发意义，又是国民经济发展所急需的战略性资源。另外，由于综合体是多部门的聚集体，因而另一个前提条件是必须有一个管理协调综合体建设的行政职能机构。

第四，地域生产综合体是一个开放的经济地域系统，其建立目标不仅由其实体而受综合体的外部联系及其开放经济特性的调控，而且这种外部联系决定每个地域生产综合体在国民经济中的地位及其在区际劳动分工中的专业化。地域生产综合体建设，有利于地区和企业的生产专业化与协作的发展，使生产布局的空间集聚效益和规模经济效益充分发挥，能使所在的区域在较短的时间内积聚力量，产生并提高自我发展的能力，从而发挥它在全国劳动地域分工中的作用，并把局部优势转化成具有区际意义的综合优势。

三、区域经济理论

区域经济是构成国民经济的地域单元或空间体现。区域经济学以区域经济增长与发展、区域关系协调为主要研究内容，并在理论研究基础上，指导制定区域经济规划与政策，促进区域资源配置优化，实现区域经济发展目标。区域经济学由于其在区域经济实践中的重大作用，已经成为现代应用经济学中一门富有活力和发展前景广阔的新兴学科。近年来，随着经济全球化和科技信息化的发展，区域经济研究的领域越来越广泛，大量突破性成果引起了区域经济学的理论变革。以新古典经济理论为基础的区域经济理论转向了以收益递增、外部性、聚集经济、规模经济、信息经济和知识经济为基础的新经济地理理论及区域收敛与发散理论为中心的区域经济理论。

区域经济理论方面对国土规划和土地利用总体规划有直接指导意义的理论主要包括下列几种。

（一）区域经济增长理论

经济增长指一定时期内，一国生产满足人民需要的商品和劳务的潜在生产能力的扩大，或者商品和劳务的实际产量的增加。由于生产能力或者实际产量的增加主要决定于一国的人力资源、自然资源和资本积累的数量与质量以及技术水平的高低，因此，经济增长也就意味着这些因素的扩大和改进。经济增长以真实国民总产值或人均真实国民总产值的增加或其增长率来衡量。早期经济增长的思想和理论，早已体现在18~19世纪资产阶级古典经济学家的著作中。A·斯密的《国民财富的性质和原因的研究》一书，是系统地考察资本主义经济增长问题的一本著作。该书研究的中心问题是国民财富的性质、增加国民财富的条件，以及推进或阻碍资产阶级财富增长的原因。斯密认为，劳动分工是提高劳动生产率以扩大生产的最重要因素。只要有合适的市场规模和一定量的资本积累这两个先决条件，劳动分工的深入进行将会提高劳动生产率和利润率，从而使经济增长持续进行。T-R-马尔萨斯在《人口原理》一书中认为，土地报酬递减规律的作用使得不加节制的人口增长必然会超过生产资料的增加，从而引起的食物短缺是迅速阻止经济增长的直接因素。

现代经济增长理论是在 20 世纪 50 年代以后迅速发展起来的。第二次世界大战后西方经济学增长理论的发展主要有三个方面：①哈罗德和多马开创而在 50 年代深入发展的各种增长模型的建立；② 60 年代初兴起了以 E·F·丹尼森为代表的增长来源研究或称增长核算；③ 70 年代初围绕着"增长极限"论展开了拥护增长与反对增长的辩论。哈罗德多马增长模型是现代增长理论的主体，一般称为增长理论。它显示一个国家国民收入增长过程和在这个过程中储蓄、投资、要素投入量和产量等基本元素之间的因果关系。哈罗德和多马认为，从长期看储蓄是一个重要因素，因为投资来源于储蓄。投资显现了两重作用，即扩大投资不但能增加有效经济需求和国民收入，而且还增加了资本存量和生产能力。通过扩大投资解决失业问题，就必须在下一时期增加更多的支出，才能保证新增加的资本存量及其潜在的生产能力得到充分利用。除此之外，从长远看，人口必然增加，技术也会进步。一国经济要实现长期的稳定增长就要在以上各因素之间取得平衡。丹尼森对增长来源的分析，进一步明确了知识进展、就业增加、教育水平提高、资本投入增加和规模经济效益等对经济增长的贡献。70 年代初围绕着"增长极限"理论展开的拥护增长与反对增长的辩论，引发了人们对人口、资源、环境和经济发展的关系的重视，促进了环境经济学和能源经济学等新的学科的产生。

（二）区域产业结构理论

有关区域产业结构的研究也取得了众多的成果。结构主义观点认为，经济增长除了劳动、资本和生产技术要素的影响之外，产业结构的转变是一个重要方面。结构主义观点强调国民经济中部门之间的区别。由于各部门在相同投入的条件下，收益情况存在差异，因此，劳动力和资本从生产率较低的部门向生产率较高的部门流动，从而加速经济的增长。产业结构与经济增长之间存在着密切联系，一方面，不同的经济发展水平所表现出来的产业结构的状况不同。另一方面，产业结构的转变，特别是在非均衡的条件下，能够加速经济的增长。促进产业结构变化的因素主要有：生产率因素，生产率高的部门必然替代生产率低的部门；要素供给因素，生产要素供给充足的产业替代生产要素供给趋于枯竭的产业；技术促进因素，技术促进产生新型产业，从而引发原有产业结构的改变；需求因素，产业的发展受到市场需求的制约；贸易因素，对外贸易中处下风的产业，被别的地区的产业所取代。区域经济增长过程正是在这些因素的推动下的产业结构不断高度化的过程，进而确定主导产业对发展区域经济有着重要的意义，而出口产业对区域经济发展的作用很大。

区域产业结构理论侧重研究产业结构演变、产业联系效应以及如何选择区域主导产业和专业化部门，使区域产业结构合理化，并有效地带动整个区域经济的发展。专业后部门是指直接或间接为外区提供商品或服务的部门。主导产业多在专业化部门中产生，但它与地区内多数部门之间存在广泛、深刻的生产或非生产联系，且市场需求弹性较大，同时对区域产业结构高度化也有重要作用。

（三）区域产业与空间发展模式理论

区域产业与空间发展模式理论，主要围绕区域产业布局和社会经济发展是采用均衡发展模式，还是采用非均衡发展模式，开展讨论。均衡发展论既包括区域各产业、各部门的同步发展，又包括区域内各地区的同步发展。产业均衡发展论是以纳克斯的"贫困恶性循环论"、哈罗德-多马模型、罗森斯坦-罗丹的"大推进"（即同时对许多项目大量投资）理论等作为代表。他们认为，在产业发展方面，应当使国民经济第一、二、三产业，轻重工业以及原材料工业和加工工业各个部门都得到平衡发展。在区域发展方面，区域均衡发展理论以新古典主义增长理论为代表，他们认为：任何实质性的区域差异现象都是暂时的，一定条件下，只要存在完全竞争的市场，资本和劳动的逆向运动可实现总体效率与空间平等的最优组合，社会不需要什么总体效率的损失。随着区际要素的区际运动，各区的发展水平将趋于收敛，即趋于衡定。因此，他们主张在区域内均衡布局生产力，特别是工业生产力，通过在地域上的全面铺开，齐头并进，实现区域经济均衡发展。

区域产业与空间不同步发展的"非均衡发展理论"的代表主要有：

A-O-赫希曼的不平衡增长理论、J·弗里德曼等人提出的核心与边缘区理论，以及由G·缪尔达尔倡导的、后经N·卡尔多予以发展的循环累积因果理论。他们认为，发展中国家由于不具备全面增长的资本和其他资源，平衡增长是不可能的。投资只能有选择地在若干部门或区域进行，其他部门或区域通过利用这些部门或区域的投资带来的外部经济而逐步得到发展。此外，法国经济学家弗朗索瓦·佩鲁于20世纪50年代提出增长极理论：与古典经济学家的均衡观点相反，佩鲁及其追随者法国经济学家布代维尔认为，经济增长并非同时出现在所有的地方，它是以不同的强度首先出现在一些增长点或增长极上，形成一定的中心区，然后通过不同的渠道向边缘区扩散，并对整个经济产生不同的最终影响。关于区域产业与空间发展模式的其他理论，如梯度论、反梯度论、点轴开发论和经济网络发展论等等，也从技术扩散、经济重心地域迁移和利用经济区位优势等方面体现了区域非均衡发展的可行性和必要性。

（四）区域发展阶段论

区域经济的成长从来就不是匀速直线运动，而是呈阶段循序演进。从20世纪40年代末期以来，先后有许多学者对区域发展阶段理论进行了探讨。

（1)20世纪40年代末，胡佛（Hoover）和费雪（Fisher）在区位论的基础上，最早提出了区域经济发展阶段论，强调先进技术的采用对区域经济结构变化的影响，认为一个地区经济转通常要经历自给自足经济、乡村工业化经济、农业生产结构转换、工业化和服务业输出等5个阶段，这实质上是区位理论的扩展。虽然描述了区域发展阶段的顺序，但没有涉及区域发展机制及其原因的分析。

（2）罗斯托研究了西欧、北美的发展过程，将经济学理论和经济史的研究结合在一起，从人类社会经济发展的角度，提出经济发展的进化序列模型。认为一个区域或国家经济发展大体上要经历6个成长阶段，即传统社会、起飞准备、起飞、成熟、群众高额消费和追求生活质量阶段，其中最关键的是起飞阶段。之后又提出每个阶段的主导产业处于转换之中，基本条件之一是建立一个或几个主导产业部门，使主导产业部门的增长对其他经济部门产生影响，带动整个经济起飞和迅速发展。

（3）威廉逊根据实例调查探讨了区域经济发展阶段与区域差异的关系，发现起初随着经济增长，区域差异首先扩大，然后随着经济成熟，区域差异开始缩小，即经济增长与平衡发展之间呈"U"字形相关。在经济发展初期阶段，非均衡过程即区域差异扩大是实现经济增长的必要条件；当经济发展达到一定水平，均衡过程即区域差异缩小同样是实现经济增长的必要条件。该理论以罗斯托假设为基础，认为在发展初期，区域间以收入差距扩大和空间二元结构增强为特征；在发展成熟期，则以区域间趋同和区域经济一体化为特征。但如何解释这个现象？在某种意义上，这种结论反映了一般趋势，究竟是什么力量致使差异缩小，在高收入下，收入差距缩小到何种程度，并没回答。

（4）弗里德曼根据罗斯托的阶段论，用实例论证了区域经济发展从不均衡到均衡的过程。认为区域经济发展的不平衡程度更多地与一国经济、社会和政治背景有关，并将其划为4个阶段:第一阶段，区域内具有独立地方中心，分散性分布，无等级体系，处于低水平的均衡阶段，经济活动分散孤立。小地域范围内的封闭式循环为特征的空间结构；第二阶段，极化效应加强，出现单一强大中心，形成中心—外围式二元空间结构；第三阶段，出现单一全国性中心，边缘区出现强大的次级中心，形成多核心空间结构；第四阶段，出现功能上互为依存的城市体系，形成以网络化、均衡化、多中心为特征的空间结构。这种观点表明，随着经济增长进入持续增长阶段，二元空间结构会逐渐消失。

（5）艾萨德在论述区域经济发展过程中，将区域经济发展过程分为3个阶段，包括乡村农业和食品加工业阶段、城镇的出现阶段、城市的出现阶段。认为区域内以强大发展动力的城市、城镇作为增长极，最终将影响整个区域。

综上所述，区域发展阶段论是通过区域经济、社会发展、空间利用等方面的作用机制分析，探讨了区域发展由低级到高级、由贫穷到繁荣的阶段演变的规律性。运用类比方法，对指导和制定不同时期的区域发展战略与目标，具有十分重要的指导意义。

四、可持续发展理论

可持续发展的思想萌芽可以追溯到 1972 年联合国在瑞典首都斯德哥尔摩召开的人类环境会议，大会通过了划时代的文献《人类环境宣言》，这次会议的主题虽然偏重于讨论由发展引出的环境问题，但已经提出了"保持地球不仅成为现在适合人类生活的场所，而且将来也适合子孙后代居住"。1980 年由世界自然保护同盟等组织、许多国家政府和专家参与制定的《世界自然保护大纲》，明确提出应该把资源保护与人类发展结合起来考虑。1991 年世界自然保护大纲的续篇《保护地球—可持续生存战略》对"既要发展，又要保护"的思想作了进一步的论述。对可持续发展理论的形成和推行起到关键性作用的是 1983 年成立的世界环境与发展委员会（WCED）。该组织在挪威前首相布伦特兰夫人领导下，于 1987 年向联合国提出了一份题为《我们共同的未来》的报告。该报告明确地提出了可持续发展的科学定义，即可持续发展是指"既满足当代人的需要，又不损害后代人满足需要的能力的发展"。1992 年在巴西里约热内卢召开的联合国环境与发展大会通过了《里约环境与发展宣言》和《全球 21 世纪议程》，第一次把可持续发展由理论和概念推向行动，成为一次确立可持续发展作为人类社会发展新战略的具有历史意义的大会。目前可持续发展思想已经被国际社会广泛接受认可，并逐步向社会经济的各个领域渗透。

可持续发展理论的核心思想是：

（1）健康的经济发展应建立在生态可持续能力、社会公正和人民积极参与自身发展决策的基础上。它所追求的目标是既使人类的各种需要得到满足，个人得到充分发展，又要保护资源和生态环境，不对后代人的生存和发展构成威胁。

（2）可持续发展十分重视经济增长的必要性，而不是以环境保护的名义取消经济增长。它特别关注的是各种经济活动的合理性，强调对资源、环境有利的经济活动应当给予鼓励，反之则应当予以摒弃。可持续发展不仅重视经济增长的数量，而且更加关注经济发展的质量。

（3）可持续发展支持科技创新，建立极少产生废料和污染物的工艺或技术系统。它要求改变传统的以"高投入、高消耗、高污染"为特征的生产和消费模式，实施清洁生产和文明消费，以提高经济效益。

（4）可持续发展要求经济发展要与自然承载能力相协调，保护生物多样性，改善和提高地球的资源生产能力和环境自净能力，寻求一种最佳的生态系统，以支持生态的完整性和人类愿望的实现。

可持续发展认为发展的本质应当包括普遍改善人类生活质量，提高人类健康水平，创造一个保障人们享受平等、自由、教育、人权和免受暴力的地球社会环境。可持续发展理论在发展指标上，主张不单纯用国民生产总值作为衡量发展的唯一指标，而是用社会、经济、文化、环境等多项指标来衡量发展，应当把眼前利益与长远利益、局部利益和全局利益有机地统一起来。可持续发展理论认为：社会发展是目标，经济发展是动力，生态环境发展是保证。

第四节　土地生态系统理论

一、生态系统与生态平衡理论

（一）生态系统理论

生态系统是指在自然界的一定空间内，生物群落与周围环境构成的统一整体。自然地理学把自然生态环境划分为大气圈、水圈、生物圈和岩石圈等自然圈。其中生物圈是指接近地球表面的那一层环境，因为只有这个表面层里有空气、水、土壤，能够维持生物生命。

生态系统由四要素组成，包括生产者（主要指能进行光合作用制造有机物的绿色植物，也包括能合成细胞、单细胞的藻类以及一些能利用化学能把无机物变为有机物的化能自养菌等）、消费者（指直接或间接利用绿色植物所制造的有机物质作为食物和能量来源的其他生物，主要指动物）、分解者（指各种具有分解能力的微生物，包括细菌、真菌和一些微型动物，如鞭毛虫和土壤线虫等）、无生命物质（指生态系统中的各种无生命的无机物、有机物和各种自然因素，包括水体、大气和矿物质等）。生态系统根据不同的分类标准可以划分为不同的结构类型。例如，按照生态类型不同，可以划分为淡水生态系统、河口生态系统、海洋生态系统、沙漠生态系统、草甸生态系统、森林生态系统等；按照形成原因不同可以划分为自然生态系统、半自然生态系统、人工生态系统。

生态系统具有实现生态系统的能量流动、生态系统中的物质循环和生态系统的信息联系的功能。地球上无数的生态系统的能量流动、物质循环和信息联系汇合成生物圈的总的能量流动、物质循环和信息联系，整个生态系统就是在这能量流动和物质循环的过程中不断地变化和发展的。

生物有机体进行代谢、生长和繁殖都需要能量，一切生物所需要的能源归根结底都来自太阳。太阳能通过植物的光合作用进入生态系统，将简单的无机物（二氧化碳和水）转化为复杂的有机物（如葡萄糖），即储存于有机物分子中的化学能，这种化学能以食物的形式沿着生态系统的食物链的各个环节依次流动。在流动过程中有一部分能量要被生物的呼吸作用消耗掉，还有一部分能量则作为不能被利用的废物浪费掉。可见，生态系统中的能量流动是单向的。

生物有机体约由 40 多种化学元素组成，其中最主要的是碳、氮、氧、磷、硫。它们来自环境，构成生态系统中的生物个体和生物群落，并经由生产者（主要是植物）、消费者（动物）、分解者（微生物）所组成的营养级依次转化，从无机物到有机物，再到无机物，最后归还给环境，构成物质循环。

生态系统的信息传递在沟通生物群落与其生活环境之间、生物群落内各种群生物之间的关系上具有重要意义。这些信息最终都是由基因和酶的作用并以激素和神经系统为中介表现出来的，它们对生物系统的调节产生重要作用。

（二）生态平衡理论

生态系统发展到成熟阶段，其结构和功能，包括生物种类的组成、各个种群的数量比例以及能量和物质的输入、输出等都处于相对稳定的状态，这种状态就是生态平衡。任何一个正常的生态平衡系统都是开放的动态系统，其能量流动和物质循环总是不断地进行着，并在生产者、消费者和分解者之间不停地流动和转化。在生态系统能量和物质的输入量大于输出量的情况下，生态系统的生物量会增加，反之会减少。

生态系统之所以能够保持相对的平衡状态，主要是由于生态系统内部，可以经过发生物理、化学和生物等一系列变化而具有一定限度的自动调节的能力。当系统的某一部分出现了机能的异常，就可能被其他部分的调节所抵消。系统的组成成分越多样，能量流动和物质循环的途径越复杂，其调节能力就越强。在自然条件下，生态系统总是自动地向着生物种类多样化、结构复杂化、功能完善化的方向发展。只要有足够的时间和相对稳定的环境条件，生态系统迟早会进入成熟的稳定阶段。那时它的生物种类最多、种群比例适宜，总生物量最大，生态系统的内稳性最强。

当然，如果自然因素、人为因素的影响力超过系统本身所具有的自动调节能力，则既有的生态平衡就会被打破，由此将形成暂时性或永久性的灾难。一般来说，自然因素对生态系统的破坏和影响出现的频率不高，在地域分布上也有一定的地域性。不能忽视的是人为因素对生态系统的破坏，包括毁坏植被、引进或消灭某一生物种群、建造大型水坝，以及现代工业和农业生产过程排放的有毒物质和向土壤喷洒大量农药等，这些人为行为将破坏生态系统的结构与功能，导致生态失调，使人类生态环境质量下降，甚至造成生态危机。

二、景观生态学原理

（一）土地资源生态划分

土地资源生态系统是指土地的组成要素（地貌、气候、土地、水文、植被、动物等）

之间以及与人类之间相互联系、相互作用、相互制约所构成的统一体。土地生态系统具有多层结构，大系统中包含高级子系统及次一级子系统。

如在林地生态系统中，还可以进一步分为寒带针叶林地生态系统、暖温带落叶林地生态系统等。

土地资源的分类是从生态学的角度对土地资源的划分，其内涵是把各种不同的土地资源视为具有一定结构、执行特定功能的土地生态系统，这种生态系统主要是指地球表层一定地段以生物和人类为主的自然和人文多种要素组合而成的复杂有机组合体，不同于一般的生态系统。

20 世纪 70 年代，荷兰学者 V·魁特夫和 E·迈罗，根据人文因素在土地利用和管理中的状况，以及由 1500 年来出现在新植物物种比例量度的耕垦程度，提出了"自然度"与主要景观类型。

（二）土地资源生态设计

土地资源生态设计是指根据生态学原理，规划设计土地生态系统的合理利用类型及其结构，进而稳定并提高土地生态系统的生物生产能力，保持良好的环境保护效益。

土地生态设计的主要课题是解决如何协调人类不断增长的对于土地开发利用的需要与土地生态自身的自调节、自组织趋向之间的关系的问题。也就是说，通过土地生态设计，既要充分利用土地生态系统的功能为人类造福，又要促进土地生态系统的正向演替，使人类与土地生态系统相得益彰。

我国学者景贵和曾提出过以下进行土地生态设计的方法：

（1）在沙平地上建立林草田复合生态系统；

（2）在沙丘地上营造多层次的森林系统；

（3）在低山丘陵区按小流域建设林草复合生态系统；

（4）平原区实现方田网化。

我国学者王仰麟在陕西省府谷县的研究中，提出了土地系统生态设计的总体发展模式。

三、土地健康与土地资源安全

（一）土地生态系统的功能

土地生态系统的功能主要表现为它与环境的相互作用，主要体现在土地资源的生产功能和土地资源的承载能力两个方面。

土地资源的生产能力是指土地在一定条件下能够持续生产人类所需要的生物产品的内在能力。土地生产能力包括光合生产潜力、光温生产潜力、光温水生产潜力（气候生产潜力）和光温水土生产潜力（农业生产潜力）四个层次。

光合生产潜力最终受光能利用规律的限制。我国学者黄秉维综合了多方面的研究成果，全面考虑了作物群体对太阳能的利用、反射、漏射、吸收、转化、消耗等多种因素，于 1987 年发表了"自然条件与作物生产——光合潜力"一文，提出了光合潜力的概念，并给出了光合潜力的计算公式：

$$P_f = 0.123Q$$

式中 P_f 为作物光合潜力（斤/亩），Q 为太阳辐射（cal/cm^2）。

光温生产潜力需要在光合生产能力的基础上进行温度衰减，即乘以温度订正系数，这样就可以得到光温生产潜力。光温水生产潜力需要在光温生产潜力的基础上进行水分衰减，即乘以水分订正系数，这样可得到光温水生产潜力。光温水土生产潜力需要在光温水潜力的基础上，再进行土壤衰减，即乘以土壤订正系数，这样可得出光温水土生产潜力。

关于土地生产潜力的计算模型有以下几种：

（1）机理性模型。机理性模型是按一定生物生理、生态机理建立的生物干物质累积动态模型，以实（试）验手段获取各种与生物干物质形成有关的生理和物理参数。由于其要求的参数多，测定复杂，因此一般适应于小范围的生物生产潜力计算。其代表模型有瓦赫宁根模型和 FAO 的农业生态区域法。

（2）统计型模型。统计型模型是通过广泛布点，反复采样，用数理统计方法，建立起给定区域生物生产力与某一自然因子的相关统计模型，被用来粗略计算区域总的生物生产力，一般适应于大范围初级生物生产潜力的估计。其代表模型有迈阿密模型等。

（3）混合模型。混合模型是一种对影响生物生产力的主要因素如光、温度、水分、土壤、投入水平，分别用订正系数代表，各订正系数相乘，对太阳总辐射能逐步衰减而得光合、光温、气候、土壤、投入水平五个层次的生产力模型。这是在目前无法建立机理性强调多因子复合模型情况下的一种替代模型，有一定的机理性，也运用一些相关的统计结果，适应于一定区域范围和各生产力层次的应用。

（二）危害人类生存的土地生态危机

地球上危害人类生存的生态危机与人类文明发展在同步增长，世界环境与发展委员会在《我们共同的未来》这篇报告中，引用了大量的资料、统计数据和专家评论，全面阐述了人类发展所面临的环境问题主要有：

（1）人口激增。到 2025 年人口将增加到 82 亿，且人口增长中 90% 以上的发生在发展中国家。人口增长将加深贫困和资源退化，使卫生、住房条件、教育质量和公共服务恶化，使失业、城市游民和社会骚乱增多。

（2）土地资源流失和退化。全世界一半以上的灌溉工程都不同程度存在问题，结果是每年损失 1000 万 hm^2 的灌溉土地。

（3）荒漠化日益扩大。荒漠化几乎影响到地球上所有的土地。大约 29% 的地球陆地表面发现轻度、中度和严重的荒漠化，其中 6% 的属于特别严重的沙化地。

（4）森林惨遭破坏。由于滥砍乱伐，全世界每年有 1680 万 hm^2 的森林遭到破坏。热带潮湿森林每年消失 760~1000 万 hm^2。

（5）大气污染日益严重。由于工业迅速发展以及汽车运输、矿物燃烧，导致大气中硫氧化合物、氮氧化合物以及挥发性碳氢化合物转化成硫酸、硝酸和铵盐，它们以干燥的颗粒或混合在雨、雪、霜、雾以及露水中散落到地面上，损害人体生命健康，腐蚀建筑物、金属结构、车辆，损害植物，破坏生态系统，每年造成数十亿美元的损失。

（6）水后染加重，人体健康状况恶化。发展中国家中 80% 的疾病是由于饮水不洁造成的，每年大约有 6000 万人死于腹泻，其中大部分是儿童。

（7）自然灾害倍增。由于生态系统屡遭破坏，自然灾害发生的频率和强度都在加大。历史资料告诉我们，死于自然灾害的人数正呈现出每十年成倍增长的趋势。

（8）温室效应的影响。由于增长迅速的矿物燃烧释放大量二氧化碳，它和其他一些气体在大气中累积，引起全球气候变暖，引起海平面上升，这样不仅淹没了地势较低的沿海城市及江河三角洲，而且也严重影响国际农业生产和贸易系统。

（9）臭氧层耗竭。生产发泡剂以及使用制冷剂和喷雾剂所释放的气体引起大气臭氧层的耗竭，对环境造成威胁，使人类健康与海洋食物链下部的一些生命形态造成灾难影响。

（10）滥用化学药品。过量使用化肥农药，不仅危害水资源，而且直接危害人类和其他生物的健康。发展中国家每年大约有 10000 多人死于农药中毒，40 万人深受其害。

（11）物种消失。物种正以前所未有的速度在地球上消失。据统计，目前地球上已有 10%~20% 的动植物永久消失。

（12）能源消耗巨大。随着工业化和城市化的发展，人类对能源的需求大大增加。1980 年全球能源消耗约为 10MMW，到了 2025 年，估计全球将需要 14MMW 的能量。

（13）污染事故增多。有毒化学物质和放射性物质事故在世界各地不断发生。

（14）海洋污染严重。城市废水、工业废水、杀虫剂和化肥不断威胁着渔业和海洋资源。每年有近 10 亿吨污染废弃物倾入大海；每年由于油船泄漏而流入海洋的石油大约有 150 万吨。除此之外，海洋还受到核武器试验所产生的核放射污染的威胁，并遭受持续排放带有低浓度放射性的污水的污染。

我国以城市为中心的污染仍在发展，并急剧向农村蔓延；生态破坏的范围在扩大，程度在加剧，环境污染和生态破坏越来越成为影响我国经济和社会发展全局的重要制约因素。我国的环境污染和生态问题主要表现为以下几方面：

第一，水环境质量日益恶化。除部分内陆河流和大型水库外，我国水域普遍受到不同程度的污染，城市附近水域污染尤为严重，并呈发展趋势。

第二，大气污染十分严重。我国大气污染属于煤烟型污染，其中以尘和酸雨污染危害最大，并呈发展趋势。

第三，噪声和固体废弃物污染不容忽视。全国城市道路交通噪声平均等效声级为71.5dB（A）；城市区域环境噪声平均等效声级为57.1dB（A），全国2/3的城市居民在噪声超标环境下工作和生活。工业固体废物产生量（不含乡镇企业）达到6.5亿吨，城市生活垃圾以年6%~7%的速度逐年增加。固体废物扬尘污染大气，渗透液污染地表水和地下水，堆存物污染农田，造成土壤质量下降，成为重大环境隐患。

第四，环境污染由城市向农村扩展。乡镇企业污染物排放量占全国污染物排版总量的30%，而这些大多发生在乡村或城市郊区。全国2/3的河流和1000多万hm²土地受到污染。

第五，环境地质问题日益突出。随着经济高速增长，对自然资源的过量开发和不合理利用导致生态环境破坏严重，各种环境地质问题加重，地质灾害频繁。地下水超量开采引起水质恶化、滑坡、崩塌、泥石流、地面塌陷、地面沉降、地裂缝等地质灾难呈增多趋势，据估计，每年因自然灾害造成的直接经济损失约占国民生产总值的3%~5%，受灾人口超过2亿。

第六，植被破坏加剧。我国森林本来就少，加上破坏严重导致森林资源结构严重失衡，生态功能退化。全国1/4的草原已经在严重退化、沙化、碱化。

第七，土地荒漠化在发展。荒漠化土地面积已经占全国土地面积的1/3，且还有逐步扩大趋势。全国受荒漠化影响的人口超过4亿，每年因荒漠化造成的损失约为165~250亿元。

第八，生物多样性不断减少。环境污染和生态破坏导致动植物生存环境遭破坏，使我国15%-20%的动植物种类生存受到威胁。在《濒危野生动植物种国际贸易公约》中所列640个物种中，我国就占156个。

（三）土地资源管理的生态学原则

（1）极限性原理—明确环境容量

环境容量是指某环境单元所能够承纳的污染物质的最大数量。它是一个变量，由基本环境容量和变动环境容量两部分组成。前者可以通过环境质量标准减去环境本底值求得，后者是指该环境单元的自净能力。环境容量是反映生态平衡规律、污染物在自然环境中迁移转化规律、生物与生态环境因子间物质能量交换规律的一个综合性指标，是自然生态环境的基本属性，由自然生态环境特性和污染物特性所共同决定。

某环境单元内的环境容量值的大小，与该环境单元本身的组成和结构有关，在地表不同的区域内，环境容量的变化具有明显的地带性规律和地区性差异。通过人为调节，控制环境物理、化学、生物学的功能，改变物质的循环转化方式，从而可以提高环境容量，改善环境的污染状况。环境容量的估算方法是先通过估计各个环境要素的环境容量，然后再汇总成为环境容量。

（2）区域性原理——合理环境区划

环境问题由于自然生态背景、人类活动方式、经济发展水平等的差异，存在明显的区域性特征。环境区划是根据环境结构特征和区域分异规律，结合社会经济发展情况而划分的环境功能区域单元。环境区划的影响因素包括地理区域分异规律、生态环境的稳定度、科学技术的发展水平、现有的行政区划等。

（3）生态平衡原理——加强土地资源管理

根据生态平衡原理，人类利用土地资源首先应遵循供需平衡原则，即一方面要保持一定水平的土地生物生产力，另一方面还要使土地环境中的物质储备有收有支，这样才能不至于出现土地退化和资源枯竭；其次，要保护生物基本数量与群体结构。因为生物生产的快慢，繁殖数量的多少，除了与供需关系有关外，还取决于环境条件的质量和适宜群体结构。在基本数量中，生物的年龄和性别关系着生物的繁殖，因此，在森林砍伐、渔业捕捞、草原放牧等方面必须保持生物的基本数量和一定年龄及性别的比例；第三，要处理好群体的自我稀疏与生物之间的制约关系。生物的自我稀疏作用是指生物数量的上升、稳定、下降，不断循环的规律，如果人类听任生物自生自灭，不加利用，必将造成对生物资源的浪费。因此对自然资源即要加以利用，但同时也要注意生物之间的相互制约关系；第四，要对生物进行适时适龄的利用。一般，生物处于幼龄期对环境的需要多，归还少，净生产量高，壮龄期基本平衡，老龄期则需要少消耗多，净生产量低。此外，还有时间和季节上的差异，所以，利用生物资源要掌握好利用时间和利用对象的年龄；第五，利用生态学原则编制生态规划。生态规划是指在编制国家和地区的发展规划时，不仅要考虑经济因素，而且要考虑生态因素，并把两者紧密结合在一起，使国家和地区的发展顺应自然。做到既发展经济，又不使当地的生态系统遭受重大破坏。

（4）生物多样性原则——加强自然保护的管理

首先要制定国家生物多样性保护的行动计划，明确我国生物多样性的分布状况，确定生物系统多样性、物种多样性和遗传多样性三方面的优先保护重点，并提出具体的实施方案。其次，要加强生态环境保护的监督管理，通过制定自然保护法规、政策、标准、规划、区划、指南等，进行宏观指导和监督协调。再次，要加强自然保护区的建设与管理。目前，我国自然保护区陆地面积占到国土面积的 5.54%，已达到世界平均水平。但保护区面积占省土地面积比例在 1% 以下的还有 12 个省市，说明在许多省市还大有潜力。由于我国森林生态系统和野生动物两种就占全国保护区总数的 77%，占全国保护区面积的 42%，荒漠类型占全国保护区面积的 52.6%，可以看出我国自然保护区类型和结构尚有待调整、规划。此外，还必须加强自然保护的法规建设，并积极参与自然保护的国际合作。

第四章 土地权属管理

第一节 土地权属管理概述

一、土地权属的概念

土地权属最直接的解释就是土地权利归属，即指土地所有权、土地使用权和土地他项权利的归属。土地所有权和使用权必须依法取得、依法确定和依法行使，依法取得的土地所有权和使用权受法律保护。

在实践中，一般土地权利、土地产权与土地权属往往通用。但是，严格来说，三者又有区别。土地权利就是具体权利形态，通常属于法律语言，如土地所有权、土地使用权。而产权的概念往往更泛、更复杂，属于经济学术语，其可以指某种权利形态，如某经济主体拥有的土地使用权属于产权范畴；而在经济学上，更多的是将产权作为一种经济机制，如产权经济学家德姆塞茨认为："产权是一种社会工具，其重要性在于在事实上他们能帮助一个人形成他与其他人进行交易时的合理预期。这些预期通过社会的法律、习俗和道德得以表达。""产权是界定人们如何受益及如何受损，因而谁必须向谁提供补偿以使他修正人们所采取的行动。"阿尔钦认为产权是一个社会所强制实施的选择一种经济品的权利。"由此可见，产权是市场交易时交易主体应遵循的规则，在这个规则下，各个市场行为主体对自己权利是清楚的。产权是人们在市场上交易有价物品的权利，且这种权利是社会通过一定方式（法律、习俗及道德）规定的，人们必须认可的权利。

二、土地权利体系

土地权利由土地制度决定。我国实行土地公有制，土地所有权分为国有土地所有权、集体土地所有权。土地使用权分为国有土地使用权和集体土地使用权。土地他项权利包括地役权、土地租赁权、耕作权、典权、地上权、地下权和土地抵押权等。

（一）土地所有权

1. 土地所有权的含义

土地所有权是土地所有制的核心，是土地所有制的法律表现形式，是土地所有者在法律规定的范围内自由使用和处分其土地的权利。或者说，土地所有权是土地所有者所拥有的受到国家法律保护和限制的具有排他性的专有权利。

一般认为土地所有权是一个权利束，包括土地占有权、土地使用权、土地收益权和土地处分权等。

（1）土地占有权。土地占有权指对土地进行实际支配和控制的权利。土地占有权可以由土地所有人行使，也可以根据法律，以契约的形式依土地所有人的意志由他人行使。

（2）土地使用权。土地使用权指土地使用者依法对土地进行实际利用和取得收益的权利。土地使用权和土地所有权既可结合，也可分离，即土地使用权既可由土地所有人自己行使，也可以从土地所有权中分离出来，由非所有人行使。

（3）土地收益权。土地收益权指根据法律和契约取得土地所产生的经济利益的权利。尽管土地收益权是与土地使用权紧密相连的，但土地所有者在将土地使用权分离出去后，仍可以享有收益权。所以说，土地收益权是一项独立的权能，它是土地所有权的标志。土地所有者可以将土地的占有权、使用权，甚至部分处分权分离出去，而仅仅保留收益权。

（4）土地处分权。土地处分权指土地所有人依法处置土地的权利，包括对土地的出租、出卖、赠送、抵押等，它决定了土地的最终归属，是土地所有权的核心。

以上四种权能，构成土地所有权的完整结构，它们可以相互结合，也可以相互分离，其中常见的是土地所有权和土地使用权的分离。土地所有权是通过国家制定法律、法令和其他规范性文件做出的规定来行使的。土地所有权是一项专有权，其所有权主体是特定的。土地所有权具有排他性。土地所有权有追及力。土地所有权是有法律规定限制的。

2. 我国国有土地所有权的主体、客体和内容

我国国有土地所有权的唯一主体是国家，法律规定由国务院代表国家依法行使对国有土地的占有、使用、收益和处分的权利。除此之外的任何组织、单位和个人都不能成为国有土地所有权的主体，因此都无权擅自处置国有土地。

我国国有土地所有权的客体是一切属于国家所有的土地，根据法律规定，包括：①城市市区的土地；②依照法律规定属于国家所有的农村和城市郊区的土地；③依照法律规定国家征收的土地；④依照宪法规定属于国家所有的荒山、荒地、林地、草地、滩涂及其他土地。

　　我国国有土地所有权的内容是指依照法律规定国家在行使土地所有权的过程中形成的权利和义务。《土地管理法》第二条规定，"国家所有土地的所有权由国务院代表国家行使"，是指国务院代表国家依法行使对国有土地的占有、使用、收益和处分的权利，明确了地方各级政府无权擅自处置国有土地，只能根据国务院的授权依法处置国有土地等。

　　3.我国农民集体土地所有权的主体、客体和内容

　　我国农民集体土地所有权的主体是农民集体。农村集体所有的土地依法属于村农民集体所有的，由村集体经济组织或者村民委员会作为所有者代表经营、管理。在一个村范围内存在两个以上农村集体经济组织，农民集体所有的土地已经分别属于该两个以上组织的农民集体所有的，由村内各该农村集体经济组织或者村民小组作为所有者代表经营、管理。在一个村范围内不存在两个以上农村集体经济组织的，经村民会议 2/3 以上成员或者 2/3 以上村民代表同意，可以设立以村民小组为单位的集体经济组织，将村农民集体所有的土地划分确定为该集体经济组织或者相应的村民小组所有，由该集体经济组织或村民小组作为所有者经营、管理；村民会议 2/3 以上成员或者 2/3 以上村民代表不同意的，该土地仍归本村农民集体所有。农民集体所有的土地，已经属于乡（镇）农民集体所有的，由乡（镇）农村集体经济组织或者乡（镇）人民政府作为所有者代表经营、管理。

　　我国农民集体土地所有权的客体是法律规定的集体土地。农村和城市郊区的土地，有下列情形之一且不属于《中华人民共和国土地管理法实施条例》第二条规定范围的，确定为农民集体所有：①土地改革时分给农民并颁发了土地所有证，现在仍由村或乡农民集体经济组织或其成员使用的；②根据 1962 年《农村人民公社工作条例（修正草案）》的规定，已确定为集体所有的耕地、自留地、自留山、宅基地、山林、水面和草原等；③不具有上述情形，但农民集体连续使用其他农民集体所有的土地已满 20 年的，或者虽然未连续使用满 20 年但经县级以上人民政府根据具体情况确认其所有权的；④农村集体经济组织设立的企业或其他组织及成员持有集体建设用地使用权证的。土地所有权有争议，不能依法证明争议土地属于农民集体所有的一般属于国家所有。

　　农民集体土地所有权的内容是指农民集体在行使土地所有权的过程中形成的权利和义务。

（二）土地使用权

　　1.土地使用权的含义

　　土地使用权是指使用人根据法律、文件、合同的规定，在法律允许的范围内，对国家或集体所有的土地，享有占有、使用和收益及部分处分的权利。土地使用权可分

为两类：①土地所有权人对自己拥有的土地所享有的使用权，称为所有权能的使用权，又称所有人的使用权；②非土地所有权人对土地享有的权利，称为与所有权相分离的使用权，又称非所有人的使用权。前者不是独立的权利，只是所有权的一项权能；后者则是一种独立的民事权利，是与所有权有关但独立于所有权的一种财产权利。通常所指的土地使用权是后一种权利。土地使用权分为国有土地使用权和农民集体所有土地使用权。

2. 我国国有土地使用权的主体、客体和内容

我国国有土地使用权的主体，可以是任何依法取得国有土地使用权的单位和个人。

我国国有土地使用权的客体，是国家依法提供给单位和个人使用的国有土地。

国有土地使用权的内容，是指国有土地使用权主体在依法行使土地使用权的过程中形成的权利和义务。《土地管理法》第十条规定，"使用土地的单位和个人，有保护、管理和合理利用土地的义务"。第五十六条规定，"建设单位使用国有土地的，应当按照土地使用权出让等有偿使用合同的约定或者土地使用权划拨批准文件的规定使用土地，国有土地使用权是经过划拨、出让、出租、入股等以有偿方式获得的。有偿取得的土地使用权可以依法转让、出租、抵押和继承。划拨土地使用权在补办出让手续、补交或抵交土地使用权出让金之后，可以转让、出租和抵押。

3. 我国农民集体土地使用权的主体、客体和内容

集体土地使用权是指使用农民集体土地的使用者依照国家法律规定或者合同规定，享有使用土地并取得收益的权利，负有保护和合理利用土地的义务。其可分为农用土地使用权、农村居民宅基地使用权和乡村企事业建设用地使用权。我国农民集体土地使用权的主体，是依法使用农民集体所有土地的单位和个人。如承包地使用权的主体是本集体组织的成员以及依法取得承包经营权的其他单位或个人；自留地、自留山的土地使用权的主体是本集体经济组织成员；农村宅基地使用权的主体是本集体经济组织的成员且符合立户条件的户主；农村集体建设用地使用权的主体是依法取得农村集体建设用地使用权的单位或个人。

我国农民集体土地使用权的客体，是上述使用权主体依法取得的承包地、自留地、自留山、宅基地和农村建设用地等。

我国农民集体土地使用权的内容，是指集体土地使用权主体在行使土地使用权的过程中依法所形成的权利和义务。《土地管理法》第十条规定，"国有土地和农民集体所有的土地，可以依法确定给单位或个人使用。使用土地的单位或个人，有保护、管理和合理利用土地的义务"。第十三条规定，"承包经营土地的单位和个人，有保护和按照承包合同约定的用途合理利用土地的义务"。

（三）土地他项权利

1. 土地他项权利的含义

土地他项权利是指土地所有权或使用权以外的其他土地权利。土地他项权利的实质是对其所有权人和使用权人行使所有权和使用权的一种限制。

2. 我国土地他项权利的内容

依据我国目前的法律、法规规定的土地他项权利有土地抵押权和土地租赁权。其他还有借用权、相邻权（地役权）、耕作权、地上权、地下权等。土地相邻权是指相互毗邻土地的所有者和使用者为满足其生产、生活需要而使用他方土地的权利，包括相邻临时占用权、相邻通行权、相邻截水用水权、相邻排水权、相邻安全权和相邻采光通风权等。

三、土地确权与争议解决

（一）土地确权

土地确权就是土地权属确定，是国家依法对土地所有权、土地使用权和他项权利进行确认、确定，即国家对每宗地的土地权属都要经过土地申报、土地权属调查、审核批准、土地（不动产）登记发证等法律程序，进行土地权属的确认，以国有土地使用权确定尤为典型。

1. 国有土地使用权的取得方式

（1）有偿取得方式。有偿取得方式是指土地使用者通过向国家支付土地使用

权出让金或缴纳土地有偿使用费以取得国有土地使用权。根据《中华人民共和国城市房地产管理法》（以下简称《城市房地产管理法》）和《中华人民共和国城镇国有土地使用权出让和转让暂行条例》的规定，有偿方式中还包括土地使用权作价入股、土地使用权出租等方式。

（2）无偿取得方式。无偿取得方式是指土地使用者在没有支付土地使用权出让金或国有土地使用费的情况下，由国家通过行政划拨的方式而取得国有土地使用权。按照《土地管理法》第五十四条的规定，下列建设用地经县级以上人民政府依法批准，可以以划拨方式取得：①国家机关用地和军事用地；②城市基础设施用地和公益事业用地；③国家重点扶持的能源、交通、水利等基础设施用地；④法律、行政法规规定的其他用地。

（3）依法承包经营取得。单位（如国有农场）或个人可以依法承包经营国有土地，从事种植业、林业、畜牧业、渔业生产，取得国有土地使用权。

（4）依照法律、政策规定取得。《中华人民共和国土地管理法实施条例》第十七

条第三款规定："开发未确定土地使用权的国有荒山、荒地、荒滩从事种植业、林业、畜牧业或渔业生产的，经县级以上人民政府批准，可以确定给开发单位或者个人长期使用，使用期限最长不得超过50年。"

2. 国有土地使用权的确认

确认国有土地使用权是根据《土地管理法》第十二条第一款的规定："土地所有权和使用权的登记，依照有关不动产登记的法律、行政法规执行。"

3. 国有土地使用权的收回

国有土地使用权的收回，是指人民政府依照法律的规定收回用地单位和个人国有土地使用权的行为。按照《土地管理法》第五十八条的规定，有下列情形之一的，由有关人民政府自然资源主管部门报经原批准用地的人民政府或者有批准权的人民政府批准，可以收回国有土地使用权：①为实施城市规划进行旧城区改建以及其他公共利益需要，确需使用土地的；②土地出让等有偿使用合同约定的使用期限届满，土地使用者未申请续期或者申请续期未获批准的；③因单位撤销、迁移等原因，停止使用原划拨的国有土地的；④公路、铁路、机场、矿场等经核准报废的。

（二）土地权属变更

土地权属变更主要有以下几种情况：①土地所有权变更。这主要是国家征收集体土地，除此还有国家与集体、集体与集体之间调换土地等。②土地使用权变更。主要形式有：土地划拨，土地使用权出让、转让，因赠予、继承、买卖交换、分割地上附着物而涉及土地使用权变更以及因机构调整、企业兼并等原因而引起土地使用权变更等。③他项权利变更及主要用途变更等。

（三）土地权属争议的调处

在实践中，由于土地位置的固定性，相邻土地权属关系、某具体宗地的土地权利归属等，乃至土地权利界址关系，都容易产生争议。土地权属争议的处理，是土地权属管理的重要内容。

1. 基本原则

（1）尊重历史。在推进权属争议处理时，首先要尊重历史上不同阶段、不同部门发布的不同规定。

（2）面对现实。一是必须考虑到解决权属争议的艰巨性、长期性和阶段性特征，既要设计出常态化方案，也要准备好短期过渡措施。二是要面对法律依据不足，且短期内难以到位的现实，可行的办法是运用法治思维和方式，依照法律的精神和原则出台针对性的政策性指导意见，以适当弥补法律制度的不足。三是要面对农村村民自治机制不健全的现实，不能没有原则、没有底线地将疑难杂症推给所谓的村民自治，可能因此会制造更多、更大的问题。

（3）汲取经验。一是汲取地方在土地确权登记、化解权属争议实践中积累的经验。二是汲取域外的有益经验。

（4）统筹协调。一是要将土地权属争议的解决和正在进行的各类土地确权、土地制度改革及土地登记实践协调起来。二是要统筹处理好纵横两大关系。在纵向方面，协调好中央顶层设计、地方指导监督和村民充分自治的关系。最高立法、行政和司法机关必须加快制度建设步伐，及时回应各地在确权实践中已经梳理出的一些共性问题。地方层面应强力推动，保证土地确权所需要的人、财、物，为基层民主治理营造环境、奠定基础、扫除障碍。在横向方面，要处理好立法、行政和司法的关系。在法治社会，司法是权利救济、化解社会矛盾的主要渠道和最终渠道，通过调解、村民自治、仲裁等途径化解土地权属纠纷的效果，最终要通过司法审判予以检验。

（5）依法依规。依法依规，一是要遵守法律法规和政策的明确规定，守住制度底线。在土地确权和争议处理实践中，有三条基本原则可循，即有法律法规政策的，按法律法规政策办；法律法规政策没有明确规定的，由村民民主协商解决；法律法规政策没有明确规定，协商又一时不能达成一致的个别问题，可以先放一放，待协商一致后再进行确权登记。二是要按照法治的精神，和原则推动、指导土地权属争议的解决。

2. 推进步骤

正在进行的农村土地确权和统一登记及相关制度改革将在 2020 年取得阶段性成果。以 2020 年为界划分过渡期和常态化阶段意味着在 2020 年之后，中国社会将进入法治常态化的新时期。

3. 实施方案

在过渡期，重点做好以下几个个方面的工作：一是加快过渡期应急制度建设。应对目前土地承包经营权、宅基地使用权以及土地统一登记过程中急需解决的制度空缺问题，立法或修法显然不是理想的选项，可行的途径是通过制定国务院规范性文件、行政法规、规章或部委规范性文件，解决目前农村土地房屋权属以及农村集体经济组织成员身份界定、"一户宅"之"户"的标准、村民自治规则等具体实践问题。二是推动建立土地确权登记专家咨询委员会和土地及相关产权法庭。土地及相关财产权属问题的综合性、统一登记的复杂性要求在跨领域、跨行业的更为广阔的平台上讨论问题、研究对策。这就要求借鉴自然资源主管部门疑难问题会审制度和建设部门房地产登记审核委员会审核制度的经验，在县级以上自然资源主管部门分别成立土地确权登记专家咨询委员会，以及时研究解决确权登记过程中的疑难问题，并对土地权属界定及争议解决制度建设提出咨询建议。同时，为了应对过渡期大量土地权属诉讼审理的需要，提高审理的效率，应该借鉴交通法庭的经验，成立土地及相关产权法庭。三是研究起草常态法律法规。

第二节　土地所有权管理

一、中国土地所有权法律制度

根据《中华人民共和国宪法》《土地管理法》的规定，我国现行土地所有制为社会主义土地公有制，分为社会主义全民所有制和社会主义劳动群众集体所有制两种形式。土地所有权是土地所有制在法律上的体现，在我国社会主义土地公有制下，具体可分为国家土地所有权和集体土地所有权。

（一）国家土地所有权

1.国家所有权的概念和特点

国家土地所有权是指国家对其所有的土地依法享有占有、使用、收益和处分的权利。这是我国最为重要的土地所有权形式，在我国社会经济生活中占有重要的地位。国家土地所有权具有如下四个特点。

（1）国家土地所有权的主体具有唯一性

中华人民共和国成立以后，国家通过没收、征收、收归国有等法律手段，逐步建立起的国家土地所有权，成为我国现阶段最基本的土地所有权形态，也是国家所有权的最本质的内容。国家土地所有权的主体的唯一性是指除国家之外，任何组织法人或自然人均不能充任国家土地所有权的权利主体，也不得行使国有土地所有权。根据最新发布的《中华人民共和国民法典》（以下简称《民法典》）第二编第五章第二百四十六条第一款规定了的法律规定属于国家所有的财产，属于国家所有即全民所有。国家土地所有权具有不可交易性。

（2）国家土地所有权的客体具有广泛性

根据我国宪法及其他民事、行政立法的规定，国家土地所有权的客体范围甚为广泛。国有土地的范围包括：①城市市区的土地；②农村和城市郊区中依法属于国家所有的土地，如其中的国有工矿区土地，依法被没收、征收而归国有的土地；③国家未确立为集体所有的林地、草地、山岭、荒地、滩涂、河滩地以及其他土地。

（3）国家土地所有权的取得方式具有特定性

在民法上，所有权的取得方式有很多种，既有原始取得方式，也有继受取得方式。前者如生产、没收、善意取得、添附、先占等，后者如买卖、互易、赠与等。但从国家土地所有权的取得上看，其方式具有特殊性，只能通过特定的方式才能取得国家所有权。我国国家土地所有权的取得经历了四个历史过程：一是没收和接管，指新中国成立初期国家对帝国主义、官僚资本主义、国民党政府和反革命分子等占有的城市土地，通过没收与接管的形式，无偿地将其变为国有土地，这是我国城市国有土地的主要取得方式；二是赎买，指 20 世纪 50 年代中后期对城市资本主义工商业、私营房地产公司和私有房地产业主所拥有的城市地产进行社会主义改造，用赎买的办法将其转变为国有土地；三是征收，包括对城市原非国有土地的征收和对城市郊区非国有土地的征收，对被征收者予以适当补偿并将这部分土地变为国有土地；四是收归国有，指 1982 年我国宪法规定全部城市土地属于国有，据此，当时城市中少数尚未属于国有的土地全部被收归国家所有。

（4）国家土地所有权的内容具有限制性

我国国家土地所有权的内容限制表现在，首先，我国的国家土地所有权比较虚化，其财产权利的内容主要通过国有土地使用权体现而不是通过所有权直接体现；其次，国家土地所有权的权能高度分离，国家为保证土地资源的有效利用，将土地使用权从土地所有权中分离出来，成为一项独立的物权，这使我国国有土地所有权的内容与传统大陆法的土地所有权内容有了很大的差异，局限于较狭小的范围。

2. 国家土地所有权的客体范围

《中华人民共和国宪法》（以下简称《宪法》）第九条第一款规定："矿藏、水流、森林、山岭、草原、荒地、滩涂等自然资源，都属于国家所有，即全民所有；由法律规定属于集体所有的森林和山岭、草原、荒地、滩涂除外。"第十条第一款、第二款规定"城市的土地属于国家所有。""农村和城市郊区的土地，除由法律规定属于国家所有的以外，属于集体所有；宅基地和自留地、自留山，也属于集体所有。"《土地管理法》第九条规定："城市市区的土地属于国家所有。农村和城市郊区的土地，除由法律规定属于国家所有的以外，属于农民集体所有；宅基地和自留地、自留山，属于农民集体所有。"从以上规定可以看出，国家土地所有权的客体包括城市的土地以及法律规定属于国家所有的农村和城市郊区的土地。

关于国有土地的范围，原国家土地管理局曾于 1989 年 7 月 5 日发布了《关于确定土地权属问题的若干意见》，规定了国有土地的确定标准。之后，原国家土地管理局于 1995 年 3 月 11 日又发布了《确定土地所有权和使用权的若干规定》，取代了《关于确定土地权属问题的若干意见》。依照《确定土地所有权和使用权的若干规定》第三条至第十八条的规定，国有土地标准按照下列标准确定：

（1）城市市区范围内的土地属于国家所有

（2）依据 1950 年《中华人民共和国土地改革法》及有关规定，凡当时没有将土地所有权分配给农民的土地属于国家所有；实施 1962 年 9 月《农村人民公社工作条例（修正草案）》未划入农民集体范围内的土地属于国家所有。

（3）国家建设征收的土地，属于国家所有。

（4）开发利用国有土地，开发利用者依法享有土地使用权，但土地所有权仍属国家。

（5）国有铁路线路、车站、货场用地以及依法留用的其他铁路用地属于国家所有。土改时已分配给农民所有的原铁路用地和新建铁路两侧未经征收的农民集体所有土地属于农民集体所有。

（6）县级以上（含县级）公路线路用地属于国家所有。公路两侧保护用地和公路其他用地，凡未经征收的农民集体所有的土地仍属于农民集体所有。

（7）国有电力、通信设施用地属于国家所有。但国有电力通信杆塔占用农民集体所有的土地，未办理征收手续的，土地仍属于农民集体所有。

（8）军队接受的敌伪地产及新中国成立后经人民政府批准征收、划拨的军事用地属于国家所有。

（9）河道堤防内的土地和堤防外的护堤地，无堤防河道历史最高洪水位或者设计洪水位以下的土地，除土改时已将所有权分配给农民，国家未征收，且迄今仍归农民集体使用的外，属于国家所有。

（10）县级（含县级）以上水利部门直接管理水库、渠道等水利工程用地属于国家所有。但水利工程管理和保护范围内未经征收的农民集体土地仍属于农民集体所有。

（11）国家建设对农民集体全部进行移民安置并调剂土地后，迁移农民集体原有土地转为国家所有。但移民后集体仍继续使用的集体所有土地，国家未经征收的，其所有权不变。

（12）因国家建设征收土地，农民集体建制被撤销或其人口全部转为非农业人口，其未经征收的土地，归国家所有。继续使用原有土地的原农民集体及其成员享有国有土地使用权。

（13）全民所有建制单位和城镇集体所有制单位兼并农民集体企业的，办理有关手续后，被兼并的原农民集体企业使用的集体所有土地转为国家所有。乡（镇）企业依照国家建设征收土地审批程序和补偿标准使用的非本乡（镇）村农民集体所有的土地，转为国家所有。

（14）《农村人民公社工作条例（修正草案）》公布以前，全民所有制单位、城市集体所有制单位和集体所有制的华侨农场使用的原农民集体所有的土地（含合作化之前的个人土地），迄今没有退给农民集体的，属于国家所有。

《农村人民公社工作条例（修正草案）》公布时起至1982年5月《国家建设征用土地条例》公布时止，全民所有制单位、城市集体所有制单位使用的原农民集体所经县级以上人民政府批准使用的；进行过一定补偿或安置劳动力的；接受农民集体馈赠的；已购买原集体所有的建筑物的；农民集体所有制企事业单位转为全民所有制或者城市集体所有制单位的属于国家所有。

《国家建设征用土地条例》公布时起至1987年《土地管理法》开始施行时止，全民所有制单位、城市集体所有制单位违反规定使用的农民集体土地，依照有关规定进行了清查处理后仍由全民所有制单位、城市集体所有制单位使用的，确定为国家所有。

凡属述情况以外未办理征地手续使用的农民集体土地，由县级以上地方人民政府根据具体情况，按当时规定补办征地手续，或退还农民集体。1987年《土地管理法》施行后违法占用的农民集体土地，必须依法处理后，再确定土地所有权。

（15）1986年3月中共中央、国务院出台的《关于加强土地管理、制止乱占耕地的通知》发布之前，全民所有制单位、城市集体所有制单位租用农民集体所有的土地，依照有关规定处理后，能够恢复耕种的，退还农民集体耕种，所有权仍属于农民集体；已建成永久性建筑物的，由用地单位按租用时的规定，补办手续，土地归国家所有。凡已经按照有关规定处理了的，可按处理决定确定所有权和使用权。

（16）土地所有权有争议，不能依法证明争议土地属于农民集体所有的，属于国家所有。

3. 国家土地所有权的行使

我国对国有土地采取统一领导、分级管理的原则。国家通过法律授权国务院和地方各级人民政府行使国家土地的所有权。党的十五届四中全会报告中指出："国务院代表国家统一行使国有资产所有权，中央和地方政府分级管理国有资产，授权大型企业、企业集团和控股公司经营国有资产。"《民法典》第二编第五章第二百四十六条第二款规定："国家财产由国务院代表国家行使所有权；法律另有规定的，依照其规定。"《土地管理法》第二条第二款规定："全民所有，即国家所有土地的所有权由国务院代表国家行使。"可见，国家土地所有权并不是国家直接行使，而是由国务院代表国家行使，即由国务院代表国家依法行使对国有土地的占有、使用、收益和处分权利。应当指出，尽管国务院代表国家行使土地所有权，但国务院也并不是直接代表国家行使国家土地所有权，而是授权各地方人民政府具体行使国家所有权。例如，在国有土地使用权划拨、出让中，各地方人民政府（自然资源主管部门）就代表着国务院（国家）行使国家土地所有权。

（二）集体土地所有权

1. 集体土地所有权的概念和特点

集体土地所有权是指农民集体组织对其所有的土地依法享有占有、使用、收益和处分的权利。集体土地所有权是我国土地公有所有权的另一种形式，在农村经济中发挥着重要作用。集体土地所有权具有如下五个特点：

（1）集体土地所有权的主体是农民集体组织。

依照《民法通则》《物权法》《土地管理法》等法律的规定，集体土地所有权的主体是农民集体组织，具体包括三种：①农村集体经济组织；②村农民集体；③乡（镇）农民集体。可见，与国家土地所有权的主体唯一性相比，集体土地所有权的主体具有多元性。

（2）集体土地所有权的客体是除国有土地之外的其他土地。

农民集体所有土地范围：一是除由法律规定属于国家所有以外的农村和城市郊区的土地。这里所讲的"法律"应是全国人大及其常委会通过的具有法律约束力的规范性文件，包括宪法和其他法律，此外，还包括了新中国成立初期在国有土地形成过程中发挥重要作用的由当时的中央人民政府根据共同纲领制定的法律。二是宅基地和自留地、自留山。农民集体所有的宅基地，主要是指农民用于建造住房及其附属设施的一定范围内的土地；自留地是指我国农业合作化以后农民集体经济组织分配给本集体经济组织成员（村民）长期使用的土地；自留山是指农民集体经济组织分配给其成员长期使用的少量荒山和荒坡。

（3）集体土地所有权是基于特定历史原因产生的。

集体土地所有权是在 20 世纪 50 年代中期我国开展社会主义改造运动中产生的。在新中国成立初期，我国实行了农民土地所有制，农民享有土地所有权。1956 年 6 月的《高级农业生产合作社示范章程》将农民私有的主要生产资料转为合作社集体所有，农民的土地因入社而转为合作社集体所有。该章程第十三条规定了入社的农民必须把私有的土地和耕畜、大型农具等主要生产资料转为合作社集体所有。可见，我国的集体土地所有权是在农民土地所有权的基础上通过入社的方式创立起来的，具有特定的历史原因。

（4）集体土地所有权主要实行土地承包经营制度。

根据《民法典》第三编第十一章第三百三十条和第三百三十一条可知，"农民集体所有和国家所有由农民集体使用的耕地、林地、草地以及其他用于农业的土地，依法实行土地承包经营制度""土地承包经营权人依法对其承包经营的耕地、林地、草地等享有占有使用和收益的权利"。可见，集体土地所有权主要通过土地经营承包制度来实现的。当然，集体土地所有权也存在其他实现方式，如乡（镇）企业用地、乡村公益事业用地、乡村公共设施用地等集体土地建设用地使用权、宅基地使用权等。

（5）集体土地所有权在法律上是一种受到严格限制的所有权。

我国集体土地所有权内容的限制表现在：首先，集体土地所有权受到国家土地所有权的限制，国有土地所有权是绝对的和无条件的，而集体土地所有权是相对的和受限制的，国家可以依法将集体所有的土地征收为国有；其次，集体土地所有权还受到农民集体组织内部成员对集体土地的各种使用权的限制，我国法律规定的农民个人对集体土地的承包经营权以及自留地、自留山、宅基地等的使用权，都使集体土地所有权的内容进一步虚化。

2. 集体土地所有权的客体范围

集体土地所有权的范围为国有土地之外的其他土地，即法律规定属于集体所有的土地。依照《确定土地所有权和使用权的若干规定》第十九条至第二十五条的规定，集体所有的土地依照下列标准确定：

（1）土地改革时分给农民并颁发了土地所有证的土地，属于农民集体所有；实施《农村人民公社工作条例（修正草案）》时确定为集体所有的土地，属农民集体所有，但依照规定属于国家所有的除外。

（2）村农民集体所有的土地，按目前该村农民集体实际使用的本集体土地所有权界限确定所有权。

依照《农村人民公社工作条例（修正草案）》确定的农民集体土地所有权，由于下列原因发生变更的，按变更后的现状确定集体土地所有权：①由于村、队、社、场合并或分割等管理体制的变化引起土地所有权变更的；②由于土地开发、国家征地、集体兴办企事业或自然灾害等原因进行过土地调整的；③由于农田基本建设和行政区划变动等原因重新划定土地所有权界线的，行政区划变动未涉及土地权属变更的，原土地权属不变。

（3）农民集体连续使用其他农民集体所有的土地已满20年的，应视为现使用者使用；连续使用不满20年，或者虽满20年但在20年期满之前所有者曾向现使用者或有关部门提出归还的，由县级以上人民政府根据具体情况确定土地所有权。

（4）乡（镇）或村在集体所有的土地上修建并管理的道路、水利设施用地，分别属于乡（镇）或村农民集体所有。

（5）乡（镇）或村办企事业单位使用的集体土地，在《农村人民公社工作条例（修正草案）》公布以前使用的，分别属于该乡（镇）或村农民集体所有；《农村人民公社工作条例（修正草案）》公布时起至1982年国务院《村镇建房用地管理条例》发布时止使用的，有下列情况之一的，分别属于该乡（镇）或村农民集体所有：①签订过用地协议的（不含租借）；②经县、乡（公社）、村（大队）批准或同意，并进行了适当的土地调整或者经过一定补偿的；③通过购买房屋取得的；④原集体企事业单位体制经批准变更的。

1982年国务院《村镇建房用地管理条例》发布时起至1987年《土地管理法》开始施行时止，乡（镇）、村办企事业单位违反规定使用的集体土地按照有关规定清查处理后，乡（镇）、村集体单位继续使用的，可确定为该乡（镇）或村集体所有。

乡（镇）、村办企事业单位采用上述以外的方式占用的集体土地，或虽采用上述方式，但目前土地利用不合理的，如荒废、闲置等，应将其全部或部分土地退还原村或乡农民集体，或按有关规定进行处理。1987 年《土地管理法》施行后违法占用的土地，须依法处理后再确定所有权。

（6）乡（镇）企业使用本乡（镇）、村集体所有的土地，依照有关规定进行补偿和安置的，土地所有权转为乡（镇）农民集体所有。经依法批准的乡（镇）、村公共设施、公益事业使用的农民集体土地，分别属于乡（镇）、村农民集体所有。

（7）农民集体经依法批准以土地使用权作为联营条件与其他单位或个人举办联营企业的，或者农民集体经依法批准以集体所有的土地的使用权作价入股，举办外商投资企业或内联乡镇企业的，集体土地所有权不变。

3. 集体土地所有权的行使

依照《民法典》第二编第五章第二百六十二条规定对于集体所有的土地和森林、山岭、草原、荒地、滩涂等，依照下列规定行使所有权：①属于村农民集体所有的，由村集体经济组织或者村民委员会代表集体行使所有权；②分别属于村内两个以上农民集体所有的，由村内各该集体经济组织或者村民小组代表集体行使所有权；③属于乡镇农民集体所有的，由乡镇集体经济组织代表集体行使所有权。如果集体经济组织、村民委员会或者其负责人作出的决定侵害了集体成员的合法权益，受侵害的集体成员可以请求人民法院予以撤销。

依照《民法典》第二编第五章第二百六十一条的规定："农民所有的不动产和动产，属于本集体成员集体所有。下列事项应当依照法定程序经本集体成员决定：①土地承包方案以及将土地发包给本集体以外的单位或者个人承包；②个别土地承包经营权人之间承包地的调整；③土地补偿费等费用的使用、分配办法；④集体出资的企业的所有权变动等事项；⑤法律规定的其他事项。"

二、土地所有权的确定

1956 年以后，随着我国生产资料私有制的社会主义改造的完成，国家通过没收、征收、收归国有等法律手段，逐步建立了土地国家所有制度。《宪法》第十条规定，"城市土地属于国家所有"，使我国城市土地成为单一的国家所有制形式。《土地管理法》第二条规定，"中华人民共和国实行土地的社会主义公有制，即全民所有制和劳动群众集体所有制"，说明我国的土地所有权有国家所有和集体所有两种形式。

土地所有权在附设在土地上的各种权利中是处于最基础的地位。在我国，土地的国家所有就是全民所有，其所有权主体是特定的和唯一的。土地国家所有权，指作为土地所有者的国家对于自己所有的土地依法享有的占有、使用、收益和处分的权利。土地集体所有权，指农村劳动群众集体经济组织在法律规定的范围内使用、收益、处分自己所有的土地的权利。

（一）土地国家所有权的法律特征

1.土地国家所有权的主体

国有土地归国家全体人民共同所有，意味着对于国有土地的占有使用、收益和处分必须反映人民的意志，并为人民的整体利益服务，只有代表全体人民意志和利益的国家才能作为土地国家所有权的主体。从法律上讲，作为国家的代表，政府是土地国家所有权的主体，由国务院代表国家行使，除此以外，任何单位和个人均不得充当土地国家所有权的主体。只有法律授权的国家行政管理机关才有权对国家所有的土地进行管理。我国各级政府具体行使土地国家所有权的管理，其权限依据地域和土地使用权的审批权限划分而确定。

2.土地国家所有权的客体

土地国家所有权的客体具有相当的广泛性。依据《宪法》《民法典》《土地管理法》的有关规定，土地国家所有权的客体范围包括：①城市市区土地；②农村和城市郊区中依法没收、征用、征收、征购、收归国有的土地；③国家依法确定由机关、团体、企业、事业单位和个人使用的土地；④依照法律规定属于国家所有的荒地、山岭、滩涂、林地、牧草地、水域和未利用的土地；⑤名胜古迹、自然保护区等特殊土地（不包括集体所有土地）；⑥国有的农、林、牧、渔场（站）等农业企业和事业单位使用的土地；⑦划给农村集体和个人使用的国有土地；⑧县级以上人民政府依照法律认定的不属于农村集体经济组织所有的一切土地。

3.土地国家所有权的行使

由于国家是非经济组织，虽然国家拥有土地所有权，但不能直接就每块土地都行使其权利，然后直接经营和利用国家所有土地。土地国家所有权行使的特点就在于国家将国有土地交由全民所有制单位、集体所有制单位、其他组织及社会成员经营使用。

（二）土地集体所有权的法律特征

1.土地集体所有权的主体

农村劳动群众集体土地所有权是在互助组、合作社和人民公社的基础上逐步建立的一种土地所有权形式。集体所有的土地只属于某个劳动群众集体所有。由于农民集体无法行使所有权，而是由某个集体经济组织代表农民集体行使所有权。

依照《土地管理法》和《民法典》的有关规定，土地集体所有权的主体有村农民集体、乡（镇）农民集体、村内多个农民集体（生产队、村民小组等）。由此可见，根据有关法律，我国土地集体所有权主体同时存在多种类型，虽然适应我国农村现实状况，但存在土地集体所有权主体不明确的弊端，给土地集体所有权管理带来了巨大困难。

2. 土地集体所有权的客体

土地集体所有权的客体是集体土地。集体土地的范围包括：①农村和城市郊区的土地（法定属于国家的除外）；②集体所有的耕地、森林、山岭、草原、荒地、滩地等；③集体所有的建筑物、水库、农田水利设施和教育、科学、文化卫生、体育设施所占土地；④集体所有的农林牧渔场和工业企业使用的土地；⑤农民使用的宅基地、自留地和自留山。

3. 土地集体所有权的行使

根据最新的《土地管理法》第十条规定，国有土地和农民集体所有的土地，可以依法交付给单位和个人使用，使用土地的单位和个人，有保护、管理和合理利用土地的义务。

土地集体所有权的内容是集体经济组织对其所有的土地行使占有、使用、收益和处分的权利。可以通过某种方式将其中某些权利分离出来，由其他农民集体经济组织代表农民个人行使。集体经济组织在行使土地集体所有权时，必须接受国家在充分保护农民集体土地权利的基础上实行的监督管理。国家法律特别强调对集体土地所有权的有效保护，这对于保障集体所有制经济发展具有重要作用。

（三）土地所有权性质确定的处理

我国实行社会主义土地公有制即土地国家所有权和土地集体所有权。区分并确定土地所有权的国家所有和集体所有的性质，是土地所有权管理中首要的关键问题。在处理时应当遵循以下原则：①城市土地属国家所有原则；②国家土地所有权性质不可变更原则；③国家所有土地与集体所有土地的划分原则；④集体所有土地之间的划分原则。

1. 城市土地属国家所有原则

《宪法》规定："城市的土地属国家所有。"《土地管理法》明确规定城市市区的土地属于国家所有。城市土地属于国家所有原则，完全排除了其他任何形式组织和个人拥有城市土地所有权的可能性。由于城市和城市市区的概念和范围，目前尚未有法律明文规定，城市与城市郊区农村之间没有一个明确的界线，在实际上难以确定城市或城市市区的土地范围。按照行政区划或者城市规划来确定城市市区范围的办法是不科学的。主流观点认为，应将城市市区理解为"城市建成区"为宜。城市建成区是指已进行城市配套建设，具备城市功能和建筑集中连片的区域。

对于城市建成区内新建部分区域内存在的未经征用的集体土地，其所有权性质的确定存在两种意见：①由于未经办理征用手续，其集体所有的性质不能改变；②由原农民继续使用的农业土地，仍属原农民集体所有，建设用地则应属国家所有。对于深入城市建成区腹地零星的未征用的原集体所有土地，可以认为事实上已转为国家所有。

2. 国有土地所有权性质不可变更原则

由农民集体长期使用的国家所有土地，不能因此而改变土地国家所有权的性质。对于开发国有土地时曾有的"谁开发、谁所有"，植树造林"选种谁有"的提法，不是指的土地所有权，而是土地上财产的所有权，对于国有土地来说仅仅属于使用权问题。对于已经征用过的土地，无论退还给原集体还是划拨给其他农民集体使用，其国家所有权的性质不得改变。

3. 国家所有土地与集体所有土地的划分原则

《宪法》第九条第一款规定了矿藏、水流、森林、山岭、草原、荒地、滩涂等自然资源，都属于国家所有，即全民所有；由法律规定属于集体所有的森林和山岭、草原、荒地、滩涂除外。所谓法律规定属于集体所有的土地，是按照《中华人民共和国土地改革法》分配给农民个人所有的土地，是通过集体化和公有制产生的。由于私有土地转为集体土地一般无案可查，可以通过确定入社前是否属于私有土地来决定是否属于集体土地。土地改革完成后没有颁发土地所有权证的土地，均确定属于国家所有。

4. 集体所有土地之间的划分原则

集体所有的土地最初是本集体的农民入社带来的土地，但由于 20 世纪 50 年代以来农民集体所有制的频繁变动，农民的私有土地入社时的农业生产合作社的土地界线已不能反映现实集体土地权属范围。在处理集体所有土地之间界线时，应当充分考虑引起变化的历史背景，尽量维护现有的土地权属状况，一般应按目前集体实际占有的土地的界线确定土地的权属。

三、土地征收管理

（一）征收土地的法律程序

征收土地的法律程序是指国家建设征收集体所有土地的法定程序、方法和步骤。根据新版《土地管理法》第四十七条的规定，土地征收的程序如下：

1. 拟征收土地公告

县级以上地方人民政府拟申请征收土地的，应当开展拟征收土地现状调查和社会稳定风险评估，并将征收范围、土地现状、征收目的、补偿标准、安置方式和社会保障等在拟征收土地所在的乡（镇）和村、村民小组范围内公告至少三十日，听取被征地的农村集体经济组织及其成员、村民委员会和其他利害关系人的意见。

2. 听证

多数被征地的农村集体经济组织成员认为征地补偿安置方案不符合法律、法规规定的，县级以上地方人民政府应当组织召开听证会，并根据法律、法规的规定和听证会情况修改方案。

3. 征地补偿登记

拟征收土地的所有权人、使用权人应当在公告规定期限内，持不动产权属证明材料办理补偿登记。县级以上地方人民政府应当组织有关部门测算并落实有关费用，保证足额到位，与拟征土地的所有权人、使用权人就补偿、安置等签订协议；个别确实难以达成协议的，应当在申请征收土地时如实说明。

2019年修正的《土地管理法》对改革土地征收制度提出了新的要求：

随着工业化城镇化的快速推进，征地规模不断扩大，因征地引发的社会矛盾凸显。新《土地管理法》在总结试点经验的基础上，在改革土地征收制度方面做出了多项重大补充：

一是对土地征收的公共利益范围进行明确界定。《宪法》规定：国家为了公共利益的需要可以对土地实行征收或者征用并给予补偿。但原法没有对土地征收的"公共利益"范围进行明确界定，加之集体建设用地不能直接进入市场，土地征收成为各项建设使用土地的唯一渠道，导致征地规模不断扩大，被征地农民的合法权益和长远生计得不到有效的保障，影响社会稳定。新《土地管理法》增加了第四十五条，首次对土地征收的公共利益进行界定，采取列举方式明确：因军事和外交、政府组织实施的基础设施、公共事业、扶贫搬迁和保障性安居工程建设需要以及成片开发建设等六种情形，确需征收的，可以依法实施征收。这一规定将有利于缩小征地范围，限制政府滥用征地权。

二是明确征收补偿的基本原则是保障被征地农民原有生活水平不降低，长远生计有保障。原来的《土地管理法》按照被征收土地的原用途给予补偿，按照年产值倍数法确定土地补偿费和安置补助费，补偿标准偏低，补偿机制不健全。新《土地管理法》首次将2004年国务院28号文件提出的"保障被征地农民原有生活水平不降低、长远生计有保障"的补偿原则上升为法律规定，并以区片综合地价取代原来的年产值倍数法，在原来的土地补偿费、安置补助费、地上附着物和青苗补偿费的基础上，增加农村村民住宅补偿费用和将被征地农民社会保障费用的规定，从法律上为被征地农民构建更加完善的保障机制。

三是改革土地征收程序。由于此前多数被征地的农村集体经济组织成员对征地补偿安置方案有异议的，应当召开听证会修改，新版《土地管理法》将原来的征地批后公告改为征地批前公告，进一步落实被征地的农村集体经济组织和农民在整个征地过程的知情权、参与权和监督权。倡导和谐征地，征地报批以前，县级以上地方政府必须与拟征收土地的所有权人、使用权人就补偿安置等签订协议。

（二）征收土地的审批权限

《土地管理法》第四十四条规定："永久基本农田转为建设用地的建设占用土地，

涉及农用地转为建设用地的，应当办理农用地转用审批手续。由国务院批准。在土地利用总体规划确定的城市和村庄、集镇建设用地规模范围内，为实施该规划而将永久基本农田以外的农用地转为建设用地的，按土地利用年度计划分批次按照国务院规定由原批准土地利用总体规划的机关或其授权的机关批准。在已批准的农用地转用范围内，具体建设项目用地可以由市、县人民政府批准。在土地利用总体规划确定的城市和村庄、镇建设用地规模范围以外，将永久基本农田以外的农用地转为建设用地的，由国务院或者国务院授权的省、自治区直辖市人民政府批准。"

《土地管理法》第四十六条规定，国务院批准征收土地的权限为：①永久基本农田；②永久基本农田以外的耕地超过 35 公顷的；③其他土地超过 70 公顷的。征收以上规定以外的土地的，由省、自治区、直辖市人民政府批准。

经国务院批准农用地转用的，同时办理征地审批手续，不再另行办理征地审批；经省、自治区、直辖市人民政府在征地批准权限内批准农用地转用的，同时办理征地审批手续，不再另行办理征地审批，超过征地批准权限的，应当报请国务院审批。

（三）征收土地的补偿

新版《土地管理法》对征收补偿重新进行了规定，根据第四十八条规定，征收土地应当给予公平、合理的补偿，保障被征地农民原有生活水平不降低、长远生计有保障。征收土地应当依法及时足额支付土地补偿费、安置补助费以及农村村民住宅、其他地上附着物和青苗等的补偿费用，并支付被征地农民的社会保障费用。征收农用地的土地补偿费、安置补助费标准由省、自治区、直辖市通过制定公布区片综合地价确定。征收农用地以外的其他土地、地上附着物和青苗等的补偿标准，由省、自治区、直辖市制定。此外，还要求县级以上地方人民政府应当将被征地农民纳入相应的养老等社会保障体系。

四、农民集体非农建设用地管理

（一）农民集体非农建设用地的界定

农民集体非农建设用地在我国至今尚未有法定的确切定义。《土地管理法》（1986年）中曾将"建设用地"分解为"国家建设用地"和"乡（镇）村建设用地"，其中未对"乡（镇）建设用地"加以界定。《土地管理法》（1998年）中不再使用"乡（镇）村建设用地"一词。"农民集体非农建设用地"一词只是在实践中的概括性提法或较为通俗的提法。农民集体非农建设用地，是指农民集体所有的，一般地处农村的，并经依法批准使用的兴办乡镇企业用地、村民建设住宅用地、乡（镇）村公共设施和公益事业建设用地，简称集体非农建设用地。农民集体非农建设用地的主要特征为：①

该类建设用地的所有权属于农民集体，而不是属于国家；②该类建设用地是依法经批准由农用地转成的建设用地，是合法的而不是非法的建设用地。

（二）农民集体建设用地流转的方式

农民集体非农建设用地流转依其土地权利配置方式区分为出租、出让、转让、作价入股、合作、联营、抵押等；依其土地所有权是否发生变化，又可区分为集体土地所有权不发生变更和集体土地所有权发生变更。

1. 出租

出租指集体土地所有者将一定使用年限内的集体建设用地使用权让与承租人使用，由承租人定期向集体土地所有者交纳租金的方式。出租通常有：①集体直接将土地出租；②建好厂房，以厂房出租实现土地出租；③效益不佳的乡镇企业将全部土地或部分土地出租，以土地租赁收益弥补生产经营的亏损；④农民建房出租房屋、连带出租土地。

2. 出让

出让指集体土地所有者将一定年期的集体建设用地使用权让与土地使用者，由土地使用者向集体土地所有者交纳出让金的方式。出让通常有：①集体直接出让土地，如集体土地所有者直接转让土地开发建设商品住宅，由于有征地环节，土地收益直接由乡村两级所得；②改制企业出让，土地以出让形式进入改制后的新企业。

3. 转让

转让指取得集体建设用地使用权的企业或个人，将其土地使用权转让给新的土地使用者的行为。转让通常有：①企业因合并、兼并或转产、破产等原因导致土地转让；②农民因进城等原因而转让房产导致土地转让。

4. 作价入股

作价入股指集体经济组织将土地作价，在一定年期内以土地出资方式投资于企业，组建股份制企业，农民集体按其股份额进行企业利润分红的一种方式。

5. 合作、联营

合作、联营指集体土地所有者在一定的年限内以集体土地使用权作为条件与其他单位或个人进行合作、联营，共同办企业，双方通过合同来确定各自的权益和职能。

6. 抵押

抵押指土地使用权在形式上未发生转移，实质上是不转移占有的方式。主要目的在于土地使用者将集体土地使用权给银行或其他债权人提供担保并取得贷款或借款。

在以上集体建设用地使用流转时可能存在土地所有权是否发生变化的问题，即集体土地所有权保持不变和集体土地所有权转为国家土地所有权。

2019年新修订的《土地管理法》破除了集体经营性建设用地进入市场的法律阻碍。

原来的《土地管理法》除乡镇企业破产兼并外，禁止农村集体经济组织以外的单位或者个人直接使用集体建设用地，只有将集体建设用地征收为国有土地后，该幅土地才可以出让给单位或者个人使用。这一规定使集体建设用地的价值不能显化，导致农村土地资源配置效率低下，农民的土地财产权益受到侵犯。在城乡接合部，大量的集体建设用地违法进入市场，严重挑战法律的权威。在 33 个试点地区，集体建设用地入市制度改革受到农村集体经济组织和广大农民的热烈欢迎。新《土地管理法》删除了原法第四十三条关于"任何单位和个人进行建设，需要使用土地，必须使用国有土地"的规定，允许集体经营性建设用地在符合规划、依法登记，并经本集体经济组织三分之二以上成员或者村民代表同意的条件下，通过出让、出租等方式交由集体经济组织以外的单位或者个人直接使用。同时，使用者取得集体经营性建设用地使用权后还可以转让、互换或者抵押。这一规定是重大的制度突破，它结束了多年来集体建设用地不能与国有建设用地同权同价同等入市的二元体制，为推进城乡一体化发展扫清了制度障碍，是新《土地管理法》最大的亮点。

（三）集体非农建设用地流转的作用与问题

1. 集体非农建设用地流转的作用

集体非农建设用地流转受制于当前不健全的法律规定和不到位的管理环境，即使如此仍然能得到较大规模的推进，其中重要的原因就在于它有利于国民经济发展能有效地配置土地资源。

全国各地集体非农建设用地流转的实践证明，集体非农建设用地流转有利于乡（镇）、村为主体的集体经济实力的迅速壮大，增加了农民的实际收入，提高了城乡接合部土地利用效益，减少了对耕地的占用，降低了企业用地成本，促进了中国土地市场的健康发展，尤其对于破解保障发展和保护资源两难问题，发挥了重要作用。目前我国现有存量集体建设用地 1800 万公顷（2.7 亿亩），若按其 30% 进入流转（其中主要部分是农民宅基地）测算，流转面积可达 540 万公顷（8100 万亩），根据我国年均建设占用耕地 13.33 万公顷（200 万亩）计算，可用 40 年。正是因为近年来实际用地中三资企业、私营企业和乡（镇）企业使用了大量的集体非农建设用地，才得以减少了城镇国有建设用地的需求量，减少了国家对集体农用地的征收量。

2. 集体非农建设用地流转中存在的问题

（1）集体所有土地产权不够清晰。

现代产权理论表明，产权清晰包含两层含义：第一，财产的归属关系是清楚的，即财产归谁所有，谁是财产的所有者是明确的；第二，在财产所有权明确的情况下，产权实现过程中不同权利主体之间的权、责、利关系是清楚的。我国集体所有土地产权不够清晰，具体表现为集体所有土地范围不确定，产权主体不确指。

《土地管理法》第九条规定，城市市区的土地属于国家所有，郊区的土地属于集体所有。"市区"和"郊区"是相对的和动态的概念，其至有的地方城市政府将"城市市区"扩展至城市规划区，并要求规划区内的集体土地国有化。

《民法典》和《土地管理法》的有关规定将《宪法》所规定的"集体所有"明确为"农民集体所有"，农村集体经济组织或者村民委员会或者村民小组负责"农民集体所有"的土地经营和管理。"农民集体"是产权主体，农村集体经济组织或村民委员会或者村民小组均不是产权主体，只是行使由"农民集体"所赋予的经营和管理土地的权利。实际上，"农民集体"是一个虚幻的概念，并没有落实到每一个村民中去，最终导致产权主体往往为农村集体经济组织或村民委员会或者村民小组所代替。

《宪法》和《土地管理法》规定，集体土地所有权只能向国家以征收的方式转移，任何自愿的横向转移和向国家的自愿纵向转移均不允许。实际工作表明，集体土地所有权是一个不完整的土地所有权，集体农民虽有使用权但并不专有，排他性不强；土地收益特别是建设用地的收益也就不能专有和在法律上自由处分。

（2）土地收益分配不均。

收益分配是集体建设用地使用制度改革的关键。主流观点认为，在收益分配中要保护农民的土地财产权，政府只能采取税收的办法参与其利益分配。至于涉及国家、土地所有者和土地使用者之间收益分配，存在如下认识和看法：①认为绝对地租、部分级差地租 I 和土地资本 I 归集体，其比例占总价值的53%，而部分级差地租 II 和土地资本 II 则应归国家，约占总价值的47%；②认为绝对地租应归土地所有者，级差地租 I 归政府，级差地租 II 归建设用地使用者；③认为应将收益中的大部分归土地使用权人和农村集体经济组织，要充分保障农民的知情权和相应的财产权。总之，集体非农建设用地的收益分配主要涉及国家、集体和原建设用地使用者，其三者关系可按"交够国家的、留足集体的，剩下都是自己的"思路加以处理。

五、共有所有权管理

共有所有权是指两个或两个以上的权利主体共同享有一个财产所有权的法律状态。这里主要介绍共同共有的管理、按份共有的管理、准共有的管理三种类型的共有所有权的管理。

（一）共同共有的管理

1.共同共有的性质

共同共有是依据一定原因成立共同关系的数人，基于共同关系而共享一物所有权的法律状态。共同共有是不分份额的共有，共同共有的发生是以数人之间存在共同关系为前提，各共有人对共有财产的全部享有平等的权利，承担平等的义务，对外承担连带责任。

2. 共同共有的效力

共同共有的效力表现为共同共有人间的内部关系和外部关系。

共同共有人间的内部关系表现为共有财产的处分一般应经全体共有人一致同意，否则处分无效。共同共有人就共有物所享有的权利，需受产生该共同关系的法律的限制。在共同共有关系存续中，各共有人不得请求分割共有物。

共同共有的外部关系表现为共有物造成他人损害及共有人造成他人损害的赔偿义务，承担部分共有人擅自处分共有财产的法律后果。

3. 共同共有关系的消灭

共同共有关系必随着法律规定的某种共同关系的消灭而消灭。只要出现诸如婚姻关系终止、继承人分割遗产等法律事实出现，其共同关系随之不复存在，共同共有关系也就随之归于消灭。

4. 共同共有财产的分割

共同共有财产的分割应坚持法律规定的原则、约定的原则和平等协商原则，可以采用实物分割、变价分割和作价分割等。

（二）按份共有的管理

1. 按份共有的性质

按份共有是指数人按应有份额（部分）对共有财产共同享有权利和分担义务的共有。按份共有的特征为：①按份共有的共有人对共有财产存在一定的应有部分；②按份共有的主体为两人或两人以上；③按份共有人对其应有部分享有相当于所有权的权利。

2. 按份共有的效力

按份共有的效力表现为按份共有人间的内部关系和外部关系。

按份共有人相互间的内部关系包括对应有部分（持份比例）的处分，应有部分的分出，应有部分的出卖与优先购买权，在应有部分上设定负担和应有部分的抛弃。共有人在得到其他全体共有人同意后就共有物所做的处分变更及设定负担，方为合法有效。

按份共有的外部关系是指共有人与第三人间的法律关系，主要包括共有人基于应有部分权（持分权或份额权）向第三人提起的各种请求，共有人的对外责任有按份责任与连带责任，即按份共有人就自己的份额部分对共同债权人负清偿责任和按份共有人须就全部债务对共同债权人负清偿责任。

3. 共有物的分割和共有关系的终止

根据罗马法的规定，按份共有制度是一种个人主义与自由主义的所有权制度，在此主义之下，按份共有人无论何时均有权请求分割共有物。分割时可采用协议分割和裁判分割，前者为共有人间基于达成的协议而分割共有物，后者为诉请法院予以分割。

由于分割，共有关系发生终止。各共有人按其应有部分，对于其他共有人因分割而得到的物，负与出卖人相同的担保责任。

（三）准共有的管理

准共有是一种指数人分别共有或共同共有所有权以外之财产权的共有。准共有的管理应当注意：①准共有之间的物仅限于财产权；②适用有关共有的规定；③在共有邻地利用权时，应注意邻地利用权具有不可分性。

第三节　土地使用权管理

一、中国土地使用权法律制度

（一）国有土地使用权

国有土地使用权是指土地使用者对依法取得的国家所有的土地享有的占有、使用、收益及依法处分的权利。根据土地用途的不同可分为建设用地使用权和农用地使用权，其中建设用地使用权根据取得方式的不同，可分为出让建设用地使用权和划拨建设用地使用权。

1.出让建设用地使用权

出让建设用地使用权是指土地使用者通过出让方式并缴纳出让金取得的国有建设用地使用权。土地使用者在依法取得出让建设用地使用权后，可以依法转让、赠与、继承、出租和用于抵押。出让建设用地使用权具有以下特征：①出让建设用地使用权是通过有偿方式取得的。②出让建设用地使用权是一项完全独立的用益物权。③出让建设用地使用权的主体具有唯一性。④出让建设用地使用权具有严格期限、用途规定。

（1）协议出让国有建设用地使用权。

协议出让国有建设用地使用权，是指国家以协议方式将国有建设用地使用权在一定年限内出让给土地使用者，由土地使用者向国家支付土地使用权出让金的行为。协议出让方式由于没有引入竞争机制，相对缺乏公开性。因为考虑到现实中一些需要扶持的行业和大型设施用地，采取协议出让比较符合实际，协议出让要遵循严格的规定。

以协议方式出让国有建设用地使用权的出让金不得低于按国家规定所确定的最低价。即协议出让最低价不得低于新增建设用地的土地有偿使用费、征地（拆迁）补偿费用以及按照国家规定应当缴纳的有关税费之和。有基准地价的地区，协议出让最低价不得低于出让地块所在级别基准地价的70%。低于最低价时，国有建设用地使用权不得出让。

出让国有建设用地使用权，除依照法律、法规和规章的规定采用招标、拍卖或者挂牌方式外，还可采取协议方式，主要包括以下情况：

①供应商业、旅游、娱乐和商品住宅等各类经营性用地以外用途的土地，其供地计划公布后同一宗地只有一个意向用地者的；

②原划拨、承租土地使用人申请办理协议出让，经依法批准，可以采取协议方式，但国有土地划拨决定书、国有土地租赁合同、法律、法规、行政规定等明确应当收回土地使用权重新公开出让的除外；

③划拨土地使用权转让申请办理协议出让经依法批准，可以采取协议方式，但国有土地划拨决定书、法律、法规、行政规定等明确应当收回土地使用权重新公开出让的除外；

④出让建设用地使用权人申请续期，经审查准予续期的，可以采用协议方式；

⑤法律、法规、行政规定可以协议出让的其他情形。

（2）招标、拍卖或者挂牌出让国有建设用地使用权。

招标出让国有建设用地使用权，是指市、县人民政府自然资源主管部门发布招标公告，邀请特定或者不特定的自然人、法人和其他组织参加国有建设用地使用权投标，根据投标结果确定国有建设用地使用权人的行为。拍卖出让国有建设用地使用权，是指市、县人民政府自然资源主管部门发布拍卖公告后，竞买人在指定时间、地点进行公开竞价，根据出价结果确定国有建设用地使用权人的行为；挂牌出让国有土地使用权，是指市、县人民政府自然资源主管部门发布挂牌公告，按公告规定的期限将拟出让宗地的交易条件在指定的土地交易场所挂牌公布，接受竞买人的报价申请并更新挂牌价格，根据挂牌期限截止时的出价结果或者现场竞价结果确定国有建设用地使用权人的行为。

工业（包括仓储用地，但不包括采矿用地）、商业、旅游、娱乐和商品住宅等经营性用地以及同一宗地有两个以上意向用地者的，应当以招标、拍卖或者挂牌方式出让。

2. 划拨建设用地使用权

划拨建设用地使用权，是指通过行政划拨方式取得的国有建设用地使用权。所谓划拨，是指由县级以上人民政府批准，在向土地使用者缴纳补偿、安置等费用后将该幅土地交付其使用，或者将国有建设用地使用权无偿交付给土地使用者使用的行为。划拨土地使用权具有以下四个主要特征：划拨手段的行政性、土地使用的无期限性、土地使用的无偿性或低偿性、土地使用权的无流动性以及用途具有的特定性。

（1）划拨建设用地使用权的取得条件。

《土地管理法》和《城市房地产管理法》对采用划拨方式设立建设用地使用权的

范围具有严格的限制。下列建设用地，确属必需的，可以由县级以上人民政府依法批准划拨：①国家机关用地和军事用地；②城市基础设施用地和公益事业用地；③国家重点扶持的能源、交通、水利等项目用地；④法律、行政法规规定的其他用地。

应当明确，并不是属于以上划拨范围的用地就当然可以采取划拨的方式，划拨方式应当是"确属必需的"才能采取。随着我国土地管理制度的改革和深化，划拨建设用地范围和程序更趋严格和规范。为了切实加强土地调控，制止违法违规用地行为，《物权法》第一百三十七条第三款也对划拨建设用地的问题做了明确规定："严格限制以划拨方式设立建设用地使用权。采取划拨方式的，应当遵守法律、行政法规关于土地用途的规定。"

（2）划拨建设用地使用权的转让审批。

划拨建设用地使用权的处分受很大限制，《中华人民共和国城镇国有土地使用权出让和转让暂行条例》第四十四条规定："划拨土地使用权，除本条例第四十五条规定的情况外，不得转让、出租、抵押。"其第四十五条规定，划拨建设用地使用权转让、出租、抵押要经市、县人民政府土地管理部门和房地产管理部门批准，其条件是：①土地使用者为公司、企业、其他经济组织和个人；②领有国有土地使用证；③具有地上建筑物、其他附着物合法的产权证明；④依照该条例第二章的规定签订土地使用权出让合同，当地市、县人民政府补交土地使用权出让金或者以转让、出租、抵押所获效益抵交土地使用权出让金。

《城市房地产管理法》第四十条第一、二款对划拨建设用地使用权转让的方式和条件进一步做了规定："以划拨方式取得土地使用权的，转让房地产时，应当按照国务院规定，报有批准权的人民政府审批。有批准权的人民政府准予转让的，应当由受让方办理土地使用权出让手续，并依照国家有关规定缴纳土地使用权出让金。""以划拨方式取得土地使用权的，转让房地产报批时，有批准权的人民政府按照国务院规定决定可以不办理土地使用权出让手续的，转让方应当按照国务院规定将转让房地产所获收益中的土地收益上缴国家或者作其他处理。"

土地使用者无论以何种方式转让划拨建设用地使用权，都应遵守上述规定。不过应当明确，如果划拨建设用地由土地使用者与政府主管部门签订了土地使用权出让合同，并缴纳土地使用权出让金，就转化为出让建设用地使用权，此后再处分的就是出让建设用地使用权，而非划拨建设用地使用权。

《土地管理法》第五十八条对国有土地使用权的收回进行了规定："有下列情形之一的，由有关人民政府自然资源主管部门报经原批准用地的人民政府或者有批准权的人民政府批准，可以收回国有土地使用权：①为实施城市规划进行旧城区改建以及其他公共利益需要，确需使用土地的；②土地出让等有偿使用合同约定的使用期限届满，土地使用者未申请续期或者申请续期未获批准的；③因单位撤销、迁移等原因，停止使用原划拨的国有土地的；④公路、铁路、机场、矿场等经核准报废的。依照前款第①项的规定收回国有土地使用权的，对土地使用权人应当给予适当补偿。"在上述情况下，土地使用权人有义务服从人民政府收回国有土地使用权的决定。

（二）集体土地使用权

集体土地使用权是指土地使用者依照法律规定或合同约定，对农民集体所有的土地享有的占有、使用和收益的权利。集体土地使用权是由集体土地所有权派生出来的一种具有物权性质的权利。其具有以下三个法律特征：①集体土地使用权主体具有特定性；②集体土地使用权的取得一般是无偿的；③集体土地使用权的行使要受到较多限制。

1. 土地承包经营权

土地承包经营权是指承包人在法律和承包合同规定的范围内，对农民集体所有或国家所有依法由农民集体使用的耕地、林地、草地，以及其他依法用于农业的土地所享有的占有、使用和收益的权利。2002 年颁布的《中华人民共和国农村土地承包法》（以下简称《农村土地承包法》）将土地承包经营权作为用益物权，但未明确使用"用益物权"的概念。而 2007 年 10 月 1 日开始实施的《物权法》则明确将土地承包经营权规定为用益物权，体现了党的十五届三中全会"要抓紧制定确保农村土地承包关系长期稳定的法律法规，赋予农民长期而有保障的土地使用权"的要求，最新的《民法典》也继承了此前的相关规定。土地承包经营权具有如下主要特征：①土地承包经营权的主体可以是本集体经济组织及其成员，也可以是本集体经济组织以外的单位和个人；②土地承包经营权的客体是农村土地；③承包经营权中的各项权利为法定权利，不得随意变更；④土地承包经营权作为用益物权，期限较长，比较稳定。

（1）土地承包经营权的设立。

根据《民法典》第三编和《农村土地承包法》第二十二、第二十三条规定，土地承包经营权作为用益物权的一种，它的设立以土地承包合同生效为前提，登记造册是作为对承包经营权予以确认的程序。土地承包经营权证、林权证、草原使用证，是承包人享有土地承包经营权的法律凭证。土地承包经营合同一般包括以下内容：发包方、承包方的名称，发包方负责人和承包方代表的姓名、住所；承包土地的名称、坐落、面积、质量等级；承包期限和起止日期；承包土地的用途；发包方和承包方的权利和义务；违约责任等。

（2）土地承包经营权的流转。

①土地承包经营权流转应遵循的原则。

根据《农村土地承包法》的规定，土地承包经营权流转应当遵循以下原则：平等协商、自愿、有偿，任何组织和个人不得强迫或者阻碍承包方进行土地承包经营权流转；不得改变土地所有权的性质和土地的农业用途；流转的期限不得超过承包期的剩余期限；受让方须有农业经营能力；在同等条件下，本集体经济组织成员享有优先权。

②关于家庭承包的土地承包经营权的流转。

依据《民法典》和通过家庭承包取得的土地承包经营权可以依法采取转包、出租、互换、转让或者其他方式流转。

A.转包、出租。转包是指土地承包经营权人把自己承包期内承包的土地，在一定期限内全部或者部分转交给本集体经济组织内部的其他农户耕种，通常情况下，受转包人要向转包人支付转包费；出租是指土地承包经营权人作为出租人，将自己承包期内承包的土地，在一定期限内全部或者部分租赁给本集体经济组织以外的单位或者个人耕种并收取租金的行为。

B.互换。互换是指土地承包经营权人将自己的土地承包经营权交换给他人行使，自己行使从他人处换来的土地承包经营权。

C.转让。转让是指土地承包经营权人将其拥有的未到期的土地承包经营权转移给他人的行为。土地承包经营权的受让对象可以是本集体经济组织的成员，也可以是本集体经济组织以外的农户。转让土地承包经营权，承包人与发包人的土地承包关系即行终止，转让人也不再享有该土地承包经营权。

D.入股从事农业合作生产。根据《农村土地承包法》的规定，承包人之间为发展农业经济，可以自愿联合将土地承包经营权入股，从事农业生产合作。

③关于以其他方式承包的土地承包经营权流转的规定。

依照《民法典》《农村土地承包法》等法律和国务院有关规定，通过招标、拍卖、公开协商等方式承包荒地等农村土地的，其土地承包经营权可以转让、出租、入股抵押或者以其他方式流转。以其他方式承包的承包经营权流转主要具有以下四个特点：A.流转的客体一般为"四荒地"等农村土地的承包经营权。B.流转方式有转让、入股、抵押等方式。C.以招标、拍卖、公开协商等方式取得的土地承包经营权，有的与发包人是债权关系，约定期限较短，其间是一种合同关系，而承包"四荒地"，由于期限较长，投入又大，双方需要建立一种物权关系，因此应当依法登记，取得土地承包经营权证或者林权证等证书。在此前提下，承包经营权才具备流转的资格。D.其他方式的承包是由通过市场化行为并支付一定的代价获得的，其流转无须向发包人备案或经发包人同意。对受让方也没有特别限制，接受流转的一方可以是本集体经济组织以外的个人、农业公司等。

（3）土地承包经营权的消灭。

土地承包经营权的消灭是指因某种法定事由发生，权利人丧失土地承包经营权，发包人收回承包地，概括起来主要有以下五种情形。

①期限届满。土地承包经营权是有期限的用益物权，只能在法律规定的期限内存续。因此，土地承包经营权期限届满未续期的，土地承包经营权应归于消灭。

②承包地交回。承包地的交回主要有如下两种情形：一是土地承包经营权人应当交回承包地。《农村土地承包法》第二十七条第三款规定："承包期内，承包农户进城落户的，引导支持其按照自愿有偿原则依法在本集体经济组织内转让土地承包经营权或者将承包地交向发包方，也可以鼓励其流转土地经营权。"二是土地承包经营权人自愿交回承包地。《农村土地承包法》第三十条规定："承包期内，承包方可以自愿将承包地交回发包方。承包方自愿交回承包地的，可以获得合理补偿，但是应当提前半年以书面形式通知发包方。承包方在承包期内交回承包地的，在承包期内不得再要求承包土地。"应当指出，承包地交回只是家庭承包经营权消灭的原因，对"四荒"承包经营权来说并不适用。

③承包地收回。承包地收回是指在承包期内，发包方因发生了法律规定的事由而收回土地承包经营权人的承包地。在承包期内，发包方一般是不能收回承包地的。但在具备了法律规定事由的情况下，发包方有权收回承包地。

④土地征收、占用。国家出于公共利益的需要，征收承包地的，土地承包经营权归于消灭；因乡（镇）村公共设施、公益事业建设的需要而占用承包地的，土地承包经营权亦归于消灭。在承包地被征收、占用时，土地承包经营权人享有补偿请求权。

⑤土地灭失。在土地承包经营权存续期间，承包地因自然灾害而损毁灭失时，如耕地完全沙漠化、承包地全部成水面等，土地承包经营权归于消灭。

2. 集体建设用地使用权

集体建设用地使用权，是指乡（镇）村办企事业单位、联营企业生产经营或建房以及农村居民建房未通过土地征收和补偿而使用的农村集体土地的使用权。取得集体建设用地使用权，同时不影响集体土地所有权的存在。农村集体建设用地使用权，按照用地目的可以分为宅基地使用权、乡（镇）村企业建设用地使用权、乡（镇）村公共设施和公益事业建设用地使用权。

（1）农村建设用地使用权的设定。

①宅基地使用权。《土地管理法》和《中华人民共和国担保法》（以下简称《担保法》）对宅基地使用权做了如下规定。

A. 宅基地使用权的取得。根据《土地管理法》的规定，农村村民一户只能拥有一处宅基地，其宅基地的面积不得超过省、自治区、直辖市规定的标准。在这里，作为土地所有者的农民集体同意向其成员提供宅基地使用权的行为，是作为土地所有者的农民集体向其成员分配宅基地的行为。农村村民建住宅，应当符合乡（镇）土地利用总体规划，不得占用永久基本农田，并尽量使用原有的宅基地和村内空闲地。

B. 行政审查批准。农村村民住宅用地，由乡（镇）人民政府审核批准；其中，涉及占用农用地的依照《土地管理法》第四十四条的规定办理审批手续。农村村民出卖、出租、赠与住宅后，再申请宅基地的，不予批准。《担保法》规定，宅基地使用权不得抵押。

C. 依法进行宅基地使用权登记。土地使用者向土地所在地的县级人民政府自然资源主管部门提出土地登记申请之后，由县级人民政府登记造册，核发集体土地使用权证书，确认建设用地使用权。

此外，中共中央、国务院通过有关文件，多次强调农村居民建住宅要严格按照所在的省、自治区、直辖市规定的标准，依法取得宅基地。农村居民每户只能有一处不超过标准的宅基地，多出的宅基地，要依法收归集体所有。同时，禁止城镇居民在农村购置宅基地。

2019 年新修订的《土地管理法》进一步完善了农村宅基地制度。长期以来，宅基地一户一宅、无偿分配、面积法定、不得流转的法律规定，导致农村宅基地大量闲置浪费，农民宅基地的用益物权难以落实。新《土地管理法》完善了农村宅基地制度，在原来一户一宅的基础上，增加宅基地户有所居的规定，明确：人均土地少、不能保障一户拥有一处宅基地的地区，在充分尊重农民意愿的基础上可以采取措施保障农村村民实现户有所居。这是对一户一宅制度的重大补充和完善。考虑到农民变成城市居民真正完成城市化是一个漫长的历史过程，新《土地管理法》规定：国家允许进城落户的农村村民自愿有偿退出宅基地，这一规定意味着地方政府不得违背农民意愿强迫农民退出宅基地。同时，在总结试点经验的基础上，新《土地管理法》下放宅基地审批权限，明确农村村民住宅建设由乡（镇）人民政府审批。

②乡（镇）村企业建设用地使用权。乡（镇）村企业建设用地使用权是指乡（镇）村企业农家乐或个人因经营需要集体建设用地而依法获得的土地使用权。

A. 乡村企业建设用地使用权以出资的方式设定。在几种集体所有建设用地使用权中，乡（镇）村企业建设用地使用权是唯一的一种以有偿方式设定的建设用地使用权。按出资的方式设定建设用地使用权，作为土地所有者的农民集体可以按土地使用权之作价而享有企业出资者的权利，包括参与企业盈利分配的权利，从而使土地所有者获得长期的土地收益。

B. 行政审查批准。农村集体经济组织使用乡（镇）土地利用总体规划确定的建设用地兴办企业或者与其他单位、个人以土地使用权入股、联营等形式共同举办企业的，应当持有关批准文件，向县级以上地方人民政府自然资源主管部门提出申请，按照省、自治区、直辖市规定的批准权限，由县级以上地方人民政府批准；其中，涉及占用农用地的，依照《土地管理法》第四十四条的规定办理审批手续。按照上述规定兴办企业的建设用地，必须严格控制。省、自治区、直辖市可以按照乡镇企业的不同行业和经营规模，分别规定用地标准。

③乡（镇）村公共设施和公益事业建设用地使用权。乡（镇）村公共设施和公益事业建设用地使用权，是指乡（镇）村公共设施、公益事业建设，如乡村行政办公、文化科学、医疗卫生、教育设施、生产服务和公用事业等，需要使用集体建设用地而依法获得的土地使用权。乡（镇）村公共设施、公益事业建设，需要使用土地的，经乡（镇）人民政府审核，向县级以上地方人民政府自然资源主管部门提出申请，按照省、自治区、直辖市规定的批准权限，由县级以上地方人民政府批准；其中，涉及占用农用地的，依照《土地管理法》第四十四条的规定办理审批手续。

（2）农村建设用地使用权的收回。

按我国现行土地立法的规定，以农民集体土地为客体的建设用地使用权，是一种以审批程序设立的无偿、无期的使用权，因此农民集体经济组织依法收回是其消灭的唯一原因。根据《土地管理法》第六十六条的规定，农民集体组织可以收回建设用地使用权的法定情形有以下三种：

①因乡（镇）村公共设施建设和公益事业建设，需要收回使用权人使用的土地。若因此种原因收回土地，农民集体组织须对土地使用权人给予适当的经济补偿。

②使用权人不按批准的用途使用土地。此种情形是指土地使用者经依法批准使用土地后，又擅自改变土地用途的情况，在此种情况下收回土地使用权的，原土地使用权人无权要求赔偿。

③使用权人因撤销、迁移等原因而停止使用土地。这种情形通常指乡（镇）企业和公益事业单位，因某种原因被撤销或迁移他处，不再需要或无法使用原用地的。这种情况下，农民集体组织可以依法收回土地使用权，并且可以重新安排土地的使用。

二、土地使用权出让管理

（一）土地使用权出让的方式

根据《城市房地产管理法》和《中华人民共和国城镇国有土地使用权出让和转让暂行条例》的规定，土地使用权出让可以采取三种方式，即协议出让、招标出让、拍卖出让。

1.协议出让

协议出让土地使用权是指土地使用者在用地申请经有关部门批准后，与自然资源主管部门协商地价、用地年限、面积、付款方式和时间、用地条件等事项，在双方达成一致意见的前提下，签订出让合同，受让方按合同约定支付土地出让金，取得土地使用权。这种方式经常用在土地使用者向政府提出用地要求，且要求地块没有竞争者的情况，主要是用于工业项目和国家鼓励产业的项目用地。协议出让金的确定不是竞争的结果，而是谈判的结果。

2. 招标出让

招标出让土地使用权是政府对某块土地有了明确的开发意图和规划条件后，在市场中寻求一个有利于实现政府开发计划的开发者而采取的一种方式。这种方式要求在规定的期限内，符合规定的单位和个人按照出让方规定的出让地块的条件或者要求，以书面投标形式提出开发愿望，竞投该地块土地的使用权，由政府组织评标委员会择优确定，将土地使用权出让给某个开发者。

招标出让的方式中，投标者有多个，因此较好地引入了竞争机制。但在实践中，获得土地使用权的，并不一定是出价最高的单位和个人。因此，这里的中标地价，也不等同于市场地价。从这个意义上说，招标出让土地使用权市场，也不完全是一个竞争的市场。

3. 拍卖出让

拍卖出让土地使用权是指政府对某块土地有了明确的规划条件后，在指定的时间地点，组织符合条件的有意受让人到场，对出让使用权的土地公开叫价竞投，按"出价最高者得"的原则确定受让人的一种方式。

拍卖出让土地使用权充分引进了竞争机制，排除了任何主观因素，是公开的完全竞争的土地市场，也是最成熟的土地市场。其缺点在于对土地管理部门的组织要求较高，对于拍卖工作的前期准备要充足，能把握整个拍卖过程，并力图获得最高价，因此有可能失败。此外，得地者不一定是最优开发建设者。

纵观协议出让、招标出让、拍卖出让三种形式，各具特色。协议出让在一定程度上还带有行政意识，是先选定受让人再商议受让条件，一般适合于非营利性用地和其他特殊用地的出让。招标出让可以激发投标单位对用地方案研究的积极性，但由于必须在事前花费较大的代价（投标时要缴纳保证金且不计息），可用于较大面积土地的出让。拍卖出让最能体现出公正的原则，且简易可行，适宜于土地利用上有较大灵活性的土地的出让，但事前需做充分准备，否则易出现流标。三种形式可以相互配合、灵活运用。原则上，对于商业、旅游、娱乐和豪华住宅用地，有条件的，必须采取拍卖或招标方式；不能采取拍卖、招标方式的，可以采取双方协议的方式。

（二）土地使用权出让的程序

土地使用权出让程序大致分为拟订方案、正式报批、组织实施和登记发证四个步骤，由于土地使用权出让形式的不同，具体操作时有一定的差异。

1. 协议出让土地使用权的程序

（1）准备工作。

出让者（自然资源主管部门）在完成农用地转用土地征用等工作后，提供待出让土地的资料。

（2）提交申请。

有意受让人（用地的单位或个人）根据生产经营等的需要，向出让地块所在地的市、县人民政府自然资源主管部门提交申请书。同时还应当向自然资源主管部门报送一些附件，如经批准的建设项目设计任务书或其他批准文件、建设项目资金来源的证明材料及年度投资计划等。

（3）协商出让。

自然资源主管部门在接到申请文件后，同意供地的，应在规定的时间内，向有意受让人发出协议用地通知书及宗地资料。有意受让人接到协议用地通知书后，及时与自然资源主管部门协商出让土地的用地面积、使用年限、出让地价等用地条件。双方就有关内容达成一致后，草签土地使用权出让合同。协议的实施就是双方当事人通过协商达成一致意见。

（4）正式报批。

土地使用权出让合同草签完毕后，持有关材料按审批管理的规定报有批准权限的政府批准出让土地使用权。经批准后，正式签订土地使用权出让合同。申请人逾期不签订出让合同的视为放弃受让权。

（5）组织实施。

土地使用权受让人按合同约定支付出让全价款，政府按合同约定提供土地使用权。土地使用权受让人办理土地登记的有关手续，领取国有土地使用证。

2. 招标出让土地使用权的程序

（1）准备工作。

招标人（市、县人民政府自然资源主管部门）准备招标文件，如招标书、投标书、土地使用和规划条件及土地使用权出让合同书等，发布招标公告。招标出让又分公开招标和定向招标（邀请招标）两种方式。招标公告也应相应地采取两种方式，即招标广告和招标通知（或者招标邀请书）。

（2）提交申请。

有意受让人在见到或者接到招标公告后，在规定的报名时间内向招标人报送申请表，索取招标文件。招标人根据确定的投标人资格条件对有意受让人进行资格审查，最后向被批准的申请人发送招标文件，同时通知未被选定的单位。获得批准的投标人在规定的时间内向招标人缴纳保证金或者定金（不超过土地使用权成交价的20%）。

交付保证金的目的是为使投标人履行投标的诺言，未中标的，其所交保证金予以退还。保证金不计息。在缴纳投标保证金后，投标人方可在规定的期限内将密封的投标书投入指定的标箱。投标书一经投入标箱，即不得从标箱中取出。如投标人需要修改标书，可以在招标截止日期前另投修改标书，原标书无效。

（3）评决标书。

招标人会同有关部门并聘请专家组成评标委员会，主持开标、评标和决标工作，对有效标书进行评审，确定中标人。评标委员会签发决标书后，招标人给中标人发出中标证明书（或中标证明通知书）。开标、评标、决标的工作都应当在公证机关的参加下进行。

招标人在开标后，可以拒绝全部投标，这种情况称为废标。一般有两种情况可产生废标：①所有标书在实质上均未按招标文件要求编制；②投标单位过少，没有竞争性。按照规定，在决标后的一定时日内，未中标者所交保证金由招标人如数退回。

（4）签订合同。

中标人在接到中标证明书后在规定的日期内持中标证明书与招标人签订出让合同，并支付规定数额的定金。如中标人在规定的日期内不与招标者签订出让合同，则取消中标权，所交保证金也将不予退还。

（5）组织实施。

中标人按合同约定支付全部出让金及有关费用后，办理土地登记手续，领取"国有土地使用证"。

3. 拍卖出让土地使用权的程序

（1）准备工作。

拍卖出让方发布拍卖公告。拍卖公告是指拍卖出让方通过新闻媒介向社会公开发出的一种特殊的出让土地使用权邀约，其目的在于引起拟受让土地使用权者参加竞买。

开展拍卖展示。拍卖展示是在正式拍卖前，拍卖出让方按照拍卖公告规定的时间、地点对拍卖的地段进行公开展示，以使有意参加竞买者了解该标的实际情况，以决定是否参加竞买。

（2）提交申请。

有意受让人在拍卖前一定的期限内，持有关证件到指定地点向拍卖方申报登记，领取拍卖土地使用权的文件、资料、竞投牌号等。如委托他人代办，则被委托人应向拍卖出让方提交有委托人签名或盖章的授权委托书。拍卖出让方要求交保证金的，竞买人应按规定交付。

（3）实施拍卖。

实施拍卖是拍卖主持人在拍卖公告规定的时间、地点宣布并主持拍卖，竞买人报价竞买，由出价最高者购买的过程。在拍卖过程中，竞买人的最高应价未达到自然资源主管部门确定的拍卖出让保留价时，该应价不发生效力，拍卖主持人应当停止拍卖。在实际操作中，如出现拍卖主持人宣布底价后，没有一个竞买人应价，此时，拍卖就应当停止；如只有一个竞买人应价且达到保留价的，拍卖则成立。

（4）签订合同。

竞买人的最高应价经拍卖主持人落槌或以其他公开表示买定的方式确认后，拍卖成交，最高应价的竞买人成为土地使用权受让人，双方签署成交确认书。然后，受让人持拍卖成交确认书和其他相关材料，与自然资源主管部门签订土地使用权出让合同。

（5）组织实施。

受让人支付土地出让金后，办理土地登记手续，最后才能领取国有土地使用证。对拍卖成交后受让人签订出让合同的，其交付的保证金可冲抵出让金；对未受让者，自然资源主管部门应于拍卖结束后及时退还其竞买保证金。受让人在拍卖成交后拒不签订出让合同的，其交付的保证金不予退还。

4. 出让土地使用权的收回

具有下列情况之一，自然资源主管部门可以有偿或无偿收回土地使用权：

（1）出让合同规定的使用期满，土地使用者未申请续期的。根据《中华人民共和国城镇国有土地使用权出让和转让暂行条例》第四十条的规定，土地使用权期满，土地使用权及其地上建筑物、其他附着物所有权由国家无偿取得。即是说，由自然资源主管部门收回使用权，同时注销土地使用证，该地块上的建筑物和其他附着物同时无偿收回。出让合同中规定必须拆除的技术设备、非通用建筑物等，受让人应按时拆除。

（2）根据社会公众利益的需要收回。这种情况下收回土地使用权的，需给予受让人合理的补偿，补偿金额应按出让合同的余期土地使用性质、地上建筑物、其他附着物的价值和出让金等几项内容，由自然资源主管部门与受让人协商确定。确定不了的，可由法院裁决，但金额的确定不应影响收回土地的日期。

（3）受让人违背出让合同，情节严重的，可由自然资源主管部门无偿收回土地的使用权。

（4）因不可抗力或意外事故的发生，致使合同无法履行的，如自然原因造成土地灭失或地面形态有重大改变的，可以请求变更或解除土地使用权出让合同。

（三）土地使用权出让的监管

1. 土地使用权出让的计划

（1）国有土地使用权出让的用地指标管理。

除旧城改造和已开发的建设用地外，出让土地使用权的用地指标应纳入国家下达的地方年度建设用地计划指标，确需增加指标的，按有关规定办理。

（2）编制土地使用权出让的供应计划。

为了有效地调控土地使用权出让市场及整个房地产市场，应在中长期土地利用计划的基础上，分析、预测市场需求发展趋势，编制相应的具有指导性的土地使用权出让计划。这是政府稳定地价、平抑地产市场以及有效配置土地资源的有力手段。

（3）制定科学合理的土地利用规划。

通过土地利用规划，合理安排各类用地，使各行各业都能协调发展，达到经济效益、社会效益、环境效益的统一。

出让计划由市、县人民政府自然资源主管部门拟订，经同级人民政府审核，报省、自治区、直辖市人民政府批准。

2. 土地使用权出让的审批

（1）土地使用权出让的报批程序：①事先预报；②拟订方案；③正式报批；④组织实施；⑤备案建档。

（2）出让国有土地使用权的批准权限。出让国有土地使用权的批准权限一般在市县人民政府。据有关规定，国有土地使用权出让由县级以上人民政府统一组织，自然资源主管部门负责具体实施。

3. 土地使用权出让的监督

（1）土地使用权出让过程中的监督。

①上级政府及自然资源主管部门监督检查下级政府是否按照国务院规定的权限出让土地，如采用欺骗手段进行批准的，应按《土地管理法》的有关规定处理。

②上级政府及自然资源主管部门监督检查被出让的土地所有权是否明确，对于未办理征用手续的集体所有土地，不得进行出让。

③上级政府及自然资源主管部门与物价部门联合对出让土地的价格进行监督，防止因价格过低而影响国家利益或哄抬地价而影响出让的正常进行。

④上级政府及自然资源主管部门与规划部门联合进行监督，对违背土地利用总体规划和城市规划的行为，要坚决纠正。

⑤上级政府及自然资源主管部门与工商行政管理部门监督检查受让单位是否具有土地经营权及是否是经注册的合法单位，否则应督促其办理相关手续并取得经营资格或竞投资格，或取消其土地经营权或竞投权。

（2）土地使用权出让后的监督。

①对受让人是否按合同要求进行开发利用、经营土地进行监督，未按合同规定的期限和条件开发、利用土地的，市、县人民政府自然资源主管部门应当予以纠正，并根据情节严重程度可以给予警告、罚款直至无偿收回土地使用权的处罚。

②监督检查获得土地使用权的受让人是否在规定的时间内到自然资源主管部门办

理土地登记手续，领取土地使用证，否则该土地使用权不受法律保护。

③检查土地使用权受让人是否按规定缴纳土地使用权出让金，未按规定缴纳的，要处以罚款。

④土地使用权出让期满未获准续期又不办理手续的，自然资源主管部门有权无偿收回土地使用权及地面建筑设施等。

⑤土地使用权受让人不按合同要求开发后转让的，按倒卖土地进行查处。

三、土地使用权转让管理

（一）土地使用权转让的条件

根据《城市房地产管理法》和《中华人民共和国城镇国有土地使用权出让和转让暂行条例》等有关法律法规的规定，土地使用权转让应当符合下列条件：

1. 转让的一般条件

（1）转让土地使用权的单位或者个人必须是合法的土地使用权享有人，必须持有土地使用权证书，对该土地使用权拥有处分权。如果转让时，地上房屋等建筑物已建成，除了土地使用权证书外，转让方还应当持有房屋所有权证书。转让方必须是土地使用权人或者房地产权利人。

（2）土地使用权必须在法律上是可以转移的，也就是说，转让方对其转让的土地可以实际交付给受让方。其中一项重要的条件是：土地使用权没有受到司法机关、行政机关任何形式的限制，包括查封等，否则影响土地使用权的转移。

（3）转让土地使用权，必须依法办理产权过户登记手续和土地使用权变更登记手续。只有这样，转让才有法律效力。未办理产权过户手续的，转让无效。

（4）由于土地使用权出让合同确定的权利义务随转让而转移，土地使用权的转让必须由受让方履行原土地使用权出让合同规定的原土地使用者未尽的义务。

（5）土地使用权转让应当符合法律规定的形式，需签订合同的应当签订合同。在中国境外进行的转让，应取得所在国或者地区的公证、外交机构的认证。

（6）转让方应当依法向国家缴纳土地使用权流转方面的税收，如土地增值税、契税等。

2. 转让的特别条件

转让共有、已抵押和已出租的土地使用权（连同地上建筑物），除了转让双方的利益外，还往往涉及第三人的合法利益。根据有关规定，除了必须符合转让的一般条件外，还需具备自身需要的特殊条件。具体来讲包括：

（1）已抵押的土地使用权转让的特别条件。

①必须事先通知抵押权人，并将土地使用权已经抵押的情况告知受让人。

②需要其他担保的，必须提供担保。

③出售给第三人的，抵押人应当用转让土地使用权的价款提前清偿债权人的债权。

（2）已出租的土地使用权转让的特别条件。

①出租人必须提前通知承租人，给承租人以必要的准备时间。

②在出售的情况下，承租人在同等条件下有优先购买的权利。

③租赁合同的权利、义务不受转让的影响，承租人享有的租赁权可以对抗受让人取得的土地使用权。

（3）土地使用权和房屋分割转让的特别条件。

①土地使用权与地上房屋的分别转让。这只在地上建筑物、构筑物可以作为动产的条件下才可以进行，"作为动产"指的是把建筑物及其他附着物作为建筑材料看待。

②土地使用权或者地上房屋分别分割转让。

（二）土地使用权转让的方式

1. 买卖

土地使用权买卖即土地使用权出售。买卖是土地使用权转让最常见的形式，是将土地使用权单独或连同地上建筑物、其他附着物的所有权转移给购买方，并由购买方支付相应购买价款的行为。买卖是商品流通最典型的形式，因为买卖双方当事人之间的经济关系，正是商品使用价值和价值的交换关系，商品经济的特征在买卖中可以得到最充分的体现。买卖是土地使用权转让的主要方式。

2. 交换、赠与和继承

土地使用权交换（即互易）是指两个土地使用权人之间相互交换各自的土地使用权的行为。国有土地使用权的交换，是我国法律规定的国有土地使用权的转让方式之一。

土地使用权赠与是土地使用权人自愿将自己的土地使用权单独或者连同地上建筑、其他附着物的所有权一起无偿转移给他人，他人予以接受的行为。土地使用权作为一种财产，其享有者有权将其赠送给法律允许的人或组织，因此赠与是土地使用权转让的法律形式之一。

土地使用权继承是指公民个人死亡后，其生前享有的土地使用权作为遗产由被继承人依法继承。土地使用权继承也是土地使用权转让的一般方式。国有土地使用权的继承是权利继承而非实物继承，同时国有土地使用权的继承又是不动产的继承，必须办理过户注册登记手续才产生法律效力。

3. 其他转让行为

其他转让行为是土地使用权的享有者以土地使用权或连同地上建筑物、其他附着物的所有权作为交换条件，交换股权、房产权及其他经济收益的行为。其具体包括：

（1）以房地产作价入股、与他人成立企业法人，使房地产权属发生变化的。

（2）一方提供土地使用权，另一方或者多方提供资金，合资、合作开发经营房地产，而使房地产权属发生变更的。

（3）因企业被收购、兼并或合并，房地产权属随之转移的。

（4）以房地产抵债的。

（5）法律、法规规定的其他情形。

（三）土地使用权转让的监管

1. 转让资格的认证监管

自然资源主管部门应审查土地使用者是否依法取得土地使用权，是否与自然资源主管部门签有土地使用权出让合同，是否按出让合同规定的期限和条件进行了投资和开发。不符合上述转让条件的，土地使用权不得转让。

2. 转让合同的监督检查

转让合同是原土地使用权受让人与新受让人就转让土地使用权而签订的合同，是在出让合同基础上签订的，它是出让合同中土地使用者和土地所有者的权利、义务方面的延续。因此，转让合同中必须包括出让合同和登记文件所载明的权利和义务。具体的权利义务，因不同地块的状况而不同。

3. 变更过户登记监管

土地所有者和使用者变更土地的所有权和使用权必须依法进行，变更的行为必须是法律允许的，而且变更程序要合法。同时土地权属发生变更的，必须进行变更登记。只有经过依法登记，土地权属及其主要内容才具有法律效力。此外，只有通过变更过户登记，国家才能实现依法管理土地，监督土地的合理利用，维护土地使用者的合法权益，避免国有资产的流失，从而保证国家作为土地使用权转让的行政管理者和土地所有者的地位的实现。

4. 转让价格监管

为防止土地使用权转让时由于土地使用权转让者的投机心理等因素造成效益的损失，国家有必要对土地使用权转让价格进行监管。即土地使用权转让价格明显低于市场价格的，市、县人民政府有优先购买权；土地使用权转让的市场价格不合理上涨时，市、县人民政府可以采取必要的措施。

5. 用途变更监管

土地使用权转让要继续履行原土地使用权出让合同和登记文件中所载明的权利和义务，而且每个出让地块的使用都是与城市土地利用规划紧密相连的，土地使用权转让后，土地使用者需要改变土地使用权出让合同规定的土地用途的，必须得到出让方，即市、县人民政府的同意，并经自然资源主管部门和城市规划部门批准，依照土地使用权出让有关规定，重新签订土地使用权出让合同，调整土地使用权出让金，并办理登记。

此外，土地使用权转让的监管还包括负责分割转让的审批、对转让划拨土地使用权的监管、对违法违纪的查处和权属纠纷的调处等。

四、土地使用权出租与抵押管理

（一）土地使用权出租管理

1. 土地使用权出租的概念和法律特征

土地使用权出租是指国有土地所有者或使用者将土地使用权单独或连同地上建筑物、其他附着物租赁给承租人使用，并由承租人向出租人支付租金的行为。对于未按土地使用权出让合同规定的期限和条件投资开发、利用土地的，土地使用权不得出租。其法律特征包括：

（1）出租的主体是土地的所有者和使用者。出租既可以是政府直接出租，也可以是享有土地使用权的使用者将土地使用权租赁给其他使用者。

（2）政府出租的土地使用权，承租人必须按照出租合同规定的条件使用土地。

（3）出租是有期限的，出租期满后承租人应按要求返还其承租的土地，包括地上建筑物与附着物。

2. 土地使用权出租的程序

一般来说，土地使用权出租的程序主要包括签约和登记。

（1）签约。

签约即由出租人与承租人签订土地使用权租赁合同，以协议形式规定出租人按照约定将其土地使用权随同地上建筑物及其他附着物在一定期限内一并交给承租人使用，承租人向出租人支付租金，并在租赁关系终止时返还所租土地使用权。

（2）登记。

登记即由出租人分别向自然资源主管部门和房产管理部门办理土地使用权和地上建筑物、其他附着物的出租登记，不经登记的出租行为无法律效力。即只有登记后，出租人和承租人在出租关系中的相应权利才受到法律保护。

（二）土地使用权抵押管理

1. 土地使用权抵押的概念

土地使用权抵押是指土地使用者作为债务人在法律上把土地使用权转让给债权人，但债权人并不占有土地使用权，而债务人保留对土地使用权的占有。以土地使用权担保的债务一经偿付，土地使用权在法律上的转让便立即失效。但如果抵押人到期未能履行债务或者在抵押合同期间宣告解散、破产的，抵押权人有权依照国家法律、法规和抵押合同的规定处分抵押财产，抵押权人对处分所得有优先受偿权。

2. 土地使用权抵押的前提条件

（1）土地使用权的有偿性。

（2）土地使用权的他物性。

（3）土地使用权的长期性和稳定性。

3. 限制抵押的土地使用权

（1）用于教育、医疗、市政等公共福利事业的土地使用权。

（2）产权不明或者有争议的土地使用权。

（3）被列入文物保护的建筑物和有重要纪念意义的其他建筑物所占用的土地使用权。

（4）被依法列入拆迁范围的土地使用权。

（5）依法被查封、扣押、监管的土地使用权。

（6）依法不得抵押的其他土地使用权。

4. 土地使用权抵押登记与管理

（1）抵押登记的概念和作用。

土地使用权抵押登记，是指当事人依法就其设定的土地使用权或者连同地上房屋抵押有关事项向自然资源主管部门或者房地产管理部门进行的登记注册。土地使用权抵押登记对保护当事人的合法利益，维护抵押市场秩序都具有重要作用：①土地使用权抵押登记是抵押合同生效的必备条件。②土地使用权抵押登记有助于保护当事人，特别是债权人的合法利益。③土地使用权抵押登记是维护抵押市场秩序的重要法律手段。

（2）办理抵押登记的程序。

根据《城市房地产抵押管理办法》规定，房地产抵押合同自签订之日起 30 日内，抵押当事人应当到房地产所在的房地产管理部门办理房地产抵押登记。对于无地上附着物的土地使用权抵押，应向核发国有土地使用权证书的自然资源主管部门办理抵押登记；以城市房地产抵押的，应向县级以上自然资源主管部门和房产管理部门办理抵押登记。办理程序如下：

①申请。申请时提交的有关文件包括：A. 主合同和抵押合同；B. 房屋所有权、土地使用权证书；C. 可以证明抵押人有权设定抵押的文件与证明材料；D. 可以证明房地产价值的资料；足共有房地产的，应当提交其他共有人的书面同意材料；F. 抵押当事人的身份证明或者法人资格证明；G. 以划拨土地使用权抵押的，应当提交自然资源主管部门确认的抵押宗地的土地使用权出让金额的证明；H. 评估机构出具的地价评估报告即当事人确认的报告；I. 登记机关认为必要的其他文件等。

②审查。有关登记管理部门接到当事人申请后，应按规定对当事人有关情况和提

交的文件进行审查、核对，检验抵押是否符合法律规定。

③登记。登记管理部门经审查，认定抵押符合法律规定的，应当及时予以登记，将抵押权人、抵押人的名称及有关事项记载在登记簿上，并向抵押权人签发有关抵押权的证书。

第四节 土地他项权利管理

一、其他权利概述

土地制度是最重要的财产制度，公民的土地权利是最重要的财产权利。在各国财产法的立法过程中，高度重视土地物权的立法。在法律上，土地物权的意义就在于防止政府权力的滥用，使人们获得稳定的利益预期。回顾我国物权法立法保护的过程，不难看出，土地物权体系经历了由静态到动态的过程，并且每时每刻都伴随着人类对土地的利用开发，在早期立法中，主要偏重于土地所有权的保护。土地所有权是物权的基础，绝大多数的物权都是在土地所有权制度的基础上形成的。土地所有权是绝对的排他权利。但是，随着人类的土地利用行为的拓展与深化，人们发现，单纯的土地所有权保护不能促进土地利用活动的有效开展，因为土地所有权人并没有开发利用土地的积极性，而有些非土地所有人则渴望开发利用土地，这说明所有权观念被证明是对社会发展起阻碍作用的，由此产生了对土地所有权这种被视为一种最完全的支配权的限制，如以保护相邻权为目的而受到的限制。创设保护相邻关系法权的理论依据是：凡行使权利者不得以侵害他人权利为条件。为此，罗马法对此做了较严格的规定：土地所有人耕种土地或建筑房屋时须沿用留置古尺二尺五寸的空间（约 0.825 米），土地交界处须有古尺五寸宽度的空间作界址等。又如以保护社会的公共利益而受的限制，如沿河川的土地所有人的两岸土地，在航务的范围之内，有供公共使用的义务；发现矿产者给付矿产价值的 20%，一半给矿地所有人，一半给国家，归国家所有，方可从事矿产开采等。

于是对所有权的社会限制和促进地尽其用，促使"土地所有权向土地用益权让步"，土地用益权（土地使用权）应运而生。现代社会经济进步促进立法越来越明显地由对土地所有者权利的关注转向对土地使用者权益的保护，这样就形成了土地所有权之外的他物权，如地上权、地役权、准物权（采矿权、渔业权）等。他物权的出现，虽然对所有权的行使有一定的限制，但对于促进土地的合理利用起到了巨大的作用。时至今日，随着科技进步和经济发展，土地物权出现了由简单到复杂、由抽象到具体的趋势，有的国家又在传统的地上权、地役权的基础上，分离出了日照权、采光权、空中权等权利。正是由于形成了紧密的土地权利体系，才能保障人类利用土地的行为规范有序，使政府滥用权力的行为得到遏制。完善的公民土地财产权体系是世界上最严格的土地管理措施的法律基础。

随着社会经济发展和土地利用的深化，土地他项权利应运而生。随着房地产业的发展，土地所有人和使用人之间因土地相邻而为他人土地提供便利的情况，引发了地役权的产生。在矿产资源开采中，也从土地所有权中分离出矿业权，并将探矿权、采矿权"卖"给他人，让其探矿和采矿。同样，从土地所有权中分离出了地上权，并"卖"给他人 50 年或 100 年，期满后将土地及地上建筑物归还；从土地所有权中分离出攀登权，在鱼塘所有权中设立渔业权、捕捞权等。在我国法律中设定的土地他项权利还包括租赁权、抵押权、地役权等土地所有权之外的相对独立的权利，但又不是土地使用权。

除此以外，在传统的农业社会中，无论农地或市地，都注重平面空间的利用，尚无必要对立体空间的分层使用和分层处分立法。但随着城市化过程的推进，兴建建筑物多趋向土地上空和地下两端垂直发展。原来由平面区分的建筑物区分所有权，现已发展成为垂直的立体分层区分所有权。同一宗土地，地面上现有高架道路和立交桥，地下兴建地下街或地铁线路，同时在高架桥、高架路任何两端支柱之间的空间，尚可充作人行道停车场、摊贩市场、花卉市场、菜市场、拍卖场等。在这样分层、多目标使用的情况下，同一宗土地，已可将此三层（上空、地面、地下）分层区分使用权或区分所有权的垂直空间分层区分、分层分割处分、分别出售给三个不同的权利主体，则可分别建立三个独立使用的区分使用权或区分所有权。在《英国城乡规划法》（1947）中明文规定，土地发展权（更高度使用的权利）属于国家。综上所述，对土地他项权利研究可谓是方兴未艾，有待不断地深化和完善。

二、农地发展权管理

（一）农地发展权的概念

人们通常认为拥有地表的所有权在法律上就意味着同时拥有了地下和地表垂直上空范围内的一切权利。有的法律主张"上及天宇，下及地心"的绝对土地所有权，甚至连飞机飞越他人所有的土地上空也被视为侵权行为。随着社会进步，世界各国立法中逐渐对土地所有权进行了适当限制，并将土地各部分的权利分离出来，如同一块土地的地表、地面上空和地下空间三部分，可以为同一所有者所有，也可以为不同的所有者拥有，从而树立了土地与其上、下部空间分开所有的思想，土地发展权也应运而生。

土地发展权是一种物权，是将土地从较低利用效益的用途或较低的利用程度转向较高利用效益的用途或较高的利用程度以此来获得土地收益的财产权。土地发展权与土地所有权平行，并可以与之分离存在，单独实现其土地财产权经济效益。土地发展权可分为农地发展权和市地发展权。农地发展权是指土地用途由农用地转为建设用地的用途变更之权。市地发展权是指在土地在作为建设用地使用的前提下，提高其土地利用集约度的权利。

在我国农地发展权是指土地用途由农业用地转为建设用地的权利，具体来讲包括：①国家通过征收将农村集体土地转为国家建设用地使用；②农村集体土地依法转为农村集体建设用地使用；③国家农业用地依法转为国家建设用地使用。

（二）农地发展权的归属和分类

1.农地发展权归属

（1）国外农地发展权的归属有两种处理方式：

①美国模式。农地发展权属于所有权人，政府要保护农地，须事先向所有人购买发展权；已出售发展权的土地可以继续耕种，但不能改变其用途。

②英国模式。农地发展权属于国家，土地所有人或使用人需改变土地用途或土地利用强度，须向国家申请或购买农地发展权。英国通过土地发展权国有化，在全国推行开发计划许可制度。

（2）我国农地发展权的归属。

关于农地发展权的归属问题，在我国学术界存在三种观点：

①主张将发展权归国家所有，使用者在对土地开发前须先向国家购买发展权。

②主张将发展权归土地所有者所有，国家可以向土地所有者购买发展权，或者允许农地发展权如同其他商品一样在市场上自由贸易。

③主张将发展权的决策交给国家，由国家作为发展权的权利主体代表，地方政府作为国家代理人具体行使征地权，农民则通过建立社会保障机制的方式参与分享发展权的权益。

2.农地发展权的分类

根据不同的分类标志，农地发展权分为下列类型：①普通农地发展权与具体农地发展权；②虚拟农地发展权与可移转农地发展权；③国家农地发展权、集体农地发展权与个人农地发展权。

普通农地发展权属于所有农地，其中部分农地具有具体发展权，意味着在一定时期内有部分农地可以或应当转变为非农建设用地，另一部分农地则长期不得转为非农建设用地。对于景观用地、历史文物保护用地等可以设置虚拟农地发展权，虽不能在原地行使，但可作为独立财产权，按规定进行移转或转让，可以于适当时机在指定区域内出售。国家农地发展权是由国家掌握的权限，由国家主导使用；集体农地发展权是由国家授予集体经济组织使用的农地发展权，由乡级政府、村民委员会、村民小组代替行使；个人农地发展权是国家授予个人使用的农地发展权，以保证农民个人以原土地权利人身份参与土地用途变更的权益分配。

（三）农地发展权的配置

我国现行法律规定，农地发展权归国家所有，国家是农地发展权配置与流转管理的主体，这有利于土地参与宏观经济调控，有利于实施土地利用总体规划，有利于实现城乡统筹。农地发展权的具体物质构成是其创新、配置与流转的主要内容。

1.农地发展权的行政配置

尽管资源的行政配置不能实现帕累托最优，但它仍然是保证资源分配公平和制度运行效率的必要手段。农地发展权的配置要体现土地用途管制的国家意愿和要求，不能脱离行政干预。

由于农用土地与建设用地之间存在巨大的经济价值差异，因此城市土地开发水平和范围与农地发展权配置边界，必须受到非经济因素的控制。一个城市的边界确定问题的实质是与农地发展权的配置数量与类别紧密相关的对比，国家除去运用规划中的分区手段以外，还可运用土地发展权的产权手段来弥补分区规划造成的分配不公。对城市土地空间开发的上限与下限、土地平面开发与土地立体开发均受制于城市土地开发总量的行政干预。政府通过经济、政治、环境等诸多方面效益的均衡，合理配置农地发展权及其交易数量，测算一定时期内土地开发总规模，定出平面开发与立体开发的控制指标与控制路径。

农地发展权的物质构成以规划为依据，通过规划创设农地发展权。规划以其技术性和技术特质成为农地发展权设立的技术保障从而使农地发展权配置具有科学性和合理性，能够具备明确的量化的物质内容以测算其价格。具体物质构成是土地发展权配置的重要内涵。作为社会经济、生态理想目标的空间化、物质化的技术过程，规划反映人类对土地利用的认识与能动反应，借助土地利用结构、土地利用分区、农业用地和建设用地的布局以及个体地块的开发强度的控制，从宏观到微观、从粗到细的物质构成，从而确定了农地发展权的空间格局和配置。

作为行政配置手段，规划为个体地块土地发展权的设定和量化提供技术依据。一定区域内各个地块的土地开发存在相互影响和相互作用的关系，需要依据规划设定其土地发展权的规模和范围，使相邻地块上的土地用途相容、开发强度协调、建筑间距合理和交通组织有序，以便实施土地发展权的变更与转让。

2.农地发展权的市场配置

为了改善农地发展权的行政配置模式，引入了市场机制，以实施农地发展权的市场配置，实现规划指标的区域间调剂，破解保障发展与保护资源的难题。清晰量化的农地发展权是农地发展权市场配置的基础。农地发展权的市场配置的实质就是其自愿等价交易和有偿移转。农地发展权的物质化和货币化成为农地发展权市场交易的重要依据。通过土地市场制度创新，可以完善农地发展权的转让交换运作模式，构建农地发展权交易市场，实现农地发展权在国家、集体和农民之间的有序流转。

作为农地发展权所有者，国家应对全国农地发展权进行总量配置，设定普遍的农地发展权和可抵押农地发展权。国家委托代理方式是由各级政府根据国家统一配置的农地发展权总量，代表国家在本辖区内对农地发展权总量进行再次分配。在已经配置发展权的范围内，根据需要分设基本农田农地发展权、一般农田农地发展权、园地发展权、牧草地发展权等，并考虑地块所处位置、质量等级、经济社会需求等因素再进行具体配置，使之形成层级清晰、错落有致、价值明确、有利于市场交易的农地发展权结构。

3.农地发展权的价格

土地价格是关于土地权利收益的价格。农地发展权价格是一个综合价格，其中包括农地作为农业生产资料的价格、农民生存保障权价格、农地粮食安全价值和农地生态安全价值等。农地发展权价格是在正常农业生产能获得的社会投资平均利润的条件下，因失去农地而应得的经济补偿。

农地发展权价格包括农地的粮食安全价格和农地的生态安全价格。农地的粮食安全价格是国家占用耕地的费用和因保护现有耕地而支出的费用。农地的生态安全价格是指在农地上植物所构成的生态系统具有的生态价值，包括调节气候、净化与美化环境维持生物多样性等方面的价值。

决定农地发展权价格的要素有区位要素、用途类型和土地开发密度（容积率）。

在实际生活中，区位要素总是借助于用途类型和土地开发密度来影响农地发展权价格。农地发展权价格的区位差异是设定和量化个体地块农地发展的前提条件和重要依据。同一位置不同用途土地发展权价格差异显著。容积率是通过影响楼面地价继而影响土地发展权价格。规划通过控制容积率进而对土地发展权价格加以限定；国家通过调控不同地段的土地发展权价格，也可对容积率进行经济调节。在容积率与土地发展权价格之间建立对应关系，形成了可转让土地发展权，以消除因规划控制需要而产生的土地发展权不公现象。

三、基地使用权管理

（一）基地使用权的概念及法律特征

传统民法中与"基地使用权"一词相当的概念为地上权。基地使用权为我国学者所创。基地使用权指以在他人土地上保有建筑物或其他构筑物为目的而使用他人土地的权利，构筑物包括隧道、桥梁、广告塔、纪念碑、地铁等。先设定基地使用权，而后有建筑物，或先有建筑物，而后设定基地使用权，均无不可。基地使用权区别于相近的土地权利，如基地使用权为物权，非经登记不生效力；租赁权为债权，一般不要求经登记方生效。基地使用权不以有地租为必要；农地使用权则一般必须支付地租。基地使用权存续期间的长短，法律一般未设限制；而租赁权的期限，法律则往往设有限制。

基地使用权具有以下法律特征：

（1）基地使用权为以他人之土地为标的物而成立的物权。

（2）基地使用权是以在他人土地上保有建筑物或构筑物为目的的物权。

（3）基地使用权是使用他人土地的定限物权。

（二）基地使用权的取得

基地使用权的取得可分为原始取得与继承取得，又分为基于法律行为取得与基于法律行为以外取得。

1. 基于法律行为取得

基于法律行为取得的基地使用权是通过基地使用权设定契约而取得，即土地所有权与基地使用权人订立契约，在登记要件主义之法制下，该契约须以书面订之并经登记，始生效力。基于法律行为而取得还包括基地使用权因他人之让与而取得，须以书面形式并经登记始生效。

2. 基于法律行为以外取得

基地使用权基于法律行为以外而取得即指继承。因继承而取得基地使用权，于继承开始即当然取得。学者称之为法定基地使用权。它是指土地及其土地上的建筑物，同属一人所有，于抵押物拍卖时，视为已有基地使用权的设定。

3. 基地使用权的存续期间

关于基地使用权的存续期间，各国立法既不规定其最长期间，也不规定其最短期间，而由当事人自由订定。

（三）基地使用权人的权利和义务

1. 基地使用权人的权利

基地使用权人具有对土地的使用权。基地使用权人于设定契约所约定的目的范围内，有使用他人土地的权利，有权将基地使用权出租或借贷于他人、让与他人和设定担保。

2. 基地使用权人的义务

基地使用权成立常以有地租为限，一般按约定的地租数额支付。若未加约定，则依当地习惯和类似情况确定。

（四）空间基地使用权管理

1. 空间基地使用权的概念

基地使用权又称区分基地使用权，是指以在他人土地之空中或地下保有建筑物或构筑物为目的而使用其空间的权利。空间基地使用权是人类因土地立体利用而创设的。空间基地使用权的创设，使土地所有人与其他利用人分别利用同一土地之各个层面有了法律依据，以保证土地利用效益的最大化。

2. 空间基地使用权的设定与登记

由于空间基地使用权之客体为一定范围的空间，设定时必须明确设定方法、登记权利种类、设定目的、登记空间和存续期间及对土地的使用限制等，并依空间所有权登记方法办理登记。

四、邻地利用权管理

（一）邻地利用权的概念和特征

传统民法上与"邻地利用权"相当的概念为地役权。邻地利用权是指以他人土地供自己土地便宜之用的权利，属于为增加自己土地的利用价值而使用他人土地的用益物权，为自己土地的通行便利而在他人土地上修建道路的邻地利用权，其中受便宜之地为需用地，供他人使用的土地为供用地。邻地利用权制度与相邻关系制度相同，在于相邻土地利用之调节。

邻地利用权的法律特征如下：

（1）邻地利用权为以限制供用地所有权为内容的他物权。

（2）邻地利用权为以他人土地供自己土地便宜之用的权利。

（3）邻地利用权之内容不得违反强行性规定或有悖于公私两说。

（二）邻地利用权的取得

基于法律行为而取得的邻地利用权的取得方式有：①契约行为；②单独行为（如遗嘱设定）。前者须有书面设定，后者须以遗嘱经登记后设定生效。

邻地利用权可连同需用地一并让与，但须登记始生效。

基于法律行为以外而取得的邻地利用权为继承取得。继承人取得被继承人之邻地利用权，非经登记方可连同需用地一并让与。

（三）邻地利用权人的义务

邻地利用权人主要有以下权利义务：①供用地之利用；②得为必要的附随行为设置（为排水需修水渠、通行需修路等）；③维持设置之义务（如道路、水渠的维修、保养之义务）。

（四）邻地利用权的消灭

邻地利用权消灭的原因有：①土地灭失（供用地灭失，如引水之水源已竭）；②法院宣告（供用地人申请法院宣告邻地利用权消灭）；③约定事由发生（约定特定的消灭事由发生，如约定供用地上的建筑物一旦建成，通行邻地利用权就消灭）④被抛弃（需用地人抛弃）。

为了有效解决土地管理中存在的地方政府违法高发多发的问题，2006年国务院决定实施国家土地督察制度，对省、自治区、直辖市及计划单列市人民政府的土地管理和土地利用情况进行督察。自土地督察制度实施以来，在监督地方政府依法管地用地、维护土地管理秩序等方面发挥了重要作用。在充分总结国家土地督察制度实施成效的基础上，2019年新《土地管理法》在总则中增加第六条，对土地督察制度作出规定：国务院授权的机构对省、自治区、直辖市人民政府以及国务院确定的城市人民政府土地利用和土地管理情况进行督察。以此为标志，国家土地督察制度正式成为土地管理的法律制度。

第五章 土地利用管理

第一节 土地利用管理概述

一、土地利用

（一）土地利用的概念

土地利用是指人类通过一定的行为，以土地为劳动对象或手段，利用土地的特性来满足自身需要的过程。土地利用可以是生产性的活动，如种植作物、养殖动物、建造工厂等；也可以是非生产性活动，如建造住宅、设立旅游风景区或者自然环境保护区等等。

土地利用也是土地的利用方式、利用程度和利用效果的总称。它的主要内容包括：①确定土地的用途；②在国民经济各部门间和各行业间合理分配土地资源；③采取各种措施开发、经营、整治、保护土地资源，提高土地利用效果。由于土地利用不但受气候、地形、地貌、土壤、水文地质等土地自然性状的影响，还受社会制度、科学技术、交通条件、人口密度等社会经济因素的制约，因此，土地利用是自然过程和社会经济过程的统一。

土地利用是一个动态的发展过程。一方面，随着人类社会的发展，人们生产和生活越来越丰富多彩，对土地的需求不断增加，使土地的用途逐渐多样化。另一方面是随着地球人口的增加，科技进步，生产力发展，人们对土地开发利用的规模和深度日益扩大，人类对土地和环境的影响越来越深刻，极大地提高了土地利用的比率和集约化水平。当然，人类对土地的不合理利用，也会造成土地退化，因而遭到大自然的无情报复。

（二）土地合理利用的衡量标准

土地利用是否合理，可以从下列四个方面来进行衡量：

（1）土地利用是否最大限度地满足了人们日益增长的物质、文化生活需要。

（2）土地利用是否是因地制宜，地尽其力。对于农业来讲是否是按照农业生物的最佳适宜性来进行生产布局；对于工业和其他非农产业，是否充分发挥了土地的地理区位优势。

（3）土地利用是否从环境资源利用中取得了最大的经济效益。土地利用作为一种经济活动过程，应当努力实现其最大的经济效益，力求投入省，而产出多。土地利用作为环境资源的一部分，也应当为其他资源利用创造好的条件。

（4）土地利用是否为人类创造了美好的环境，并有利于建立和维护生态平衡，防灾减灾，减少人类活动对自然的不利影响，促进人口、资源、环境和社会经济可持续发展。

二、土地利用管理

（一）土地利用管理的内容

土地利用管理是国家根据土地基本国情和社会经济发展需要，采取宏观调控和微观管理等多种措施，来指导和约束人们合理组织土地利用，把土地利用纳入国家计划管理轨道，协调各部门的用地矛盾、合理利用每寸土地，为人们生活和经济建设提供良好的土地条件。所谓宏观调控，是指国家和土地管理部门通过编制土地利用计划、规划及其他措施，调节各类用地的供求关系；控制各类用地的规模、调整其比例结构和空间布局；协调各类用地矛盾，努力实现土地利用的生态、经济、社会综合效益最大化。微观管理则是国家或部门对单位和个人土地利用活动所进行的组织、激励、干预、监督等行为。

从土地利用管理的内涵分析，其主要内容应包括：土地评价和规划；土地用途管制；建设用地管理、农田保护管理；土地开发、保护、整治管理和土地利用监测管理等。其中，土地评价与规划是土地利用管理的科学依据；土地利用用途管制和土地利用监测管理是土地利用管理的手段；建设用地管理和农田保护管理是土地利用管理的重点；土地开发、保护、整治管理是土地利用管理的具体落实。土地利用管理是土地管理的核心。通过土地利用管理，充分发挥土地利用潜力，提高土地利用的生态、经济、社会综合效益，也就实现了土地管理的总目标。

（二）土地利用管理的原则

土地利用管理原则是土地利用管理的指导思想，是土地管理机构及其工作人员在从事土地利用管理活动中所必须遵循的基本规则和标准。土地利用管理应遵循以下基本原则：

（1）公平与效益原则。公平与效益是贯穿于土地利用过程的两个灵魂。公平是土地作为准公共财产的内在要求。土地利用中的公平至少包括这样三层含义：其一，公平分配。土地具有位置和面积的固定性，土地利用决策强烈影响社会资源如住房、工作、教育、公园、娱乐、健康和医疗服务的分配和完善程度，土地资源分配是否公正合理，不仅是人地关系的反映，也直接关系到人与人的关系，是社会进步的反映。其二，公众参与。土地利用的外溢效应十分明显，土地利用决策必须以民主的方式进行。土地利用所涉及的每一个个人或者组织，都应当能够维护自身合法权益，有平等参与土地利用决策的权利，每个成员都有平等选择机会的权利。其三，机会平等。土地开发和利用应当为每一个人施展自己的才华提供平等的机会。当土地利用决策进一步恶化贫困状况和剥夺个人的社会、经济机会的平等时，它显然是缺乏社会良知，不合乎道义的。

土地利用是人类有目的的行为，土地利用效益是促进土地开发、利用、改造和保护的动力来源。土地利用的经济效益、生态效益和社会效益是对立统一的。从长远的发展看，社会效益好，意味着受到广大人民群众的欢迎，有广阔的市场前景；生态效益好意味着环境宜人、无污染，工农业生产的产品质量高，可以优质优价，可以取得最佳的经济报酬。土地利用经济效益好，也意味着投入少、利润高，有利于资本积累，这样将带来更加多的资金用于改善社会福利和保护生态环境。

（2）统筹兼顾原则。土地具有多用途性，但面积有限，而人们对土地的需求又是多方面的。为了协调各部门、各行业对土地的需求，保证整个国民经济协调稳定发展，就需要统筹兼顾，合理安排土地利用。也就是说，必须用全局的观点看问题，从国家的利益出发，综合考虑各部门、各行业与整体利益之间的关系，通过综合平衡形成最佳土地利用结构。同时在各部门、各行业内部，也应注意统筹兼顾、全面安排的问题，如在农业生产中，要使农、林、牧、副、渔各业全面发展，"地尽其力"，各得其所。在工业用地选址时，要保证有利于生产，也要方便生活。此外，在微观上，要注意土地综合利用，发挥土地的多种功能。

（3）节约和集约用地原则。节约用地是土地稀缺性的客观要求。只有通过节约用地、集约经营，不断提高土地利用效益，才能满足人们不断增长的土地需求。节约和集约用地的含义包括：其一，因地制宜，充分利用一切可用的土地，避免空、闲、荒地；其二，严格控制非农业用地规模，避免多占少用、早占晚用、占而不用等土地浪费现象；其三，要做到优地优用，避免优地劣用，转变土地利用方式，增加对土地的投入，使单位面积土地在目前的技术水平下经济效益最大。

第二节　土地资源评价与土地利用生态环境影响评价

一、土地资源评价

土地资源评价主要从土地资源合理利用和维护土地环境生态平衡来对土地利用的适宜性、合理性和可行性进行分析。重点在于：摸清土地资源的数量和质量特征，提出其对生产的适合程度和保证程度；阐明土地资源的分布与类型组合特征及其对生产布局发展的影响；明确土地资源开发利用的可能方式、改造方向及其技术经济前提；预测土地资源开发利用的预期经济效果及其可能引起的生态环境变化和后果。

土地资源评价是土地利用规划的重要依据。土地资源评价的目的在于为土地利用现状分析、土地生产潜力分析、土地利用结构和布局调整、土地利用规划分区、土地整理和保护提供科学依据。土地资源评价按照土地的使用功能一般分为：农用土地资源评价、城市土地资源评价和风景旅游用地资源评价。每种土地资源评价的目的和重点虽然不同，但是，其评价方法和分析途径基本一致，主要是从土地利用的适宜性评价、土地利用经济评价和土地生产潜力评价三个方面进行。

（一）土地适宜性评价

土地适宜性评价是通过土地利用需求和土地质量的匹配，来阐明土地开发利用的适宜性用途，或者对于具体土地用途的适宜性程度进行评价。

（1）农用土地适宜性评价。农用土地适宜性评价主要是探讨土地资源为农业利用时的土地适宜性和限制性。其土地评价系统为：土地适宜类—土地质量等—土地限制型—土地资源单位。

土地适宜类是按照土地对于农、林、牧业生产的适宜性划分。在划分时尽量明确土地适宜利用的主要用途，对于那些主要利用方向尚难明确的多宜性土地开展多宜性评价。土地适宜类一般分为：宜农耕地类、宜农宜林宜牧土地类、宜农宜林土地类、宜农宜牧土地类、宜林宜牧土地类、宜林土地类、宜牧土地类、不宜农林牧土地类。

土地质量等是在土地适宜类的基础上，根据土地质量优劣来评价。它反映土地利用的适宜性程度和生产潜力的高低。其一般分为上、中、下三等。就宜农耕地类而言，可以分为上等宜农耕地、中等宜农耕地和下等宜农耕地。

土地限制型是在土地质量等的范围内，按照限制因素及强度划分。同一限制型内的土地具有相同的主要限制因素和要求相同的主要改造措施。土地限制型一般可以分为：无限制（O），水文与排水限制（W），土壤盐碱化限制（S），有效土层厚度限制

（1），土壤质地限制（m），基岩裸露限制（b），地形坡度限制（P），土壤侵蚀限制（e），水分限制（r），温度限制（t）。

土地资源单位是土地资源评价对象和制图单位。一般是土地特性或者自然特征相对一致的地域单元。

（2）城市土地适宜性评价。城市土地适宜性评价是在城市规划区范围内，根据城市建设的土地利用需求与土地质量相匹配来评定土地作为城市土地利用的适宜性与限制性。

城市土地适宜性评价主要是从土地的自然属性出发而开展的，其研究内容包括：

其一，城市土地作为建设用地的适宜性。主要从地基承载力、土地整理工作量的大小、遭受自然灾害的危险程度来论证城市土地工程建设的适宜性和限制性。

其二，城市土地生产布局的适宜性。主要从土地的形态特征、土地性质、环境污染的自净能力及具体建设项目生产布局的要求来考察和选择土地的适合用途。

其三，城市景观设计的适宜性。是从土地的自然特征出发来衡量土地作为城市风貌设计的环境基础，其所具有的美学价值和景观结构，探讨土地作为风景资源利用最优化的途径，充分发挥土地生态系统具有的最大审美功能。

城市土地适宜性评价系统一般为：土地适宜类—土地适宜级—土地限制型—土地评价单元。

土地适宜类主要是确定城市土地的合适用途。

土地适宜级是在土地适宜类的基础上，根据土地质量优劣来评价其土地的适宜性。一般分为四级：最适宜、适宜、比较适宜和不适宜。

土地限制型是在土地质量等的范围内，按照城市建设与发展的限制因素及强度划分。

土地资源单位是土地资源评价对象和制图单位。一般是城市土地特性或者自然特征相对一致的地域单元。

（3）风景旅游用地适宜性评价。风景旅游用地适宜性评价是从土地的景观观赏价值和保护价值出发来评价土地作为旅游观光业发展用地的适宜性和限制性。风景旅游用地适宜性评价主要从其自然景观类型的稀缺性、美学观赏性、区位通达性和娱乐康体的舒适性等因素进行分析，其评价系统一般分为：土地适宜类—土地适宜级—土地评价单元。

土地适宜类主要是指土地适宜发展风景旅游业的主要方向或者经营项目类型。

土地适宜级是在土地适宜类的基础上，根据土地质量优劣来评价其土地的适宜性。一般分为四级：最适宜、适宜、比较适宜和不适宜。

土地资源单位是土地资源评价对象和制图单位。一般是土地景观观赏价值和保护价值相对一致的地域单元。

（4）土地适宜性评价的程序。土地适宜性评价的工作程序，一般包括以下几个步骤：

第一步，明确土地评价的目标和任务。

第二步，确定土地评价基础单位，即进行土地资源单位的划分。

第三步，建立土地评价系统。

第四步，拟定土地适宜性或者限制性因素评级标准，建立土地限制因素评级表。

第五步，评定土地的适宜类和适宜等级，确定土地限制型。

第六步，进行土地评价系统单元的面积统计，提出土地适宜性评价结论。

（二）土地利用经济评价

土地利用经济评价是对土地资产的价值、开发利用经济效益和土地恢复重建成本的分析和计算。它从土地成本、土地开发利用的经济效果和土地破坏机会成本损失分析等方面出发，从经济上论证土地开发利用的合理性和可行性。

一般说来，土地资产价值主要表现为土地市场交易的价格。土地质量越好，土地收益能力越高，土地供不应求，土地市场交易的价格越贵，土地资产价值就越大，要进行土地利用开发需要支付的土地成本越高。

土地开发利用的经济效果是指土地利用开发所取得的经济效益。它通常以土地投入产出的效率、单位面积土地利用经济产出指标来反映。

土地破坏机会成本损失是土地退化后，进行土地生态恢复重建投入的概算。

（1）土地资产的价值评价。土地资产的价值评价，是对城乡土地的分等定级和价格评估。城乡土地的分等定级主要通过多因素综合评价法和市场资料分析法两条途径来开展研究。城乡土地的价格确定主要通过市场比较法、收益还原法和成本逼近法等土地价格评估方法进行计算。

（2）土地利用经济效益评价。土地利用经济效益评价是对土地利用投入／产出效率进行分析，按照土地利用的效益来评判土地利用的经济合理性和投资可行性。它主要通过区域比较法和投资项目经济评价的方法来开展研究。

区域比较法是以土地资源评价单元（土地资源单位、宗地或者行政区划单位）为基础，运用经济可比性指标，对土地投入／产出的效率和经济效果进行评价。一般说来，单位面积土地经济产出多，经济效益好，意味着土地利用比较合理。运用区域比较法进行土地利用经济评价的指标主要包括：土地利用经济效果指标（如：单位面积产量或者产值）、土地利用经济分析指标（如：生产资料消费指标、单位面积投入成本费用指标、土地利用水平和利用结构指标、土地利用的社会经济条件指标）、土地经济效果分析指标（如：良种化率、适时作业率、每千克种子产量、施肥边际产量、区位商、土地利用多样化指数等等），级差收入指标（级差收入＝纯收入－最低社会必要纯收入）。

投资项目评价是以土地开发利用经济项目为基础，以现行价格（或者影子价格）按照工程经济项目评估方法来分析投资项目的经济盈亏状况、获利能力和偿债能力。其主要指标按照是否考虑资金的时间价值，分为静态分析指标和动态分析指标两大类。静态分析指标包括：利润、投资利润率、静态投资回收期。动态分析指标包括：净现值、净现值比率、内部收益率和动态投资回收期。

（3）土地利用环境损益评价。土地利用环境损益评价是以土地开发利用经济项目为基础，通过环境影响组成（或因子）经济损失、工程环境效益和环保措施效益综合平衡计算，对环境影响的总体投资经济损益做出评价。

（4）土地利用经济评价的工作程序。土地利用经济评价的工作程序，一般包括以下几个步骤：

第一步，明确土地利用评价的目的和任务。

第二步，确定土地利用经济评价的单元，或者界定土地利用经济项目的边界条件。

第三步，建立土地利用经济评价的指标体系。

第四步，进行土地利用经济评价指标特征值的计算。

第五步，针对评价目的，提出土地利用经济评价的结论。即论证土地利用的经济合理性和可行性。

（三）土地生产潜力评价

（1）土地生产潜力评价的定义。土地生产潜力是指在一定技术经济条件下，通过土地整理或者采用合理的土地利用方式，某一土地对于特定用途的土地利用所具有的土地经济产出提高能力。土地生产潜力评价是对于土地利用开发前景的展望和评价。它可以用单位面积土地的最高生产能力反映，也可以用土地生产潜力的发挥程度（土地生产潜力的发挥程度＝土地实际生产能力／土地的最高生产能力×100%）计算。

土地生产潜力评价是进行各项土地需求预测、土地利用规划分区和规划方案综合平衡的重要依据。一般说来，随着社会的进步，土地利用技术水平和经营管理水平的提高，可以使土地生产潜力不断提高。土地生产潜力与土地用途有关，同一块土地对于不同的土地用途，其潜力不同。土地生产潜力与土地投入水平正相关，土地投入水平越高，土地生产潜力就越大。

（2）土地生产潜力评价的类型。土地生产潜力评价，按照其研究对象分，主要从三个方面进行分析：

其一，土地利用结构和布局调整的潜力评价。土地利用结构和布局调整的潜力评价是在土地利用调查和土地适宜性评价的基础上，明确土地利用结构和布局存在的问题和土地资源数量，根据土地利用技术和经营管理水平的发展趋势，论证在一定技术经济条件下，对目前土地利用结构和布局进行合理调整后可能形成的土地生产潜力进行计算。

其二，土地后备资源开发潜力评价。土地后备资源开发潜力评价是为了社会经济扩大再生产的需要，通过适当的土地整理措施，使目前未利用土地变成可利用土地，并对投入经济使用后产生的土地生产潜力进行计算。

其三，土地资源再开发潜力评价。土地资源再开发潜力评价是指对目前已经利用的土地进行改良，或者提高其土地利用集约化水平，使其土地利用效率充分发挥的情况下对土地生产潜力进行计算。

（3）土地生产潜力计算的方法。土地生产潜力的计算，一般采用两种研究途径进行。

一是理论途径。它是通过科学实验的方法，深入研究土地生产力的形成条件（例如生物产量的形成环境）对土地经济产出的影响，并且人为地设计和创造出最佳的土地生产环境，通过实验或者模拟分析，计算出土地的最大生产能力。目前土地利用规划中，对于农业用地的最大生产潜力的计算，通常是采用机制法的土地生产潜力经验计算公式（如迈阿密模型、蒙特利尔模型、瓦格宁根方法、FAO农业生态区域法等）来求取土地的光合作用潜力或者光温作用潜力。

二是实际调查途径。它是通过土地利用调查和土地适宜性评价，找出土地利用不合理的原因，从现实生产力发展水平出发，探讨土地改良、土地利用效率提高、土地利用结构和布局合理调整的可能性和现实性，按照土地改良、土地利用效率提高、土地利用结构和布局合理调整后的土地利用条件，计算出其土地生产潜力。有时，也可以根据典型高产地块的产量资料，分析其土地质量特征、土地使用条件和土地投入水平，探讨在一定时期内区域土地生产能力达到高产地块的产量的可能性和现实性，以高产地块的单位面积产量为依据，推算区域土地的生产潜力。

（4）土地生产潜力评价的工作程序。土地生产潜力评价的工作程序，一般包括以下几个步骤：

第一步，明确土地生产潜力评价的目的和任务。

第二步，进行土地利用调查，找出土地合理利用的典型事例。

第三步，通过土地适宜性评价，确定土地利用结构和布局调整范围。

第四步，对土地最大生产能力的形成条件进行分析。在按照理论途径进行土地生产潜力计算时主要是对土地生产力形成因子的资料进行分析和整理；在按照实际调查途径进行土地生产潜力评价时，主要是进行土地质量特征、土地使用条件和土地投入水平分析，探讨在一定时期内区域土地生产能力达到高产地块的生产力水平的可能性和现实性。

第五步，进行土地生产潜力计算，做出土地生产潜力评价结论。

二、土地利用生态环境影响评价

土地利用生态环境影响评价是对土地开发利用可能引发的自然环境生态平衡破坏和生态环境变化效应及其对社会经济发展的反作用进行分析和评价。土地利用生态环境影响评价不仅需要对于土地开发利用后的环境生态环境质量和环境变化效应进行评估，也需要按照土地资源可持续利用的要求，对于土地利用的可持续性进行评价。土地利用生态环境影响评价的目标是维护土地生态环境平衡，协调好人口、资源、环境和经济发展的关系，保证土地资源的可持续利用。

土地利用生态环境评价重点研究三个方面的内容：

（一）土地开发利用的环境影响评价

土地开发利用的环境影响评价报告和一般的环境影响评价报告一样，主要是要分析土地开发利用对于环境质量的影响。它包括可能产生的环境污染状况、诱发自然环境灾害的可能性及其危害程度、可能形成的生态经济损失、必须采取的环境保护措施和管理手段，环境污染治理的经济成本和投资效益。

（二）土地资源人口承载力研究

土地资源人口承载力是指在未来不同的时间尺度上，以预期的技术、经济和社会发展水平及与此相适应的物质生活水平为依据，一个地区利用其土地资源能够持续供养的人口数量。

土地资源人口承载力计算，通常是以区域粮食生产能力为约束条件，通过对在未来不同的时间尺度上，在预期的技术经济条件下，土地的粮食生产能力和人均粮食消费水平来进行计算。即：

土地资源人口承载力＝土地的粮食生产能力／人均粮食消费水平

应当指出，合理的土地利用结构、科学的投入水平和粮食消费水平是土地资源人口承载力研究的前提和条件。

（三）土地利用可持续性评价

土地利用可持续性评价是从土地利用的生产性、安全性、保护性、可行性和可接受性等目标出发，来评价土地利用的可持续性。在未来一定时期特定的土地利用方式下，如果区域土地利用不能保证上述土地可持续利用目标的实现，那么则认为该地区的土地开发利用不具有可持续性。

土地利用可持续性评价是属于多目标评价的范畴。土地利用的生产性是指土地利用方式有利于保持和提高土地的生产力，包括农业的和非农业的土地生产力以及环境美学方面的效益；土地利用的安全性要求土地利用有利于降低生产风险的水平，使土地产出稳定；土地利用的保护性强调保护自然资源的潜力和防止土壤与水质的退化。即在土地利用过程中必须保护土壤与水资源的质与量，以公平地给予子孙后代。狭义地讲，像对于保持遗传基因多样性或保护单个植物和动物品种这样的问题，必须给予优先考虑；土地利用的可行性为经济上可行。如果某一土地利用方式在当地是可行的，那么这种土地利用一定有经济效益，否则肯定不能存在下去；土地利用的接受性指社会可以接受。如果某种土地利用方式不能被社会所接受，那么，这种土地利用方式必然失败。

第三节　土地利用规划

一、土地利用规划的概念

（一）土地利用规划的含义

土地利用规划是土地利用总体规划和土地利用专项规划的统称。它是从土地利用的自然、经济和社会条件出发，根据土地合理利用的原理和运行规律，在系统评价的基础上，对于土地合理利用方案的研究和优化选择。它对于土地利用过程起到决策、组织、协调、控制和监督的作用。

（二）土地利用总体规划

土地利用总体规划是各级人民政府为贯彻执行国家的土地利用政策，根据国民经济和社会发展对土地的需求以及地区的自然、社会、经济条件而编制的，在部门间合理分配土地资源、调整土地利用结构和布局的战略构想和设计方案。也可以说，它是对一定地域范围内，全部土地的开发、利用、整治、保护在时间和空间上所做的总体的战略部署和统筹安排。

《中华人民共和国土地管理法》第十七条规定："各级人民政府应当依据国民经济和社会发展规划、国土整治和资源环境保护的要求、土地供给能力以及各项建设对土地的需求，组织编制土地利用总体规划。"土地利用总体规划是土地利用管理工作的"龙头"，是国民经济和社会发展计划体系的重要组成部分，是各级政府对土地利用进行协调、指导和宏观调控的重要手段。它具有总体性、战略性、长期性和动态性。

土地利用总体规划的对象是一定区域内的全部土地资源，它涉及土地资源的开发、利用、整治和保护的各个方面。土地利用总体规划是对于所有行业和部门用地都具有指导性的规划，它综合考虑各部门对土地的要求，协调各部门用地的矛盾，保证国民经济持续、稳定、协调发展。因此，土地利用总体规划必须由各级土地管理部门牵头，各用地部门共同参与、共同编制，在编制方案过程中要进行多学科、跨部门的综合研究。任一行政区域只能用一个土地利用总体规划，以实现国家对城乡土地的统一管理。一般来说，土地利用总体规划期限在 10 年以上，展望年限为 20~50 年。

（三）土地利用专项规划

土地利用专项规划是为了解决某个特定的土地利用问题而编制的土地利用规划，如土地开发规划、土地复垦规划、土地整理规划、土地保护规划等等。

土地利用专项规划具有针对性和专一性，是土地利用总体规划的组成部分。在没有条件进行总体规划之前，可以先编制专项规划，并通过编制专项规划解决目前土地利用中的主要问题，为进行总体规划打下基础。

二、土地利用总体规划的内容和编制方法

（一）土地利用总体规划的任务、内容和体系

（1）土地利用总体规划的主要任务

A.对土地利用的现状和土地后备资源潜力进行综合分析研究，根据需要和可能，提出今后本区域土地利用的目标和方针；

B.在预测土地利用变化的基础上，进行综合平衡，提出各类用地的控制指标；

C.协调各部门的用地需求，提出调整土地利用结构和布局的设想；

D.提出对下一级各行政单位（乡对各村）调整土地利用结构和布局的控制指标和指导性意见；

E.找出提高土地利用率和生产力、挖掘土地利用潜力的途径，协调好土地资源的开发、利用、整治和保护；

F.提出实施土地利用总体规划的政策、措施和步骤。

（2）土地利用总体规划的主要内容

A.分析研究本地域土地资源状况和利用现状。分析土地资源的特点，进行土地适宜性评价，对各类用地数量、质量、结构、土地开发利用程度、土地利用经济效果等进行横向、纵向比较，找出土地利用存在的问题；

B.进行土地利用潜力研究。包括 50 亩以上的大片荒地、零星闲散荒地、工矿废弃地、沿海滩涂等后备土地资源和已利用土地的潜力研究。省级以上规划还要进行土地生产潜力和人口承载能力的分析研究；

C.规划期内土地利用变化的预测研究。包括经济发展水平、产业结构变化、人口增长情况和城市化进展程度以及各部门土地需求量的预测等，其中大部分资料应由有

关部门提供或承担，土地部门主要负责收集汇总和综合平衡；

D. 提出本区域一定时期内土地利用的目标和基本方针。土地利用总体规划要注意与国民经济和社会发展计划的阶段性相适应，土地利用规划的规划期限由国务院规定；

E. 提出土地利用总体规划方案。其中包括：经过综合平衡后对各类土地利用结构和布局提出的调整意见；主要工程设施布局及用地规模；土地开发复垦、改造中低产田和水土流失整治情况；基本农田保护区、名特优农产品保护区、自然保护区等各类保护区情况；土地利用地域分区和用地分区等。其中，土地利用分类在省级以上规划中按土地资源调查一级分类，即分为耕地、园地、林地、牧草地、居民点及工矿用地、交通用地、水域、未利用土地八大类。市级以下规划可根据实际情况分至二级或三级；

F. 实施规划的政策、措施和步骤。土地利用总体规划编制的目的就是贯彻实施，各级土地利用总体规划是编制各级土地利用计划的依据，规划确定的重要指标（如建设占地、土地开发等）要通过土地利用计划来逐步实现。此外，各级土地利用总体规划还要通过行政的（如行政审批）、法律的和经济的措施来落实贯彻，并与国土规划、城市规划和产业部门规划相协调。

（3）土地利用总体规划体系

土地利用总体规划是一个多层次的规划体系，其编制和实施要与我国现行的行政管理体制密切结合，以保证各级人民政府行使管理土地的职能，因此，土地利用总体规划宜按行政区划体制分级编制。

我国土地利用总体规划按照行政区划分为五级。即：按我国对土地实行管理的行政区，可相应划分为国家级、省（自治区、直辖市）级、地（地区、管辖县的市）级、县（县级市、区）级和乡级五个层次。不同层次需要解决的问题不同，其规划的内容也不一样。其中全国土地利用总体规划主要制定国家的土地利用政策，结合全国生产力布局规划提出土地利用的纲要。根据《土地管理法》，省级人民政府是国家实行占用耕地补偿制度的具体组织者和责任人，省级土地利用规划应当重点突出耕地总量动态平衡目标的实现。地市级土地利用总体规划主要突出城镇体系的建设，确定区内中心城市、重要基础设施工程、重要工矿项目用地的规模和布局，协调地区内县与县之间的土地利用，解决县与县所不能考虑的土地利用问题。全国、省级、地市级土地利用总体规划属宏观控制性规划，根据对土地利用加强宏观管理的要求，重点在于强化规划指标控制。县、乡级规划是实施性、管理性规划，重点是把上级规划下达的各项指标落实到土地空间上。县级土地利用总体规划应当划分土地利用区，明确土地用途。"土地利用区"是指在县、乡（镇）级土地利用总体规划中，依据土地资源的特点、社会经济持续发展的要求和上级下达的规划指标和布局划分出土地主要用途相对一致的区域，如农业用地区、建设用地区、自然保护区、风景名胜区等。还可以再细分，如农业用地区可分为耕地保护区、耕地开发区、林业用地区、牧业用地区等。乡（镇）土地利用总体规划要按照县级规划要求，将各类用地指标、规模和布局等落实到特定地块，并予以公告。

土地利用总体规划为各级人民政府管理土地提供科学依据。上一级的土地利用总体规划是下一级土地利用总体规划的依据。为了保证下级土地利用总体规划确实依据上一级土地利用总体规划来编制，《土地管理法》提出了具体要求：

一是地方各级人民政府编制的土地利用总体规划中的建设用地总量不得超过上一级土地利用总体规划确定的控制指标。即省级人民政府编制的土地利用总体规划中的建设用地总量不得超过国务院编制的国家土地利用总体规划确定的控制指标；地级、县级、乡镇人民政府编制的土地利用总体规划中的建设用地总量依次不得超过上一级土地利用总体规划确定的控制指标，以确保规划的严肃性，防止建设用地过多。

二是各级人民政府编制的土地利用总体规划，耕地保有量不得低于上一级土地利用总体规划确定的控制指标。

三是省级人民政府编制的土地利用总体规划，应当确保本行政区域内耕地总量不减少。也就是说，如果省内规划某地的耕地减少了，那么，在别的地方就必须相应增加耕地，以保证总量不减少。

（二）土地利用总体规划编制的程序和方法

（1）土地利用总体规划编制工作的程序。土地利用总体规划编制工作一般可分为准备、编制、审批等三个阶段。

第一阶段为准备阶段。准备工作包括成立规划领导小组和规划办公室，拟定和上报规划工作方案和工作计划，并报同级人民政府批准，落实规划经费和人员，广泛收集和整理、分析现状和以后得规划资料。

第二阶段为编制规划阶段。编制规划是在资料的整理和分析，以及在土地利用现状分析、土地适宜性评价和土地需求量预测等专题研究的基础上，根据上级规划控制指标，以及有关国民经济和社会发展计划的要求，结合当地实际情况，确定规划目标和方针；确定土地利用结构和布局方案；进行土地利用分区，提出各区的土地利用方向和整治措施；编制各类用地规划平衡表；分解下达下一级规划的各类用地的控制性指标；制定实施规划的政策和措施；编制规划送审稿、规划说明书和规划主要图件——土地利用现状图和土地利用总体规划图等。在编制规划阶段，一般要形成几个供选方案，经过论证、评选后，确定正式方案。

第三阶段为规划审批和实施阶段。总体规划报告编制完成以后，要履行审批手续，形成一个规范性文件。根据审批程序，规划（送审稿）必须经各级人民政府审查批准。地方性土地利用总体规划须经地方同级人民政府审查通过后报上一级人民政府批准执行。县级土地利用总体规划完成后由省级土地管理部门主持技术验收和鉴定，根据专家们提出的意见进行修改，再把规划主要成果（总体规划图和报告）提交县人民政府和县人大常委会通过，并报送上一级人民政府审批，同时报送省土地管理部门备案，最后由县人民政府正式公布实施。

经过批准的总体规划报告便成为具有法律约束力的正式规划。它既是各个部门利用土地的准则，又是各级土地管理部门编制中期和年度土地利用计划、审批、监督选地使用的依据，经过批准的规划应向群众公布并广为宣传，取得人民的广泛支持，以利于规划的监督实施。

（2）编制规划方案的方法。目前编制规划方案的方法有常规方法和数学方法两种。常规方法又称部门协调与综合平衡法。通过召集各部门、各地区的代表，经过各种协商会议反复磋商，协调各部门、各地区的利益，最后形成统一意见作为规划方案。

各部门用地需求的协调与综合平衡，按以下步骤进行：

A.用各部门的用地定额指标对该部门预测用地数量进行初步审查。

B.对重要的用地，如耕地、城乡建设用地的预测应组织有关部门及专家进行论证，初步确定用地需求的上下限。

C.用地预测的数量平衡。根据地区土地资源的最大可能供给量对各部门土地需求量进行数量上的平衡，编制出土地利用平衡表。

D.用地预测的布局平衡。在数量平衡的基础上，将各部门提交的用地预测量转绘到同一张土地利用现状图上，把两个或两个以上部门需要征用的土地圈出。在土地资源适宜性评价的基础上，依据规划目标所给定的土地使用优先顺序，确定上述土地的最终用途。

E.未获通过的用地部门尽快提交新的用地方案，在土地资源适宜性评价的基础上，再次与有关部门协调，直至取得一致意见。

F.经过反复协调仍不能达到规划所确定的目标时，可经地区政府同意，提请上一级政府适当修改规划的目标与任务。

在规划方案编制过程中，需对不同方案的效果做出评价。评价包括对每个具体目标和任务的满足程度（即效益）、实施贯彻效果、被社会接受的程度、对环境的影响、为进一步开发所留的余地等。在供选方案中推荐最佳的或效益次佳但各方面都能接受的方案供领导小组选择。

在规划方案编制过程中，土地管理部门与各部门、各地方代表要经常磋商，在土地适宜性评价及科学论证的基础上反复协调各自的利益，只有广泛征求各方面的意见并协商一致的规划方案，在实施中才能取得最大成功。

数学方法是借助于计算机技术，运用数学规划方法模型（如线性规划、非线性规划、多目标规划、动态规划等模型）计算出在不同的规划目标和任务下的多种可供选择的解式，这些解式揭示了土地利用系统在各种政策和调节措施作用下的变化规律，据此得出各种规划方案。

但由于我国目前土地利用的各种信息尚不完全或不够准确，对土地利用同其他社会经济活动的关系还没有充分认识，计算出来的方案不一定能反映实际情况，因此，目前编制规划方案时，应以常规方法为主，辅之以可行的数学方法，并将其结果加以比较。

在县（市）级总体规划中，在编制土地利用规划方案之后，进行土地利用区划，同时在 1：2.5 万 ~1：5 万地形图上画出土地利用区划图。方法是：先留出铁路、公路、大中型水利建设骨干基础设施用地范围，然后根据土地适宜性评价、各部门用地需要量及土地利用情况的动态调查，划分各种土地利用区域，区域之下再细分为区。一般可划分为以下几种区域：

A. 城镇区域，即现在的城镇建成区和规划期间准备进行城镇工业建设的区域。该区域应和城镇规划中规划的建成区用地范围一致，这个区域可以再划分成城市区、建制镇区、集镇区和工矿区等。

B. 农业区域，用于发展农业的区域。根据需要，该区域进一步可分为菜地保护区、基本农田区、农业开发区和其他用地区（农业区域内用于农村居民点、农村道路和乡村工业建设的区）。

C. 林业区域指用于发展林业的区域。林业区域内可分为保护林区、用材林区、经济林区和其他用地区等。

D. 牧业区域指用于发展放牧业的区域。进一步可分为草场建设区和其他用地区。

E. 特种用途区域可进一步分为风景名胜区、自然保护区、文物保护区、军事用地区等。

划区以后，必须对每种区域土地利用的规则和限制条件加以规定。对于城镇区域，一般非农业建设项目征用土地不应超过城镇区域的界限，在城镇区域内的土地利用应当符合城镇规划；农业区域内进行农田基本建设及农田建设，但要限制非农业建设项目征用土地，农业区域内的土地利用应当符合农业区划提出的生产方向；林业区域内土地利用应当遵循林业经营规划，不得随意更改其土地利用性质，其中保护林区除更新外不准采伐，用材林区则要有计划采伐；特殊用途区域的土地利用既要符合总体规划的方针，又要满足其特殊的要求，如此等等。这些土地利用规则和限制条件要用地方性法规的形式规定下来，并以此作为土地利用管理的依据。

（3）土地利用总体规划的主要成果。土地利用总体规划的成果主要包括规划文件、主要图件及附件。

　　规划文件包括规划送审稿及规划说明（或送审稿说明）。送审稿是政府的法规性文件，要求文字简练、准确，避免论述性、说明性文字。其主要内容包括：概况；土地利用现状特点和存在问题；土地资源的适宜性和利用潜力；土地利用的目标和方针；土地利用分区；用地指标的平衡和调整；重点建设项目用地配置；规划实施的效益；实施规划的措施等。规划说明，亦称送审稿说明，它是对规划的具体解释。其主要内容包括：规划编制过程；编制规划的目的、原则和依据；关于土地利用现状分析、土地适宜性评价、土地需求量预测等专题研究方法的说明；关于土地利用目标和方针、土地利用分区、用地指标调整、重点建设项目用地配置等规划内容的说明；规划方案的可行性论证和综合效益评价等。

　　规划主要图件包括土地利用现状图、土地利用总体规划图。规划图件比例尺：省级为 1 ∶ 20 万 ~1 ∶ 100 万，一般为 1 ∶ 50 万；市（地）级为 1 ∶ 10 万 ~1 ∶ 50 万，一般为 1 ∶ 20 万；县级为 1 ∶ 2.5 万 ~1 ∶ 10 万，一般为 1 ∶ 5 万；乡级一般为了 1 ∶ 1 万或 1 ∶ 5 万。

　　规划附件包括专题研究报告、部门用地预测、其他图件及有关的现状和规划资料等。

三、土地利用专项规划

（一）土地开发规划

　　土地开发是指人类采用工程措施、生物措施和技术措施等，使各种未利用的土地资源投入使用，或使已经使用的土地利用更加合理的行为或者过程。

　　土地开发规划主要包含两方面的内容，一是如何开发的决策规划，即进行土地开发的可行性论证，确定土地开发的规模、时间、地点和方法；二是待开发土地的利用规划，即确定区域内各类待开发土地的用途。

　　土地开发规划可分为城镇土地开发规划和农用地开发规划，两者内容各有侧重。

　　（1）城镇土地开发规划。城镇土地开发有多种形式，根据城镇土地开发所在区域的不同，可分为新区开发与旧城改造。旧城改造是在原有城镇建成区范围内进行的，必须符合城镇总体规划。而新区开发是在原有城镇建成区范围以外进行，开发前需要编制规划。应该注意的是，新区开发不是孤立进行的，制定规划要处理好新区与建成区的关系。

　　城镇土地开发规划主要包括以下内容：

　　A. 土地勘测调查和社会经济情况的调查。

　　B. 土地开发的可行性论证。

　　C. 开发区的总体布局与功能分区。

D. 水、电、道路等基础设施的规划布局。

E. 小区规划设计。

F. 土地开发实施计划，包括开发时间、规模、地段开发顺序等内容。

G. 土地开发管理。

（2）农用地开发规划。农用地开发是以发展农林牧渔业生产为目标的土地开发。大面积的农用地开发还包括水利、道路设施和保护水土的生物工程设施的配置，综合性垦区要设置居民点。因此，农用地开发规划比较复杂，应注意多方面因素。开发规模、时间、地点的决策，既要考虑社会经济技术条件的制约，也要适合土地资源特点。待开发土地的利用规划也不能单纯设计农业土地的安排，要统筹协调，进行总体规划。其中，省、地、县或跨地县的区域性土地开发总体规划是从宏观上进行控制，乡镇或农业企业内土地开发规划则要求具体、详细。

一般情况下，农用地开发规划应包括以下内容：

A. 待开发土地资源评价。主要是对土地及其形成要素进行评价，确定土地适宜性和生产力，分析土地开发的有利条件和限制因素。

B. 土地开发的可行性论证。

C. 确定土地开发目标和方向。

D. 确定待开发土地的利用结构和布局。

E. 配置保护生态的生物工程设施。保护生态是土地开发的中心环节，编制规划时，要分析预测土地开发可能引起的生态破坏和土地污染，采取措施，积极预防。

F. 土地开发规划方案的实施措施与计划，主要确定土地开发的时间、地点和方法。

（二）土地整治规划

土地整治是针对土地利用存在的障碍因素而进行的土地质量改造、生态恢复和重建过程。土地整治包括水土流失治理、风沙治理、盐碱地整治和红黄壤综合治理等类型。

为了达到土地综合整治的目的，土地整治规划一般包括下列内容：

（1）划分土地治理类型。

（2）确定土地整治措施。

（3）进行土地整治效果评价和可行性研究。

（4）提出土地整治实施方案、项目竣工验收标准、实施计划和管理办法。

（三）土地复垦规划

凡是在生产建设过程中，因挖损、塌陷、压占等造成破坏的土地，采取整治措施，使其恢复到可利用的状态，称作土地复垦。土地复垦的范围包括人为造成破坏和废弃土地，还有各种污染、自然灾害造成破坏废弃的土地，以及村庄四旁坑、洼、塘、废弃宅基地等。

土地复垦规划的内容主要包括：

（1）需要复垦土地的调查和预测。

（2）复垦土地的适宜性评价。

（3）确定土地复垦方案。

（4）进行复垦工程设计。

（四）土地保护规划

土地保护是为了维持某种土地用途的稳定性或者促进土地生态恢复而对人类活动采取限制行为。土地保护按照其性质可以分为两个方面：一是土地用途保护，例如基本农田保护，历史文化名城保护，旅游风景区和自然保护区的保护等；二是土地质量保护，如退耕还林、退田还湖、退草还牧等等。

土地保护规划是对土地保护区域的选择和区域建设的总体部署和具体安排。

（1）以土地用途保护为目的的土地利用规划，其主要内容包括：

①阐明土地用途保护的作用与意义，确定土地保护的目标。

②确定需要保护土地的面积、空间范围和保护等级。

③落实土地用途保护区建设的责任，明确土地保护与土地利用、土地经营的关系，进行土地保护的经济可行性研究。

④制定土地用途保护的政策和土地保护规划实施的措施。

（2）以土地质量保护为目的的土地利用规划，其主要内容包括：

①土地质量保护的目的和意义。

②土地保护的面积、空间范围和生态恢复的目标。

③制订土地保护的工程设计方案。

④土地生态恢复对于原来土地使用者的经济收入的影响和所需要进行的劳动力安置与土地补偿。

⑤土地生态保护工程的经济可行性研究。

⑥制定土地保护的政策和实施土地保护规划的措施。

（五）土地整理规划

土地整理是对现实土地利用分布、土地利用方式、利用强度以及土地关系等进行调整的合理过程。土地整理包括农地整理和非农地整理。

根据我国国情，现阶段土地整理一般指农地整理，即"按照土地利用总体规划，对田、水、路、林、村综合整治，提高耕地质量，增加有效耕地面积，改善农业生产条件和生态环境"。农地整理是以土地利用的平面布局调整为主，主要包括：一是调整农地结构，归并零散地块；二是平整土地，改良土壤；三是道路、沟渠综合建设；四是归并农村居民点、乡镇企业等；五是复垦废弃土地；六是划定地界、确定权属；

七是改善环境，维护生态平衡。

土地非农整理是通过对城镇的用地重划，完善城市基础配套设施和生活服务设施，提高土地的建筑容积率或者高地价土地用途的面积比例，或者通过拆除城市危棚简屋，改良城市景观风貌，来实现土地资产的增值，提高土地利用的效率和效益。

土地整理规划的内容包括：

（1）提出土地整理的任务，确定需要进行土地整理的地域范围。

（2）分析和论证土地整理的必要性和可行性，明确土地整理的土地利用潜力。

（3）制订土地整理方案，落实土地整理所需要的前提条件。

（4）制订整理后土地的处置方案和收益分配办法。

（5）提出土地整理规划实施措施。

第四节　土地用途管制

一、土地用途管制的目标和重点

土地用途管制是指国家依法对土地使用和土地用途变更的管理和限制，它带有一定的强制性。也就是说，土地使用者必须依照经批准的土地利用总体规划确定的用途使用土地，土地用途的变更必须经过依法审批，严格限制农用地转为建设用地，控制建设用地总量，对耕地实行特殊保护。对此《中华人民共和国土地管理法》第四条有明确规定："国家实行土地用途管制，国家编制土地利用总体规划，规定土地用途，将土地分为农用地、建设用地和未利用地。严格限制农用地转为建设用地，控制建设用地总量，对耕地实行特殊保护……。使用土地的单位和个人必须严格按照土地利用总体规划的用途使用土地。"

（一）土地用途管制的目标

土地用途管制的目标是通过用途管制，促进土地利用总体规划的全面和有效地实施，实现土地资源的充分合理利用，为国民经济和社会文化可持续发展提供用地保障。

土地用途管制所要达到的目标，也可以说，就是土地利用总体规划的目标。土地用途管制从本质上讲，就是要通过对土地用途变更的管理和限制，来保证土地利用总体规划的落实。

（二）土地用途管制的重点

土地用途管制，从我国国情出发，其工作的重点是：

（1）保护耕地，通过用途管制，确保基本农田保护区的优质耕地不被其他土地用途所占用。确保区域耕地面积"占一补一"，实现耕地总量动态平衡。

（2）控制城乡建设用地的总体规模，使建设用地的空间分布符合生产布局的基本要求，尽可能地发挥城市中心作用。通过建设项目合理选址，发挥土地利用的规模经济效益和集聚经济效益。通过农田的集中和规模化经营，发挥农业生产地域专门化优势。

（3）在土地利用过程中，对土地做到用养结合，确保土地质量能够不断提高，防止土地退化。

二、土地用途管制的内容

为了实施土地用途管制，《土地管理法》将土地按用途分为三大类，即农用地、建设用地和未利用地，现介绍该三类不同用途土地的具体管制内容：

（一）农用地用途管制

农用地用途管制可分为农地农用的管制和农地非农化管制两个方面。

（1）农地农用的管制。农地农用的管制是指使用土地的单位和个人必须严格按照土地利用总体规划确定的农用地用途使用土地。农用地内部地类变更也必须依据土地利用总体规划，经依法批准后进行。

在进行农用地内部地类变更时，要注意以下几点：

第一，控制基本农田保护区内的耕地转为其他农用地。基本农田保护区内的耕地是严格保护的对象，对其转为园地、鱼塘等其他类型的农用地应加以控制。因为它是由耕地转为建设用地的中转站，许多耕地正是通过转为园地、鱼塘等非耕地后，再转为建设用地的。

第二，严禁陡坡开荒。坡度超过25度的坡地，要严禁开垦为耕地，应保持原有地类（草地或林地）。

第三，限制或禁止围湖造田。大面积围湖造田，破坏了湖泊生态系统，降低了蓄洪灌溉能力和水产养殖能力，是形成洪涝、干旱灾害的重要原因之一，因此，应加以限制或禁止。

第四，禁止滥垦草原。滥垦草原的后果是严重的，它会造成草原生态环境的恶化，引起土地沙化，破坏草原的生产能力。因此，要严禁在干旱、半干旱地区大面积连片开垦草原。

（2）农地非农化管制。农地非农化管制在于限制农地转为非农用地，特别是严格限制耕地转为非农用地。

在农地非农化管制方面，我国实施农用地转用审批制度，即涉及农用地转为建设用地的，要办理农用地转用审批手续。

新《土地管理法》规定，省、自治区、直辖市人民政府批准的道路、管线工程和大型基础设施建设项目、国务院批准的建设项目占用土地，涉及农用地转为建设用地的，由国务院批准。在土地利用总体规划确定的城市和村庄、集镇建设用地规模范围内，为实施该规划而将农用地转为建设用地的，按土地利用年度计划分批次由原批准土地利用总体规划的机关批准。在已批准的农用地转用围内，具体建设项目用地可以由市、县人民政府批准。上述规定以外的建设项目占用土地，涉及农用地转为建设用地的，由省、自治区、直辖市人民政府批准。

此外，要上收征地审批权。根据宪法有关规定，土地征用权只能属于国家。以往征地权过于分散，是导致农用地，特别是耕地大量转化为建设用地的主要原因之一，因此，需要对"分级限额审批"制度进行改革，将征地审批权集中在国务院和省、自治区、直辖市人民政府两级。县级以上地方人民政府只有征地执行权，即国家征用土地，依照法定程序批准后，由县级以上地方人民政府予以公告，并组织实施。

（二）建设用地用途管制

建设用地管制的内容为：

（1）按土地利用总体规划规定的用途合理使用土地。

（2）控制建设用地总量和界限。地方各级人民政府在规划中的建设用地总量不得超过上一级土地利用总体规划确定的控制指标，耕地保有量不得低于上一级土地利用总体规划确定的控制指标。

（3）城市建设用地规模应符合国家规定的标准，充分利用现有建设用地、不占或少占农用地。

（4）严格建设用地审批管理根据 1999 年 3 月国土资源部颁布的《建设用地审查报批管理办法》，依法应报国务院和省、自治区、直辖市人民政府批准的建设用地的申请、审查、报批和实施，应按以下规定进行：

第一，在建设项目可行性研究论证时，建设单位应向建设项目批准机关的同级土地行政主管部门提出建设用地预申请。受理预申请的土地行政主管部门依据土地利用总体规划和国家土地供应政策，对建设项目的有关事项进行预审，出具建设项目预审报告。

第二，建设单位向土地所在地的市、县人民政府土地行政主管部门提出正式用地申请，填写《建设用地申请表》，并附具下列材料：建设单位有关资质证明；项目可行性研究报告批复或者其他有关批准文件；土地行政主管部门出具的建设项目用地预审报告；初步设计或者其他有关批准文件；建设项目总平面布置图；占用耕地的必须提出补充耕地方案；建设项目位于地质灾害易发区的，应提供地质灾害危险性评估报告。

第三，市、县人民政府土地行政主管部门对材料齐全、符合条件的建设用地申请，应当受理，并在收到申请之日起 30 日内拟订农用地转用方案、补充耕地方案、征用土地方案和供地方案，编制建设项目用地呈报说明书，经同级人民政府审核同意后，报上一级土地行政主管部门审查。

建设项目用地呈报说明书应包括项目用地安排情况、拟使用土地情况等，并附具以下材料：经批准的市、县土地利用总体规划图和分幅土地利用现状图，占用基本农田的，要提供乡级土地利用总体规划图；由建设单位提交的、有资格的单位出具的勘测定界图及勘测定界技术报告书；地籍资料或其他土地权属证明材料；以有偿方式供地的，提供草签的土地有偿使用合同及说明书和有关文件；为实施城市规划和村镇规划占用土地的，须提供城市规划图和村镇规划图。

农用地转用方案，包括占用农用地的种类、位置、面积、质量等。补充耕地方案，包括补充耕地或补划基本农田的位置、面积、质量，补充的期限，资金落实情况等，并附具相应的图件。征用土地方案，包括征用土地的范围、种类、面积、权属、土地补偿费和安置补助费标准，需安置人员的安置途径等。供地方案，包括供地方式、面积、用途，土地有偿使用费的标准、数额等。

第四，有关土地行政主管部门收到上报的建设项目呈报说明书和有关方案后，对材料齐全、符合条件的，应在 5 日内报经同级人民政府审核。审核同意后，逐级上报有批准权的人民政府，并将审查所需的材料及时送该级土地行政主管部门审查。

第五，有批准权的人民政府土地行政主管部门，自收到上报的农用地转用方案、补充耕地方案、征用土地方案和供地方案并按规定征求有关方面意见后 30 日内审查完毕。

农用地转用方案和补充耕地方案应符合下列条件：

A. 符合土地利用总体规划。

B. 确属必需占用农用地且符合土地利用年度计划确定的控制指标。

C. 占用耕地的，补充耕地的方案符合土地整理开发专项规划且面积、质量符合规定要求。

D. 单独办理农用地转用的，必须符合单独选址条件。

征地方案应符合下列条件：

A. 被征用土地界址、地类、面积清楚，权属无争议。

B. 被征地的补偿标准符合法律、法规规定。

C. 被征土地上需安置人员的，安置途径切实可行。

供地方案应符合下列条件：

A. 符合国家的土地供应政策。

B. 申请用地面积符合建设用地标准和集约用地的要求。

C. 划拨方式供地的，符合法定的划拨用地条件。

D. 以有偿使用方式供地的，供地的方式、年限、有偿使用费的标准、数额符合规定。

第六，农用地转用方案、补充耕地方案、征用土地方案和供地方案经有批准权的人民政府批准后，同级土地行政主管部门在收到批件后 5 日内将批复发出。未按规定缴纳新增建设用地土地有偿使用费的，不予批准建设用地。

第七，经批准的农用地转用方案、补充耕地方案、征用土地方案，由土地所在地的市、县人民政府组织实施。

（三）未利用土地管制

未利用土地管制内容为：

A. 禁止不符合土地利用总体规划，破坏自然生态环境的土地开发，如毁林开荒等。

B. 鼓励对未利用土地进行科学地开发利用，如鼓励符合保护生态环境要求的"四荒"（荒山、荒滩、荒水、荒地）开发等。

三、实施土地用途管制的对策

（一）充分调动地方各级政府的积极性

土地用途管制能否取得成效，在很大程度上取决于中央和地方政府两个方面的积极性。目前，中央有很大的积极性，所以，关键是调动地方政府，特别是市、县政府的积极性。

调动地方政府对土地用途管制的积极性，首先要转变旧的用地观念。变"千方百计占用耕地"为"想方设法保护耕地，合理用地"，变"要我保护耕地"为"我要保护耕地"。只有保护耕地，保护农用地成为地方政府的自觉行动时，耕地、农用地才能真正被保护住。

合理分配土地收益，建立保护耕地的激励机制。将土管部门的经费与土地出让，土地征用等脱钩，改为与耕地保护、土地整理、复垦成绩挂钩，并强化激励机制。对地方政府政绩考核，除经济发展指标外，还应增加保护耕地、环境等指标。

（二）在技术上实现由"分级限额审批"到"土地用途管制"的转换

（1）使土地利用总体规划真正成为土地用途管制的依据。土地利用总体规划必须明确界定土地用途的类型和空间位置。现有土地用途的明确界定是指在实地有明确的位置和边界，在土地利用现状图上有相应的标示。

　　规划期的土地用途的位置和边界应明确标示在规划图上。为此，必须开展乡、村土地利用规划，并要求清晰、易读的大比例尺土地利用规划图，以作为农用土地用途转用和征地审批的依据。

　　将土地利用总体规划实施与土地用途管制有机结合起来。要改变过去重规划轻实施的状况，农用地用途转用和征地后的土地用途必须与土地利用总体规划用途一致，否则不予批准。土地利用总体规划实施过程也就是土地用途管制过程，同时又通过土地用途管制来促进土地利用总体规划的实施。

　　（2）建立土地用途变更监测预警系统。开展经常性的土地用途变更调查和土地变更登记。继土地资源调查，土地初始登记后，应将土地用途变更调查和土地变更登记作为日常工作来抓，并每年公布土地用途变更状况建立全国航、卫片监测网络。在全国典型地区建立航、卫片监测网点的基础上，还要建立全国土地利用监测网，跟踪土地用途变更状况及其对生态环境造成的影响。

　　建立耕地保护预警系统。研究制定我国人均耕地警戒值，而不是盲目套用人均 0.8 亩耕地这一数值，同时研究制定科学、规范的土地质量评价标准，为土地质量保护管理提供依据。

（三）建立、完善服务于土地用途管制的政策体系和管理体制

　　制定有关土地产权主体、管理者之间的利益分配政策，使之有利于耕地保护。正确处理中央政府与地方政府、国家与农民集体之间的利益分配关系，是顺利实施土地用途管制的关键，为此，应建立合理的租税费体系。制定耕地土地开发主体与土地产权主体或当地政府之间的利益合理分配政策，是保障耕地土地开发成功的重要环节。对农民集体土地产权主体实施土地登记、发证制度，以明晰每一个具体农民集体土地所有权主体是乡（镇）农民集体或是村农民集体，或是村民小组农民集体，以激励农民合理用地、保护土地的积极性。

　　在管理体制上，应将国土资源管理机构的双重领导改变为垂直领导，以保障国土资源管理部门职能，特别是土地用途管制职能的顺利履行。建立土地保护定期公告制度，充分发挥新闻媒体的舆论监督作用。

（四）建立、完善土地监察网络，增大土地执法力度

　　从国土资源部、省、市、县到乡（镇）土地管理所，应形成严密的土地监察网络，对违反土地法律、法规的行为进行监督、检查，监察工作要具有相对的独立性，不受同级政府的干预，以提高土地监督工作的效率和公正性。目前，新《土地管理法》已经公布，关键是加大执法力度，罚则要适度，过轻，则不易收效。对于擅自改变土地用途、破坏耕地、越权批地等行为要严格依法追究法律责任。

第五节　土地开发和保护

一、土地开发

土地开发是人类通过一定的手段，扩大土地利用空间和利用深度，以满足对土地不断增加的需求。它包含两层含义：其一是指土地利用范围的扩大，及对未利用土地的开发，如把荒山、荒滩、海涂等转化为可以利用的土地；其二是指土地利用深度的开发，如把尚未充分利用、生产效益低下的现已利用的土地，以及基础设施建设不配套的旧城区土地加以改造，以提高其利用效率。土地开发的本质上是为了合理有效地利用土地而进行的经济、技术的投入过程，其直接结果是可利用土地面积的增加和土地利用条件的改善，土地开发为合理的土地利用创造条件。

（一）土地开发的效果

（1）土地开发必然带来生态环境的变化。土地是由土壤、植被、气候、水文及地质、地貌组成的综合体，土地开发必然使这一综合体带来变化。这种变化从质的角度看包括积极的变化和消极变化两个方面：积极变化主要体现在治理荒山、改良土壤、提高城市土地集约化利用程度等都可以提高土地利用效率，更好地满足人类生产与生活对于土地的需求；而消极变化主要产生于对于土地的过度开发，如大量砍伐森林，会带来水土流失、土地沙化等。从量的角度看，土地开发对于土地综合体带来的变化有显著变化与不显著变化两种。如旧城改造、开荒种田属于显著变化，而改良土壤、利用科学技术提高土地利用率等属于不显著变化。

（2）土地开发必然带来社会、经济结构的变化。土地是人类生产、生活的空间载体，土地开发必然带来社会、经济结构及其活动的组合方式的变化。如大片宜农荒地的开发，不仅会带来地区性经济结构的改变，增加经济效益，同时也带来社会产业结构的变化，使原来以牧、林为生的人群，转化为以农业为主；又如新的城市的建立，使原来大片农用土地转为城市建设用地，这不仅改变了当地的土地利用方式，使当地的经济结构由以第一产业为主改为以第二、三产业为主，同时也使大量农民转化为城市务工人员。

（3）土地开发是一个开发—利用—再开发—再利用，不断循环往复、土地开发利用程度不断加深的过程。土地开发的目标是提高土地的利用效率，提高土地资源配置的科学性和有效性，所以，土地开发总是向着土地的最优化利用的方向前进。由于一般非农用地的经济效益高于农用地，工业用地的经济效益高于居住用地，商业用地的经济效益高于工业用地,土地开发的顺序一般也是由农用转为非农用地、由工业用地和居住用地转为商业用地,而不是相反。当然,某些局部土地用途的改变可能出现逆向运动,那一般是由于城市规划要求或环境保护需要所致。

(二)土地开发的类型

土地开发主要有以下几种:

(1)宜农荒地的开发。宜农荒地主要是指在现代经济技术条件下,可以开垦的天然草地、疏林地、灌木林地和其他未利用土地。应该说,地球上这样的土地已经不多了,对于宜农荒地的开发要注意对生态系统平衡的保护。

(2)闲散地的开发。闲散地主要指面积零星、分布散乱的未利用的废塘库、滩洼地、工矿废弃地、四旁闲地、水冲沙压、自然滑坡等自然灾害破坏的土地。对于这部分土地的开发,主要是明确土地产权归属,并投入一定的土地开发费用使其成为可以被有效利用的土地。

(3)农业低利用率土地的开发。农业低利用率土地主要指已作为农用土地,但产出较低的土地,如中、低产田和自然生长的草地等。随着科学技术的进步,土地改良的途径将会越来越多,土地相对适宜性将会越高,对于这部分土地的开发任重而道远。

(4)沿海滩涂的开发。沿海滩涂主要指分布于沿海潮间带的那部分涨潮淹没、退潮显露的土地,这部分土地只需施加一定的工程措施,就可为人类所利用。

(5)城市新区的开发。城市新区开发也就是城市土地的第一次开发,它是将新建城区的农业用地转化为城市用地并进行城市基础设施的配套建设,使之适应城市发展建设的需要的过程。新城区开发的重点是进行城市道路、供水、供电、供热、供气、防洪、排洪等基础设施建设,需要较高的投资,并会产生较大的社会经济效应。

(6)城市土地的再开发。城市土地再开发的主要形式就是旧城改造,同时包括道路、供水、供电、供热、供气、防洪、排洪等基础设施建设的局部改造。

(三)土地开发的过程

(1)进行勘探与调查。即为了掌握待开发土地的类型、数量、质量、分布等而进行的勘探调查工作,它为土地开发提供基础数据。

(2)确定开发目标。推动开发的基本目标是合理地利用土地,增加土地的可利用面积,改善土地的利用条件,以提高土地的利用效益。具体开发目标要根据社会需求与经济发展的需要、根据待开发土地的适宜性和生产力、根据经济实力和技术水平而具体确定。

(3)进行可行性研究。在掌握了待开发土地的数量、质量、分布等基础数据后,应从社会、经济、技术、生态等各个方面论证土地开发的可行性,主要包括社会经济条件的综合评价;工程、地质条件的评述;开发的工程技术选择;开发后社会、经济、环境效益与不良影响的评估；开发过程的投资核算与开发进度安排。

（4）明确土地开发结构与布局。土地开发的结构是指各类土地开发的比例构成，土地开发结构取决于一个地区用地构成的要求、国民经济发展长远计划或企业的经营方针、各类待开发土地资源的数量和质量状况、建立良性生态系统的要求和当地的社会经济条件。

土地开发布局一般是分区提出各类土地开发的比例，并根据可开发土地资源的分布状况、生产力水平以及开发条件优劣，合理地确定各处的土地开发量，同时确定开发重点。

（5）确定开发次序与开发速度。开发次序与开发速度是指对土地开发做时间上的计划。一般首先根据土地资源调查结果推算出规划期内土地资源可开发的数量；其次根据开发土地的难易程度，进行规划期内各年开发量的分配；最后将上述分配结果与国家开发计划指标进行比较修订，得出年度土地开发量。

（6）拟订开发资金计划。土地开发资金一般来自于国家设立的投资组织、国家财政计划、地方集资以及外资引进。可以通过吸引投资和举债等不同途径筹集土地开发资金。

（7）选定开发方式。土地开发的方式包括土地开发的组织形式、资金投入与分配方式等。不同的开发方式对于土地开发目标的实现以及开发者积极性等都有着直接的影响。

二、土地保护

（一）土地退化与土地保护的概念

土地作为一个自然综合体，时刻都在与其所处的环境发生着相互作用。当自然环境发生变化时，土地的结构和功能也发生相应变化。土地作为人类赖以生存和发展的基础条件和资源，在人类对其进行开发利用，土地的结构与功能也随之发生变化。当这些外力共同作用有利于土地时，土地的结构和功能会朝着稳定或更优化方向发展，反之就会发生土地退化，即土地利用条件变坏，导致土地生产能力（或其他功能）衰减，甚至完全丧失。土地退化既包括量的退化，即同一土地质量等级内的退化（这时土地退化的幅度较小，不影响土地利用现状），同时也包括土地质的退化，即不同土地等级之间的退化（此时退化幅度较大，有的必须改变土地利用现状）。土地退化大致可分为水土流失、荒漠化、盐碱化、土地污染、废弃地等。

土地保护是指采取有针对性的措施对土地退化现象的消除与预防。它包括防与治两个方面：防是指消除可能造成未退化土地发生土地退化现象和使已退化土地继续发生退化的各种动力因素；治是对已退化土地所进行的建设性改造。

（二）土地保护的途径

土地保护可以通过两条途径来进行：一是从自然条件着手，人为改造土地条件，使地形、土壤、水、植被、热量等自然因素处于较好的组合状况；二是从人类活动着手，采取有利于保护土地的开发利用技术和方法。

（1）水土流失土地的保护。水土流失一般解释为地表土壤或岩石在人为因素和自然因素的共同作用下，以雨滴和地表径流为营力而发生的剥离、搬运和堆积。它包含三方面的形成要素：一是侵蚀动力或外营力；二是侵蚀对象；三是侵蚀过程。根据水土流失的形成要素可以看出，要保持水土，就要消除侵蚀营力，切断侵蚀营力与地表物之间的联系，从而实现地表物质的相对稳定。其基本原理就是要把保水与保土结合起来。保水是指尽量减轻雨滴击溅作用，截留或减少地表径流，只有通过使水的作用减少到最低限度，保土才有可能。保土是流失治理的目的所在，只有保住了土，保水措施才能顺利实施。

水土保持的技术措施主要有工程措施、植物措施、耕作措施。其中工程措施是通过修筑人工建筑物、改造立地条件的方法来防止水土流失，包括治坡工程、治沟工程和小型水利工程等。其原理是对原地表径流通过拦蓄手段进行再分配，尽量减少对地表的冲刷作用，尽快排走超过拦蓄能力的地表径流，以达到阻止土体分离和移动的目的。植物措施是指保护和营造植被，通过植被冠层和根系对地表的屏障来削溅、蓄水、减流和保土、改土、围土。由于水土保护的目的是要根治水土流失并最终实现流失地区的生态稳定，所以植物措施是最重要和最根本的措施。耕作措施是通过改进耕作方法和技术来防止耕地水土流失，其主要通过调整种植结构和类型、改良土壤、推广免耕法、间作套种、等高耕作、垄作、耕地覆盖等方式来实现。

（2）荒漠化土地的保护。荒漠化是当前世界普遍关注的一个重要问题。1994 年联合国防止荒漠化公约给荒漠化以一个新的定义，即沙漠化是"在包括气候变化和人类活动的多种因素作用下，干旱、半干旱和干性半湿润地区的土地退化"。根据联合国粮农组织和环境规划署的划分，沙漠化表现为植被退化、水蚀、风蚀、土壤盐化、有机质含量降低、土壤变紧实和土壤表面形成结壳、土壤中有害动植物的物质聚集等。根据沙漠化的定义可以发现，沙漠化的过程实际上是风与沙相互作用的过程，风是沙漠化的直接动力，而人类过度的经济活动也成为沙漠化的重要原因。

为了防止沙漠化的蔓延与整治沙漠化土地，必须减轻沙漠化土地的压力，根据沙漠化土地系统的功能，协调与人类的关系。坚持治理、开发、利用并重的方针，在治沙、防沙的同时，合理开发利用沙地资源，实行沙、田、林、草、水、路综合治理。沙漠化土地治理的关键是护土围沙，并以立即停止过垦过牧等继续加剧沙漠化过程的人为不合理的干扰活动为前提，同时还必须在保护自然环境的条件下，与合理利用和开发本地区资源结合起来，沙漠化土地治理的措施包括工程措施、植被措施和农牧生产措施。其中工程措施主要是在沙漠化土地上设置工程沙障，以固定流动沙丘。植物措施是沙漠化治理的关键措施，主要包括封沙育草育灌、种灌种草、飞播、建造防护林带、建设人工草场等。农牧生产措施包括控制载畜量、控制农垦面积、合理配置作物牧草、扩大农牧比重、合理开发地下水等。

（3）盐碱化土地的保护。土地盐化是指可溶盐类在土壤表层及土体中积累；土地碱化通常是指土壤胶体表面吸附一定数量的钠离子，随着钠离子水解而导致土壤理化性质的恶化。盐碱化土地包括盐土、盐化土、碱土、碱化土四种。从形成和改良条件划分，大致可区分为干旱半干旱地区盐碱化土地、半干旱湿润地区盐碱化土地、滨海盐碱化土地。

盐碱地综合治理的关键是通过区域水盐运动的调节和控制，建立一个良好的土地生态系统，综合治理的中心是调控水的运动，要坚持以排水为基础，统筹处理排、灌、蓄、补的关系，要通过全面和治理规划达到调节、控制及改善区域的水分状况的目的，做到旱能灌、涝能排，返盐期能降低地下水位等。综合治理盐碱土地的具体措施包括水利改良措施、农业与生物改良措施、化学改良措施等。其中水利改良措施是通过一定的农田水利工程，排除地表积水和降低地下水位或引淡排碱，或通过原有盐碱地土地的改造，达到治理盐碱的目的；农业与生物改良措施是在水利改良措施的基础上，通过一定的农业和生物措施，改良土壤理化性状，提高土壤保水透水性能，加速土壤淋盐和防止返盐的作用，使原有的盐碱地在合理的利用过程中得到进一步治理和改良；化学改良措施是指在采用工程、农业与生物措施的基础上，还要配合施用化学改良物质，从而消除碱害，达到治碱的目的。

（4）污染土地的保护。土地污染一般是由于现代化工农业生产活动，使大量的工业废气、废水、废渣和农药、化肥直接或间接地进入土壤，其中某些有毒的物质积累而引起土地质量下降，抑制作物生长，产品质量恶化，危害人类健康。按照污染源的不同，土地污染可以划分为工业污染、化肥污染和生物污染三类。

对于土地污染的治理，首先，要控制和消除土地污染源，主要是控制和消除工矿企业"三废"的排除，改进工艺流程，以减少和消除污染物质。其次，还要加强污染区的监测和管理，控制化学农药的使用，合理施用化学肥料。最后，对于已经污染的土地，要采取措施，消除土壤中污染物或控制土壤中污染物的迁移转化，并防止进入食物链。例如对于污水要采取物理处理法、化学处理法、生物处理法等相应技术措施进行净化处理；对于污泥要采用酸化法除去污泥中的重金属和酸碱法处理城市污水、污泥。总的来说，防止土地污染的措施一般包括生物防止、施加抑制剂、增加土壤有机含量、施用基肥、改变耕作制度、加强稻田水面管理和客土深翻等。

（5）废弃地的复垦与保护。废弃地主要产生于矿业开发中，由于采掘过程产生的废石、废渣、弃泥、尾矿，同时也带来对于地表水、地下水、空气等的严重污染，干扰了原有的土地生态平衡，破坏了原来具有的使用价值却废弃的土地资源。

对于废弃地的复垦与保护应注重综合性，即不仅限于合理安排土地功能的恢复，而且要注重防止废弃物的浸滤对地下水系的影响。在复垦过程中，排水系统的设计除必须防止对地表水系的污染外，还应该强调排水管网系统构成一个合理排水模式，最终排泄径流的位置根据适合采矿地区周围的当地水系河道而定。同时还要把防止采矿废弃物对空气的污染作为复垦和保护的重要内容，从而实现土地、环境和生态的综合恢复。

采矿土地复垦的技术方法主要包括捣堆开采复回法、横山脊复回法、沿等高线分区段剥离开采复用法等。其中，捣堆开采复回法是在较平坦的地区，采前先将地表的树木砍掉，用推土机清除草类植物，再用铲运机将表土层剥下储存，并平整地面。准备工作做好了以后，开始实质性开采步骤：第一，在矿体边界根据索斗铲的规格大小确定采掘带宽度，使堑沟方向与长钻探方向相一致或平行，以使钻探资料更准确地指导开采作业；第二，将索斗铲置于堑沟的一断，并与堑沟纵方向成直角，索斗铲按分段双壁堑沟剥离法进行剥离，并回转180度将剥离物堆积在有堑沟的一侧，等堑沟里的覆盖物剥离空后，索斗铲以相反方向采掘下面的矿石，并将其堆积在废石堆与堑沟之间的空地上；第三，待沟底的矿石采空后，索斗铲又回到原先挖掘覆盖物的那一端开始挖掘另一条堑沟，此时在第一条堑沟的一侧已形成与堑沟平行的一排覆盖物和一排矿石；第四，索斗铲在开挖第二条堑沟时，将挖掘的覆盖物卸入第一条堑沟中，用索斗铲将填入的覆盖物稍加平整，再用推土机将地表仔细地平整压实，然后在第二条堑沟剥离空后开始挖掘下面的矿物，并将矿物堆积在已填平整了的第一条堑沟的位置的地表上。

横山脊复回法是在横向采掘的初始作业点，应选择在适宜于堆置废石的地方，如山脊低处或山沟洼地尽头的山坡陡坡。第一条垂直于山脊长轴方向的堑沟中的废石，就堆积在附近的山沟尽头或山脊低处，剥离工作从山脊的这一侧一直剥离到那一侧，然后再往回剥离，反复进行，工作面沿着山脊向前推进。在向前推进了一定宽度后，就可以把剥离物填回至采空区。

沿等高线分区段剥离开采复用法是把覆盖物等废石堆积在已经开采结束的台级上，而不是堆积在外侧山坡上，这样就有效解决了废石堆积被侵蚀引起固体污染所造成的环境恶化问题，同时，大大增加了废石堆本身的稳定性，如果能在废石堆复回后进行再种植则增加了长期的稳定性。

第六章　土地资源可持续利用管理

可持续发展管理，是指管理者为了实现自然、经济、社会的协调发展，依据可持续发展的理论和规范，运用经济、法律、行政、教育、信息、科技等各种手段，对所管理的对象进行决策、计划、组织、指导和控制等一系列活动的总称。土地资源是人类生存发展的最基本资源，土地资源的可持续发展是资源、环境、社会和经济可持续发展的基础。

本章将主要从土地资源可持续利用管理的角度来阐述土地资源的可持续发展，具体包括：土地资源的界定；土地资源可持续利用的界定；土地资源可持续利用的必要性和可行性；土地资源可持续利用与经济、社会可持续发展的关系；土地资源可持续利用管理的实践；实现土地资源可持续利用管理的建议和措施等。此外，本章较详细地介绍了可持续发展的相关理论，以便于更好地学习土地资源可持续发展管理的知识。

第一节　可持续发展的内涵

一、可持续发展的提出

可持续发展是全球普遍关注的热点话题，能否实现可持续发展影响着全球经济、政治、文化乃至人类的生存。随着全球经济日益发展，人与自然、资源、环境的矛盾日益凸显激化，可持续发展这一概念逐渐被提上国际议事日程，并形成了一套较完整的发展理论。这一理论的形成大致经历了如下几个阶段：

（一）萌芽阶段

工业革命之前，人类活动对环境的负面影响范围较小，人与自然、环境及发展的关系总体而言处于基本和谐状态。蒸汽机的发明标志着工业革命的到来，机器大生产代替传统的手工劳动，生产力得到突飞猛进的提高，从而加快了人类对自然的改造与索取。特别是第二次世界大战之后，西方许多资本主义国家相继走上了以工业化为主的发展道路，生产力不断提高，经济不断发展。但是，这种发展模式片面追求经济发展，过度索取、滥用自然资源，以破坏生态环境为发展经济的代价。20世纪50～60年代，工业发展对环境所产生的不良影响，迫使人们开始反思单纯追求经济增长的消极作用。1962年，美国女生物学家卡逊出版的科普著作《寂静的春天》，描述了由于农药的无节制使用而带来的环境污染景象，在西方社会引起了强烈反响，为环境问题率先敲响了警钟，从而产生了以保护环境为基本内容的可持续发展理论的萌芽。

（二）可持续发展理论的提出阶段

随着环境问题的出现，工业高速发展使得资源日益耗竭。1970年美国麻省理工学院管理学教授麦多斯受罗马俱乐部的委托，与他人合作，于1971年出版了《增长的极限》一书，该书从影响经济增长的五个主要因素即人口增长、粮食供应、资本投入、环境污染和资源耗竭出发，根据指数增长原理，认为人口增长引起粮食需求的增长，经济增长引起不可再生自然资源耗竭速度的加快和环境污染程度的加深，在公元2100年到来之前，人类社会即将崩溃。报告还提出了要避免因超越地球资源极限而导致世界崩溃的最好办法是限制增长，即"零增长"。"零增长"理论对人类发展前景的预想过于悲观，同时把环境与发展对立起来，对如何使经济、社会、环境协调发展这一问题认识不够，存在着许多问题与缺陷。但是，《增长的极限》第一次给人类盲目追求经济增长的发展理念敲响了警钟，在全世界引起了强烈反响，各国的政治家、经济学家都纷纷关注起经济增长、经济发展的方式问题。于是有关可持续发展的研究蓬勃兴起，可持续发展也提到了一些国际组织和各国政府的议事日程。1972年6月联合国在斯德哥尔摩召开人类环境会议，在这个会议上，来自113个国家的1300名代表首次对地球的环境问题进行了世界范围的讨论，并通过了具有历史意义的《人类环境宣言》。虽然这次会议的主题偏重于讨论环境问题，但还是讨论了罗马俱乐部提出的增长极限理论问题，并形成了可持续发展理论的雏形。1980年由世界自然保护同盟等组织和有关国家的专家参与制定的《世界自然保护大纲》，终于明确提出了可持续发展的思想。

（三）发展与完善阶段

1983年成立的世界环境与发展委员会（WCED），对可持续发展理论的成型和发展起了关键性的作用。该组织是在前挪威首相布兰特兰夫人的倡导下，组织了来自21个国家的研究环境与发展问题的著名专家，经过900多天的工作，于1987年向联合国提出了一份著名报告《我们共同的未来》，该报告对可持续发展的内涵作了界定和详尽的理论阐述。这一报告的提出标志着可持续发展已经形成了完整的理论体系，产生了许多代表性著作，如《世界保护战略》《建设一个可持续发展的社会》和《我们共同的未来》等。

（四）实践阶段

20世纪90年代，可持续发展理论被全世界普遍接受，并由理论探讨转变为社会实践。联合国于1992年召开了由各国政府首脑参加的"环境与发展大会"，提出了具有划时代意义的《21世纪议程行动计划》，把可持续发展由理论转化为实践，期望通过政府行为来实现可持续发展战略思想，对确立将可持续发展作为人类社会发展新战略具有十分重大的意义。2002年8月26日至9月4日，联合国可持续发展世界首脑会议于南非约翰内斯堡举行，来自192个国家和地区的政府代表团，104位国家元首或政府首脑以及国际组织、非政府组织的代表2万余人出席了会议。该会议回顾了里约会议10年来可持续发展取得的进展，总结了存在的问题，通过了《可持续发展问题世界首脑会议执行计划》，重申了对世界可持续发展具有奠基石作用的里约峰会的原则和进一步全面贯彻实施《21世纪议程》的承诺，标志着可持续发展战略的实施进入了一个新的阶段。

二、可持续发展的含义

从不同的角度来看，可持续发展的定义存在多样性。主要表现在：

1. 侧重于自然方面的定义

"持续性"一词首先是由生态学家提出来的，其所谓"生态持续性"，意在说明自然资源及其开发利用程度间的平衡。1991年11月，国际生态学联合会（INTECOL）和国际生物科学联合会（IUBS）联合举行了关于可持续发展的专题研讨会，将可持续发展定义为："保护和加强环境系统的生产和更新能力"，可持续发展是不超越环境系统更新能力的发展。此外，另一种观点则从生物圈概念出发，认为可持续发展是寻求一种最佳的生态系统，在支持生态的完整性和人类愿望实现的同时，使人类的生存环境持续发展。

2. 侧重于社会方面的定义

1991年，由世界自然保护同盟（INCN）、联合国环境规划署（UNEP）和世界野生生物基金会（WWF）共同发表《保护地球—可持续生存战略》，将可持续发展定义为"在生存于不超出于维持生态系统涵容能力之情况下，改善人类的生活质量"，并提出了人类持续生存的9条基本原则及人类可持续发展的价值观和130个行动计划，既强调了人类的生产、生活方式应同地球承载能力保持平衡，保护地球的生命力和生物多样性，又着重论述了可持续发展的最终目的是人类社会的发展。

3. 侧重于经济方面的定义

爱德华·B.巴比尔在其著作《经济、自然资源不足和发展》中，把可持续发展定义为"在保持自然资源的质量及其所提供服务的前提下，使经济发展的净利益增加到最大限度"皮尔斯认为:"可持续发展是今天的资源使用不应减少未来的实际收入","当发展能够保持当代人的福利增加时,也不会使后代的福利减少"。这类定义中的经济发展不再是传统的以牺牲资源和环境为代价的经济发展,而是不降低环境质量和不破坏自然资源基础的经济发展。

4. 侧重于科技方面的定义

斯帕思认为:"可持续发展就是转向更清洁、更有效的技术,尽可能地接近'零排放'或'密封式'工艺方法,尽可能减少能源和其他自然资源的消耗。"也有人认为,污染并不是工业活动不可避免的结果,而是技术差、效益低的表现,故"可持续发展就是建立极少产生废料和污染物的工艺或技术系统"。

5. 综合性定义

《我们共同的未来》中将可持续发展定义为:"既满足当代人的需求,又不对后代人满足其自身需求的能力构成危害的发展"1989 年"联合国环境发展会议"(UNEP)专门为可持续发展的定义和战略通过了《关于可持续发展的声明》,认为可持续发展的定义和战略主要包括四个方面的含义:(1)走向国家和国际平等;(2)要有一种支援性的国际经济环境;(3)维护、合理使用并提高自然资源基础;(4)在发展计划和政策中纳入对环境的关注和考虑。可持续发展是指满足当前需要而又不削弱子孙后代满足其需要之能力的发展,而且决不包含侵犯国家主权的含义。可持续发展涉及到国内国际合作,意味着国家内和国际间的公平,支援性的国际经济环境能够保证各国、尤其是发展中国家的经济持续发展。

总之,可持续发展就是建立在社会、经济、人口、资源、环境相互协调和共同发展的基础上的一种发展,其宗旨是既能相对满足当代人的需求,又不能对后代人发展构成危害。

三、可持续发展的基本原则

(一)公平性原则

公平性原则包括两个方面:一是代内公平。这一原则要求在全球范围内满足人们的基本需求,并且提供给他们创造更好生活质量的机会。当今日益严重的贫富悬殊、两极分化现象极大地影响了可持续发展的实现。因此,给世界以公平的分配与发展权,消除贫困,是可持续发展首要考虑的问题。二是代际公平,也称为世代公平。由于自然资源数量及环境容量的有限性,本代人不能只顾自己的发展而过度需求和破坏人类生存所需的自然资源质量和生态环境平衡,应该使后代人同样享有公平利用自然资源和保持良好生存发展环境的权利。代际公平要求当代人应当为后代人保存自然资源的多样性,为后代人保持地球生态环境的质量,为后代人保存平等接触和使用前代人遗产的权力。代内公平是代际公平和可持续发展的必要条件，由于后代人利益的代表缺位，可持续发展所要求的代际分配只能由当代人决定，只有实现了代内公平，实现人们利用自然资源权利的实际平等，给世界以公平的分配与发展权，逐步消除贫困，才能实现代际公平和可持续发展。

（二）可持续性原则

这一原则是指人类的经济建设与社会发展不能超出自然资源与生态环境的承载能力，在不超越资源的临界性的情况下对自然资源有限度地利用，以不损害支持地球生命的大气、水、土壤和生物等自然系统的平衡为前提。可持续性原则要求首先确定特定生态系统的承载能力，如区域人口承载能力、经济发展的土地资源承载能力、环境承载能力等，从而能够进行科学地决策、有效地监控。可持续性原则要求将资源的可持续利用和生态环境建设蕴于发展中，将之与经济发展相联系，这是可持续发展的本质要求，体现了人与自然和谐统一的关系。

（三）共同但有区别的责任原则

可持续发展是全人类生存发展的共同目标，需要全世界人们的共同努力，但是共同行动并不表示同样的行动，共同的责任也不表示同样的责任。各国在全球经济中起着不同的作用，对全球的资源和生态环境也有着不同程度的影响，因此，各国对可持续发展负有共同的但又有区别的责任，即责任既有普遍性又有特殊性。发达国家在享有高水平经济带来的巨大利益的同时，也应对其盲目追求经济增长带来的自然资源匮乏、生态环境失衡的后果承担更大的责任。只考虑"普遍性原则"而忽视"特殊性原则"，不利于全面地实施可持续发展。此外，由于各国的国情不同、发展程度不同，可持续发展的具体目标、步骤及政策也不可能是相同的。

（四）效率与公平相统一原则

可持续发展改变了以往将公平与效率相分离的发展模式，而是将两者统一结合起来谈发展。过去人们对公平的认识局限在小范围，可见物质上的公平、局限与当代人之间的公平，而可持续发展不仅强调代际公平、人与自然的公平、国家地区间的公平，而且赋予了代内公平新的内涵，强调人与人之间发展机会的公平。同时，可持续发展要求在追求公平目标的同时兼顾效率原则。效率不仅仅指经济效率，还体现在人类发展系统的协调、优化和高级化，体现的是单位资源与环境投入产出最大化，在保证可持续性的条件下实现减去环境和社会成本的综合效益的最大化，追求的是经济效益、社会效益、环境效益等组成的综合效益最大化。因此，可持续发展强调效率公平间的协调统一。

四、我国的可持续发展战略

（一）我国在发展进程中面临的严峻挑战

进入21世纪，我国的发展进程面临着严峻的挑战，主要表现在以下几个方面：

1. 人口三大高峰的压力

人口总量高峰、劳动就业人口总量高峰、老龄人口总量高峰相继来临，使我国的人力资源建设问题、国家公共健康的保障问题、食品安全问题、解决劳动就业机会问题、社会保障体系的完善问题、老龄化社会问题等的解决都面临着巨大的挑战。

2. 能源和自然资源的超常规利用

能源和自然资源的超常规利用是与可持续发展相背离的利用，要扭转能源和资源的超常规利用，要求从现在起，逐步达到资源和能源消耗速率的零增长，即实现土地资源的动态平衡、森林资源的采育平衡、水资源的消耗速率成为常量、能源的消耗速率成为常量、矿产资源消耗速率成为常量。能源结构应逐步将煤炭所占3/4的比重下降到50%以下。对我国而言，实现上述要求障碍重重，需要几代人的共同努力。

3. 加速生态环境"倒U型曲线"的右侧逆转

中国的生态环境质量仍处于局部改善而整体恶化的状态。当前的主要工作需致力于迅速扭转生态环境质量仍处于"环境库兹涅茨倒U型曲线"左侧的态势，加速通过临界点并转向生态环境总体好转的"倒U型曲线"的右侧。

4. 实施城市化战略的困扰

到2020年之前，中国的城市化率应当从现在的36%提高到55%以上。要实现这一目标意味着平均每年增加近1%的城市化率，每年将有1000万以上的农村人口转化为城市人口，这必将给整个社会带来巨大的压力。

5. 加速区域间发展的平衡并逐步实现共同富裕

可持续发展要求实现社会的公平，新的世纪如何实现区域之间发展的平衡，逐步解决三农问题，并最终达到共同富裕，需要长期坚持不懈的奋斗。

6. 国家信息化进程的急速推进和科技竞争能力的培育

中国的信息化水平低，只占发达国家的5%左右，而国家整体的信息化水平是国家综合实力和国际竞争力的基本标志之一，因此，在新的世纪中迅速推进国家的信息化程度，努力培育科技竞争能力，是我国发展的又一艰巨任务。

（二)21世纪我国的可持续发展战略

正确认识到上述挑战和困难，中国政府提出了"全面实现小康社会"、实现国家的"全面、协调、可持续发展"的科学发展观。

科学发展观强调"自然、经济、社会"复杂关系的整体协调。有效协调"人与自然"的关系是保障人类社会可持续发展的基础，而正确处理"人与人"之间的关系则是实现可持续发展的核心。科学发展观的理论核心紧密围绕着这两个关系，形成了贯穿整个理论的两条基础主线：一是努力把握人与自然关系的平衡。通过认识、解释、反演、推论等方式，寻求人与自然的和谐发展及保证其关系的合理性，将人的发展与人类需求的不断满足同资源消耗、环境的退化、生态的威胁等联系起来。二是努力实现人与人之间关系的和谐。通过舆论引导、观念更新、伦理进化、道德感召等人类意识的觉醒，更要通过政府规范、法制约束、社会秩序、文化导向等人类活动的有效组织，逐步实现人与人之间关系（包括代际之间的关系）的协调与公正。可持续发展的实质主要是体现在人与自然之间以及人与人之间关系的和谐与平衡。科学发展观强调人与自然、人与人关系的平衡，还体现在"效率与公平"的阐释中。所谓"效率"，注重的是资源利用、环境保护、经济增长与财富积累方面，物质、能量的有效转化和供求平衡，更多地体现出人与自然关系的和谐。所谓"公平"，注重的是人们基本权利的享有、财富分配的合理、社会保障体系的健全、社会组织结构的有序、社会心理的稳定等一系列目标的实现，更多地体现了人与人之间关系的协调。而"可持续发展"强调的"效率与公平"之间的协调与平衡本质上涵盖了人与自然和人与人之间关系的两大统一。

科学发展观揭示"整体、内生、系统"的本质内涵。"可持续发展"对发展的理解不同于传统的将发展理解为经济增长，而是强调"发展"具有"整体的、内生的、系统的"的内涵。发展是整体的是指对一个国家乃至整个世界而言，发展的本质在于如何从整体上协调各不同利益集团、不同规模、不同层次、不同结构、不同功能的实体的发展。发展具有内生的涵义是指主导着发展轨迹的持续推动力来自于系统的内生动力。发展是系统的指的是发展是影响发展的各个要素之间相互作用、有机结合的结果，而不是各要素的简单叠加。这种相互作用结合包括了各种关系（线性的与非线性的、随机的与确定的等）的层次思考、时序思考、空间思考与时空耦合思考。既要考虑内聚力，也要考虑排斥力；既要考虑增量，也要考虑减量。最终要把发展看作各要素的关系"总矢量"的系统行为。

科学发展观强调发展、协调、持续的系统运行规律。可持续发展作为一国家的基本发展战略，既考虑到经济增长、社会进步和环境安全的功利性目标的实现，又全方位涵盖了自然、经济、社会复杂宏大系统的运行规则和人口、资源、环境、发展四位一体的辩证关系，并将此类规则和关系在不同时段或不同区域的差异表现，包含在整个时代演化的共性趋势之中。从可持续发展的基础概念出发，科学发展观具有三个最为明显的特征：一是明确表达了衡量一个国家或区域的"发展度"，即能够判别一个国家是否真正地在发展、是否在健康地发展，以及是否在保证生活质量和生存空间的前提下不断地发展；二是能够衡量一个国家或区域的"协调度"，即要求定量地诊断或在同一尺度下比较能否维持环境与发展之间的平衡、能否维持效率与公正之间的平衡、能否维持市场发育与政府调控之间的平衡、能否维持当代与后代之间在利益分配上的平衡；三是能衡量一个国家或区域的"持续度"，即判断一个国家或区域在发展上的长期合理性。

理论只有与实践结合，才能发挥其指导实践活动的作用，科学发展观是人们在改造自然的实践过程中符合客观规律和适应时代潮流的理论产物，来自于人类的实践活动，必然要回到人类的实践中。体现科学发展观有效贯彻的标准包括以下七个方面：（1）始终保持经济的理性增长，不同于限制财富的"零增长"，也不同于过度增长，而是"健康状态"下的经济增长。（2）全力提高经济增长的质量。（3）满足"以人为本"的基本生存需求。（4）调控人口的数量增长，提高人口的素质。（5）维持、扩大和保护自然的资源基础。（6）集中关注科技进步对于发展"瓶颈"的突破。（7）始终调控环境与发展的平衡。只有在上述七项内容被平行地和全面实现时，科学发展观才能得到真正的体现和有效地贯彻。

第二节　土地资源可持续利用的必要性与可行性

一、对土地的正确认识

土地与土壤是有区别的，两者不可等同。土地是具有三维空间的、地球表面一定范围内包括地貌、气候、生物、土壤、岩石、水文等自然要素以及人类活动因素在内的相互联系、相互作用，并在时间上具有动态变化的自然体。土地的特征是其中各自然要素与人类因素相互作用的结果，它反映了在发生与发展过程中某一瞬间的特定状况，并且在不同的空间地域上也有不同的表现。而土壤则仅是指地球表面覆盖在岩石上面的、由母质风化而来的疏松表层，范围比土地窄，但是，如果仅就其农业利用而言，土地与土壤在很多方面是可以等同的。

土地不仅是人类活动与自然相互作用的产物，同时也是一个复杂的生态系统，包含森林、草地、湿地或农田等多个或许多不同类型的生态系统。土地是最重要的农业自然资源，是人类生存最基本、最广泛、最重要的自然资源。

此外，土地还具有随"时间"变化的特征，即土地本身是处于不断变化之中的，土地的生产力也随着时间的推移而发生相应的变化。

二、土地可持续利用的必要性

土地的生产性、有限性、稀缺性、不可替代性等特征使土地资源可持续利用十分必要。

（一）土地的生产性

土地作为一种生产资源，具有生产性。土地生产力的高低主要取决于其自然属性和生产技术水平。由于土地的组成要素包括光、温、水、土、地形等在质和量的构成或配置协调上的差异，从而形成不同生产力的土地，适宜于不同种类的植物（如农作物、牧草等）和动物（家养和野生的）的生长与繁衍，表现为土地适宜性的差异。而生产技术水平对土地生产力的影响主要体现在土地集约利用的程度和克服、改造土地的限制因素的能力，以充分发挥土地的适宜性，提高土地的生产力。

（二）土地的有限性

土地所特有的空间性决定了土地资源的有限性，亦即土地的数量与面积在目前或以后相当长的时期内是不会有显著的增减变化的。具体来说，土地的有限性包括两方面含义：首先是土地总量的有限性，即受地球表面陆地部分的空间限制，土地的面积是有限的。虽然人们依靠自己的智慧进行移山填海、围海造田努力拓展陆地，但这相对于土地的总面积而言是微乎其微的。可以说，在现有的科技条件下，人力是不可能创造土地的。其次是土地供给的稀缺性，土地供给的稀缺性是由于土地自然供给的数量绝对有限性、位置的固定性、质量的区域差异性及土地报酬的递减性等因素所造成的。即土地的稀缺性是由于适合各种用途的土地供不应求，导致土地供给总量与土地需求总量的矛盾。人类利用土地资源创造财富，造福自己，但随着人口的增加，其对土地的需求增加，相对的人均占有量将会不断减少，这更进一步加剧了土地供给的稀缺程度。此外，随着人口的增加、社会产业的规模和种类的发展，不仅需要更多的耕地，也需要适合城镇建设的各类用地，使得土地稀缺性更加明显。这种稀缺性在人口密集国家和地区更为突出。

（三）土地的区域性

土地的另一个固有特征是具有特定的空间位置和形态外貌。每一块土地都占据着一定的"三维"（高、宽、长或高度、经度和纬度）空间位置，具有明确的地域界限，以及与此相联系的特殊地质、地理条件，从而呈现出不同土地的自然特征和空间分布规律。土地资源的分布具有严格的地域性。土地不是人类按统一标准制作的，所以不同区域的土地质量差异是客观存在的。一方面，不同区域土地的有形质量存在差异，如地质、地貌、水分、所含养分都有很大差异；另一方面，土地的交通便利程度，离城镇的远近也会使土地的无形质量存在明显差异。

（四）土地的不可替代性

土地是人类生存和发展的最基本条件。威廉·配第说过："劳动是财富之父，土地是财富之母"。土地资源是众多自然资源的一种，它是指在目前和可预见到的将来能开发利用的各种类型的土地。它是人类生存的基本资源和劳动对象，是人类生活和生产活动的场所和载体。土地作为人类的生存空间，是不可替代的生存条件；作为生产所必需的物质和能量来源，人类的劳动只有与土地的自然力相结合，才能创造出财富。由此可见土地具有不可替代性。

土地是人类最基本的生产资料，是人类生存和发展的最基本条件。随着经济的发展，人地矛盾日趋激烈，使人们对土地资源的可持续发展日益重视，尤其是在可持续发展思想产生之后，土地资源的可持续发展就成为经济社会可持续发展最重要、最基本的资源基础。土地是人类生存和社会经济活动的载体，"土地是世代相传的人类所不能出让的生存条件和再生产条件"。"民以食为天，食以农为源，农以地为本"、"地者政之本也，是故地可以正政也"，后一句的意思是指土地是治理国家的根本，土地的占有和使用状况可以影响国政。土地具有其他资源不可替代的养育功能、承载功能、仓储功能、增值功能和景观功能。土地一旦被投入于人类社会生产活动之后就成为任何社会物质生产部门重要的不可或缺的物质条件和生产资料。社会和国民经济发展伴随着对土地需求的增长，土地已成为影响国民经济整体发展的"最小构成因子"。土地资源是一切资源之首，有关资源（含自然资源和经济资源）均借助于或通过土地利用发挥作用和显示其地位的。当前人口、资源、环境和发展（PRED）全球性的四大问题均与土地和土地利用问题紧密关联，从一定意义上讲，土地资源及其持续利用是资源与环境持续性和经济社会持续发展的重要内容和物质基础，是解决人类当前所面临重大问题的必由之路。

三、土地资源可持续利用的可行性

在认识到土地资源可持续利用的必要性之后，人们关于如何实现土地资源可持续利用问题的研究也进一步深入，认识到土地资源的可持续利用是实现土地资源可持续利用的核心，而土地资源的可更新性使土地资源得以可持续利用。研究土地资源的可持续利用，不可避免地要考虑土地的资源类型问题。土地资源面积的有限性、位置的相对固定性和一定时期内的质量相对稳定性与不可再生资源的含义吻合；而土地资源的可更新性、可培育性和自然属性所表现出来的季节变化周期性又符合可再生资源的特征。土地是一个生态系统，土地资源具有可更新性。在合理利用条件下，土地的生产能力并不会因时间推移而消失，相反可以自我恢复，而且随着科学技术的进步而提高。正如马克思所说，"土地的优点是，各个连续的投资能带来利益，而不会使以前的投资丧失作用，这一点不同于一般的生产资源"。

第三节 土地资源可持续利用管理的主要内容

一、土地资源可持续利用的内涵

土地资源可持续利用的思想是在 1990 年印度农业研究会与美国 Rodale 研究所在新德里举行的土地利用研讨会上首次正式提出的。但是，迄今为止，关于土地可持续利用尚无统一的定义。国外有关研究得出的定义大致有以下几种：

美国学者 Yong 从土地科学角度出发给出的定义是："获得最高的收获产量、并保护土壤赖以生产的资源，从而维持其永久的生产力"的土地利用；联合国粮农组织在《可持续土地利用管理评价大纲》中的定义是："如果预测到一种土地利用在未来相当长的一段时间内不会引起土地适宜性的退化，则可以认为这样的土地利用是可持续的"；Hart 和 Sands 从系统科学角度出发，将土地可持续利用定义为："利用自然和社会经济资源，生产当前社会经济环境价值超过商品性投入的产品的同时，能维持将来的土地生产力及自然资源环境土地资源可持续利用"，从生态学意义上来说，是保持特定地区的所有土地均处于可用状态，并长期保持其生产力和生态稳定性，从社会经济学意义上来看，是保持特定地块之特定用途。国内有关研究认为，土地可持续利用是指土地的利用不能对后代的持续利用构成危害。换句话说，土地的利用既要满足当代人的需求，又不要影响人类今后的长远需要。土地可持续利用包含两层含义：一是土地资源本身的高效、持续利用；二是土地资源与社会其他资源相配合共同支撑经济、社会持久发展。具体地讲，土地可持续利用包括以下几方面内容：

（1）在资源数量配置上与资源的总量稀缺性高度一致，实现优化配置。

（2）在资源的质量组合上与资源禀赋相适应。根据生产项目对土地资源品质的要求，将优质的土地资源安排到对资源品质要求高的生产项目上。

（3）在资源的时间安排上与资源的时序性完全相当。应考虑资源开发利用的延续性，避免由于资源集中过量消耗而导致的资源供给严重不足。

（4）土地资源配置应当因地制宜。要考虑构造有序的区域配置机制，建立区际间资源流动的规则。

总之，土地可持续利用，要求土地资源配置在数量上具有均衡性，在质量上具有级差性，在时间上具有长期性，在空间上具有全局性，从而实现自然持续性、经济持续性和社会持续性的统一。

二、土地资源可持续利用对社会经济可持续发展的作用

土地资源可持续利用对社会经济可持续发展的作用主要体现在三个方面：

（一）农用土地可持续利用与社会经济可持续发展

农业是国民经济的基础，可持续发展的农业是经济社会可持续发展的产业基础。农业的发展离不开土地，农业与土地有着天然的依存关系。土地不仅是劳动对象，而且土地本身就是劳动资料，没有土地就没有农业的生产与发展。只有一定规模的土地方能保证满足人类需求的农产品能够足量的生产。适当质量的土地才能进行农作物的生产，满足人类对农作物质量的需求。可见土地可持续利用是农业可持续发展的基础，进而关系到农村经济、农业生产和农村社会环境的持续发展乃至整个经济社会的可持续发展。

（二）建设用地可持续发展与社会经济可持续发展

建设用地是指社会经济圈中用于非农业用途的土地，主要是城市、村镇居民的生产和生活用地。土地在城市村镇这个由工业、商业、城市生态等多个经济系统组成的多层次的经济大系统中起着十分重要的作用。首先，土地是城市、村镇各种经济活动的运行空间，土地的利用方式及效率决定了城市、村镇的发展。其次，城市、村镇土地在空间上是国民经济宏观大系统中各个地域分系统的中心，同时也影响着其周围的经济区；再次，城市、村镇土地是居民居住生活的基本空间。居民的衣食住行都需要一定的空间，科教文卫设施均占据着城市、村镇土地的较大比例。此外，城市、村镇的地理位置处于交通网的结点处，发挥着重要的交通运输枢纽的作用。因此，土地是城市、村镇一切经济、社会活动的载体和运行空间。

（三）未利用土地持续开发与社会经济可持续发展

未利用土地，顾名思义指的是当前未开发利用的土地，包括难以利用的土地，是指在目前的技术水平条件下，还没有利用或者利用中存在一定难度的土地。但是，随着科学技术水平的不断提高，人类利用土地的能力也将不断提高，未利用土地最终将转化为可利用土地的形式，从而满足社会经济可持续发展对土地资源的不断需求。

三、土地资源可持续利用评价

判断土地资源的利用是可持续的还是非可持续的前提，在于衡量可持续性标准的确立。土地资源可持续利用的评价可以从多视角、多层面上来进行，但归结起来对土地可持续利用的评价应包括相应的生态、经济、社会的三维视角。

（一）本体层面的统一性

从土地利用可持续性的本体层面上来看，生态可持续、经济可持续和社会可持续是统一的。社会可持续要求人类社会可以在相当长的历史时期内存在并发展，生态环境和经济发展决定着人类社会的未来。经济可持续指的是人类最基本的经济活动（包括土地利用活动）的可持续，而不是微观主体的经营活动的可持续。自然资本是人类生存和发展的资源资本基础，可持续与否制约着人类社会的可持续性，同时也制约着经济活动的可持续性。对土地利用活动而言，自然资本的可持续性就是土地质量和维持土地质量所需的不可再生资源的持续。自然环境不仅是人类生存发展的条件，而且也是资源的供给源和废弃物的收纳所。对可再生资源的消费不能超过其再生速率，对退化性废物的排放不能超过环境的容纳和处理能力。从这个意义来说，人类赖以生存的自然环境和自然资本的持续与地球表层生态系统的生态结构和功能的动态平衡是同义的。生态的可持续是经济、社会可持续的基础。

（二）机制层面的错综性

在土地利用可持续性的机制层面，生态、经济、社会三方面因素相互作用，土地利用的可持续与否是各因素共同作用的结果。从农业土地利用的可持续性具体分析生态、经济与社会三方面的相互影响。人类的农业土地利用活动与农业生态系统的复合形成了农业土地利用系统。作为一种自然—人工生态系统，农业土地系统具有内在的抗御外部干扰的持续性机制。人类的农业土地利用活动只能通过改变系统的结构和能量、物质、信息流动过程这类生态因素来影响该系统的持续性。农业土地利用活动作为生产活动，客观上会受到经济运行机制和运行状况的制约。土地利用的成本、收益直接影响着人类的土地利用方式，即集约型利用还是粗放型利用、永续利用还是非持续利用。由于市场的价格形成机制和资源配置机制导致追求局部的短期的利益，导致非持续利用。土地这类不可再生资源的超前利用甚至破坏性利用往往是人们盲目追求眼前利益的结果。此外，不可再生资源的消耗强度在很大程度上受资源产品价格的影响，而资源产品价格是由市场的供求关系决定的，并不能直接反映资源的可持续程度。土地利用的主体是特定社会的成员，具有社会性。人类的土地利用活动受到社会的组织结构、价值取向、运行机制、决策方式、文化传统等各种社会因素的影响，特别是人类的自然观、资源观、发展观和消费观的影响。

（三）方法论层面的综合性

由于影响土地利用可持续性的因素是多样的，评价土地利用可持续性的方法也应是综合性的。理论上的分歧会造成方法上的差异，不同的指标选择和综合评价方式将导致不同的评价结果和价值取向。拿生态学和经济学比较，两者在人与环境的关系、资源的可替代性、土地退化的可逆性以及资源环境的价值评定方面都存在着很大的分歧。生态学、经济学在可持续性问题的理解上均存在不足，因而不能用单一的学科来评价可持续性，而应在系统论、控制论的基础上结合包括生态环境（生态学、环境学、生物学、气候学、地理学等）、经济（资源经济学、发展经济学等）和社会文化（社会学、伦理学、管理学，国际关系学等）等不同领域的理论来分析研究土地利用的可持续性。

（四）目标层面的兼顾性

可持续土地利用的目标必须兼顾经济、社会和生态效益，兼顾当前利益和长远利益，兼顾局部利益和整体利益，而不只是追求经济效益的最大化。不同的经济社会主体的土地利用活动有着不同的目标。经营者往往受利益的影响来追求当前的、局部的经济效益。

而规划政策的制定者更多地考虑到长远利益和整体利益、社会利益和生态效益。因此，土地利用活动因兼顾各方面的利益，既要满足人们对物质生活水平的需求，又要满足人们对和谐的社会和生态环境的要求。

（五）操作层面的互动性

可持续土地利用规划或方案必须与具体的生态环境、经济环境、社会环境相适应，要求在经济上可行，可被社会所接受。同时，经济可行性和社会可接受性也是相对的和动态的，与资源和生态环境之间有显著的互动效应。

四、土地资源可持续利用的实现

发展中国家要实现土地资源可持续利用，首先必须界定清晰的产权、减轻政府对市场的干预，培育市场在资源配置中的作用。当市场进一步完善后，政府的主要精力应放在土地利用的外部性、公共产品特性的体现上。

（一）提高土地资源的市场化配置程度

土地市场化配置，是指通过市场对土地资源进行配置，即土地市场中的行为主体依据市场运行规律和土地的价格做出决策和判断，在竞争的市场环境中实现最终的土地配置。市场能够克服计划体制下存在的严重价格扭曲的弊端，可以有效防止资源过度利用，大大降低资源退化的风险，实现资源的合理配置和环境收益。有效率的市场机制能够促进资源的高效利用，减弱环境退化的程度，从而有利于可持续发展。发展中国家尤其是转型发展中国家土地资源配置中存在的最大问题是市场机制不完善、市场力量薄弱、政府对市场的干预过多，而导致了市场价格不能真实地反映资源价值和供求，市场赖以发挥配置作用的工具缺位，从而土地资源的利用效率较低。因此，完善市场机制，培育市场力量，减少政府干预，提高土地资源的市场化配置程度，使土地资源的市场价格真实反映其市场价值，引导土地资源的有效配置，是发展中国家实现土地资源可持续利用最紧迫的任务之一。

（二）赋予土地使用者明晰、稳定的产权

科斯的产权理论指出，明晰的产权能够将产权所有者的权利和义务内在化，合理的产权制度能够保持完整的激励和约束功能，使经济活动的各个要素都能够得到正确客观的反映，能够将外部性内部化。微观所有者的土地利用行为影响着土地资源可持续利用的实现。通过赋予土地使用者明晰、稳定的产权，一方面激励使用者正确合理地使用土地以获取长期、稳定的产出，另一方面也约束着使用者必须承担产出减少的风险，从而实现土地资源的合理利用。此外，完整意义上的产权包括排他性的使用权、独享的收益权和自由的转让权。因此，政府赋予土地使用者明晰、稳定的产权必须是完整的。

（三）纠正扭曲的土地市场价格

发展中国家不完善的市场机制导致土地的市场价格反映的是土地直接使用价值，而土地的间接使用价值、存在价值等多元价值并未得到体现，结果是土地的使用成本低于社会的总成本，市场均衡量大于社会最优量。纠正扭曲的市场价格是实现土地资源可持续利用的前提条件，通过政府采取相应的管制、产权、经济激励与约束等手段进行干预，使价格不仅反映出市场化成本和效益，而且还真实反映了资源开发成本和生态环境成本。

（四）编制土地资源可持续利用的核算体系

土地资源可持续利用强调代内、代际公平，要求对土地资源的利用不能只顾及当代的发展而损害后代在食物、生态环境和发展空间上的能力和要求。对经济发展和经济增长的传统评价方法不符合可持续发展的要求，对土地资源可持续利用的评价应采用更加全面的方法，不仅要考虑由于不合理的利用方式给生态环境可持续发展能力的损害，而且要考虑对土地资源的保护及未来发展空间，将这些方面纳入到核算体系中，修正现有的国民经济核算体系，使其对国民经济的评价能够反映土地资源可持续利用的要求。因此，土地资源可持续利用的核算体系应包括两部分，一是土地资源生态环境服务功能的计量和评价；二是在国民经济收入中考虑土地资源生态环境资本的损失。

（五）保护土地资源中的关键资源

由于土地利用的不可逆性和不确定性，在可持续发展和土地资源可持续利用过程中必须维持一定数量和质量的关键资源，必须按照最大最小安全标准保持一个大于"安全阈值"的自然资本存量，以确保满足将来对土地资源的需求。土地资源中的关键资源主要是指耕地资源、森林资源、草地资源和水资源等，因此实现土地资源的可持续发展必须首先保护这部分资源。

发展中国家实现土地资源可持续利用必须共同发挥政府与市场的作用，但是两者

的作用领域不同，在不同的领域作用程度有轻有重。市场应在土地资源可持续利用中发挥主导作用，政府的作用是培育市场力量，纠正市场失灵，内化土地利用的成本和收益，并制定相应的政策，以指导人们的实践。

第四节　我国的土地资源可持续利用管理实践

一、我国土地资源利用中存在的问题

实施土地资源可持续利用管理，首先必须要正确认识我国土地资源利用中存在的问题，才能根据我国的实际情况进行有效可行的土地资源可持续利用管理。

（一）我国农村土地可持续利用中存在的问题

1. 土地经营规模小，农户生产效率低

在我国农村普遍采取"农地普占"的方法，按人口或劳动力平均分配土地，形成了分散、细碎、小规模的土地经营方式。我国人均耕地占有量远远低于国际标准，再加上主要农产品价格不合理，粮食价格下跌，农业生产资料价格上涨，农民负担增长速度超过收入增长速度，使得农民种地成本提高，收入下降。一些农民务农的积极性丧失，再加上缺乏土地流转机制，必然会导致撂荒和掠夺性经营问题的出现。

2. 耕地数量、质量均有所下降，土地资源浪费严重

农业结构调整和自然灾害毁损，非农建设用地占用造成的耕地永久性流失，是我国耕地总量和人均耕地面积减少的主要原因。近几年，每年减少耕地数十万公顷，农业用地和城市以及工业用地需求矛盾日益突出。由于对土地的掠夺性经营，滥垦滥用、过度放牧、乡镇企业占地和土壤污染、山地垦殖和水土流失造成土地资源的严重退化和浪费。

3. 土地产权模糊

《中华人民共和国土地管理法》对土地产权虽有所规定，但没有明确规定。例如，《管理法》第六条规定：农村和城市郊区的土地，除法律规定属于国家所有的以外，属于集体所有；宅基地和自留地、自留山属于集体所有。但是，这个集体是谁却没有界定清楚。此外，由于集体土地的所有权主体不能对政府的侵权行为进行约束，对土地使用者在使用土地过程中的机会主义行为也不能给予约束和监督，农地的集体所有权的产权主体不明晰，导致耕地流失严重。就土地使用权来说，由于土地承包期的不稳定以及责任田的频繁调整，影响了农民对投资结果的预期，挫伤了农民投资的积极性，导致出现了农民土地利用的短期行为；就土地收益权来说，我国农村的地税制度

中存在的纳税随意性相当大，对农民的乱摊派、乱收费现象严重，大大侵害了农民的利益；就土地的处置权来说，尽管法律上明确规定，农村土地使用权可以转让、转包，但实际上，农村土地的流转率还不足1%，一些地方的政府部门强行低价征收土地，剥夺农民对土地的使用权，使农民丧失了土地资本化过程中应获得的价值收益，限制了农业经营的规模和现代化，从而影响了土地利用的经济持续性。

4. 违法用地严重

小城镇建设大片违规占地，政府部门擅自占用耕地，非法买卖土地等违法用地现象严重，各地对"路边店的整治"、对在"耕地上建砖瓦窑厂"以及乡镇企业占用耕地等诸多问题仍然缺乏有效的治理手段和措施。

5. 土地管理体制不完善

对土地管理体制上的纵横关系尚未完全理顺，是我国土地管理体制不完善的主要表现。在纵向上，我国的土地按行政区划由各级政府按规定的权限实行分级管理，由于地方利益越权批地现象时常发生，导致对非农建设用地的总量控制难以实现。在横向上，土地管理部门与其他部门在土地管理职能的界定划分上模糊，导致管理职责承担主体不明确，管理效率低下。

（二）城市土地资源可持续利用中存在的问题

1. 城市土地资源利用规模问题

城市土地利用的规模，是反映城市土地数量的一个指标，是指城市土地的面积或范围。其主要衡量指标是城市建成区用地面积和城市建设用地面积。目前，把城市建成区用地面积控制在适度规模是土地资源可持续利用战略的基本要求之一，如果能利用现有存量土地进行城市建设，就不占用新增土地。然而，由于现行政策的原因，在我国征用城乡结合部的土地进行开发建设的成本要低于旧城改造取得土地的成本，使我国大部分城市走的是外延式发展道路，城市建成区"摊大饼式"的向外扩展，成为目前我国城市土地利用规模方面存在的主要问题。由于大部分城市分布在地势较为平坦的平原、盆地等农业高产地区，城市建成区的扩大与城市郊区农业用地保护之间的矛盾十分突出。这种以新征建设用地为主的城市发展模式，不仅占用了大量的城近郊区高产农业用地，而且还影响了城市土地可持续利用。

2. 城市土地资源利用效率问题

城市土地利用效率可以用土地利用集约度、容积率、建筑密度、人均占地面积、单位面积国内生产总值、城市用地扩展系数等指标来反映。其中，除单位面积国内生产总值越大越好外，其余指标值均只能在城市规划允许的范围内取适度值。

土地利用集约度是反映土地利用效率的重要指标之一。根据该指标值的大小，城市土地利用方式可分为粗放型利用和集约型利用。粗放型利用土地，就是在单位面积上投入少量的资金和劳动，因而生产率较低。这种利用方式主要是靠增加用地量来满足城市发展对土地的需要。集约化利用土地，是指主要依靠科技进步，在单位土地上增加资金和劳动投入来满足对城市化建设的用地需求。我国城市土地资源可持续利用战略要求集约化土地利用。由于不重视提高土地利用效益，长期以来，我国对城市土地进行粗放型利用，导致部分城市目前存在严重的城市土地浪费和低效率问题。土地生产率可以用城市辖区单位面积国内生产总值和建成区单位面积第二、第三产业国内生产总值来反映；城市用地扩展系数是建成区面积年均增长率与非农业人口年均增长率的比值。根据统计分析结论表明：我国城市土地利用效率较低，而且不同规模的城市，土地利用效率不同。另外，据有关测算，目前我国城市容积率仅为 0.3 左右，40% 以上土地低效使用，各城市内部仍有大量闲置土地可供利用。

　　3. 城市土地资源的利用结构问题

　　城市土地利用结构是指城市内部各部门用地的比例关系，包括居住用地、公共设施用地、工业用地、仓储用地、对外交通用地、道路广场用地、市政公用设施用地、绿地和特殊用地等。城市建设用地的分配比例，土地利用结构是否合理，直接关系到城市建设的经济效益、社会效益和环境效益。从总体来看，2000 年我国城市居住用地占城市建设用地的比重为 32.21%，已超过 32% 的上限，但包括居住用地、道路广场用地和市政公用设施用地等在内的生活用地的比重还是偏小；工业用地和仓储用地之和为 26.77%，大大超过了规定的工业用地占建成区 15% 的比重上限；道路广场用地和绿地只达到了规定标准的下限（实际比重分别为 8.21%、8.36%，下限为 8%）我国城市用地结构中，工业用地和生产性用地偏高。2000 年我国大城市工业性质的用地占城市建设用地的 26.77%，大大高于发达国家 10% ～ 15% 的水平，也高于国家标准 15% ～ 25% 的上限。而城市道路广场用地、绿地等反映城市现代化水平的用地指标偏低。目前，我国各类城市的土地利用结构均不合理，其中超大城市、特大城市和大城市土地利用结构不合理现象更为严重，小城市和中等城市土地利用结构优于大城市，大城市的土地利用结构优于超大城市和特大城市。

　　4. 城市土地资源利用中的环境保护问题

　　长期以来，由于片面强调对土地的开发利用，缺乏对土地生态规律和土地自然发展规律的正确认识，忽视了对城市土地的有效保护。在城市土地开发利用过程中，乱拆乱建，重复施工，只建房屋、不重视市政基础设施、公共配套设施或市政基础设施的建设，造成了一些城市的市区特别是市中心区的建筑密度与人口密度越来越大，公共用地、绿地面积减少，市政设施超负荷运转，交通拥挤，生态压力不断增大，生态环境恶化。具体表现在绿地数量减少、景观破坏严重、环境污染严重、生活环境不适等方面。

二、我国土地可持续利用管理的措施

目前，我国人口增长给耕地资源带来了沉重压力，耕地数量和质量均急剧下降，再加上耕地利用中存在大量闲置、浪费、粗放利用等现象，使耕地保护问题成为实现土地可持续利用的关键。因此，必须要坚定不移地贯彻"十分珍惜、合理利用每寸土地和切实保护耕地"的基本国策，实行最严格的土地管理制度，确保实现耕地总量动态平衡的目标，实现土地可持续利用。

（一）建立并实施更加严格的土地用途管制制度和耕地保护制度

1. 控制对农用地的占用

严格按国家规划确定城镇、村庄建设用地控制圈，限制城镇、村庄用地规模的盲目扩张。除国家重点基础设施建设、大型工程必须占用农地外，其他一般工程建设项目、工业企业项目、经营性用地都不得在规划建设用地控制圈外单独新占农地。对农用地转为建设用地的，要实行严格的农用地转用审批制度。

2. 实行占用耕地补偿制度

建设占用耕地的，必须开垦同等数量和质量的耕地，即"占一补一"在农地转用审批中，严格审查补充耕地方案和资金落实情况，逐步做到"先补后占"，把补充耕地作为农地转用的前提。实行建设占用耕地与补充耕地的项目挂钩制度，把耕地开垦费列入建设项目总投资，确保补充耕地资金的落实。加大了占用耕地的成本，从严审批占用耕地。对占用耕地除实行"占一补一"外，又适当提高了征用耕地的补偿费标准，上收了耕地审批权限。

3. 建立基本农田保护制度

将80%的优质耕地划入基本农田保护区，非经依法批准，不得以任何理由占用。基本农田调整划定工作尚未完成的，要按照土地利用总体规划确定的基本农田保护面积，认真做好调整划定工作，切实把城镇周边、铁路、公路沿线的耕地划入基本农田保护区。

4. 严格控制农业结构调整对耕地的毁坏

有关部门必须认真指导各地完善农用地管理制度，在符合规划的前提下，经过批准，可以在承包的耕地上调整种植结构，发展高效农业，但不得破坏耕作层，不得修建永久性工程建筑，更不得变相搞房地产开发。

5. 加强征地管理

严格执行政府统一征地制度和征地费用标准，确保被征地农民都能够依法获得合理的补偿和安置。进一步完善农村集体土地产权制度，保护农民群众的土地权益，充分调动广大农民保护耕地的积极性。

在加强耕地保护工作中，必须正确认识对耕地保护工作产生影响的各种因素，包括经济建设、生态退耕、土地利用结构调整、资金来源等。具体来说，经济建设与耕地保护之间存在着明显的制约性和促进性；生态退耕与耕地保护两者在目的与目标上有很强的一致性；土地利用结构的变化对我国的粮食安全会产生一定的影响，这就要求耕地保护工作必须要适应土地利用结构的变化，并适时作出调整；资金来源直接在经济上影响耕地保护工作的实施，因此，拓宽资金来源渠道是耕地保护工作的重点。

（二）实行积极而又严格的建设用地供应政策

根据国家产业政策来制定建设用地供应政策。对国家鼓励投资的项目，优先提供土地；对国家禁止的建设项目，防止重复建设和浪费土地资源。同时，也要明确划拨供地的政策界限，定期调整和公布《划拨用地目录》，控制划拨用地范围。

（三）建立和实施土地集约利用政策机制

（1）实行建设用地总量控制。按照土地利用总体规划，确定城市、村庄、集镇的建设用地总规模，未经修改规划和批准，不得超范围占地；城乡建设要通过旧城改造、盘活存量土地、治理"空心村"等措施，充分挖掘原有建设用地的潜力。

（2）编制并下达年度建设用地计划，控制用地总量。

（3）征收城市新增建设用地的土地收益税（费），以增强地方政府集约用地、控制用地规模的自我约束力，促进城市建设走内涵挖潜的道路。

（4）引入市场机制，建立土地集约利用的激励机制。增大土地保有成本，降低土地流转成本，增加集约用地者的收益，激励土地占有者主动加大土地利用强度，鼓励土地合理流转，使一些土地占有者从占而不用或利用效益低下的土地上主动退出，促进闲置土地、空闲地的有效利用，提高土地利用效能。积极培育土地市场，鼓励建设用地使用权有序流转，探索建立政府土地收购储备制度，建立起宏观调控下市场配置土地资源的新机制，推动建设用地由粗放向集约转变。健全存量土地流转成本，促进建设用地由外延扩展向内涵挖潜转变。

（四）继续深化土地使用制度的改革，按照市场经济体制的要求进一步培育和规范土地市场

（1）扩大土地有偿使用范围。除法律规定允许划拨的外，还有其他土地一律实行有偿使用，严格执行《划拨用地目录》，逐步扩大有偿使用范围。

（2）建立国有土地使用权招标、拍卖和挂牌出让制度。限制协议出让土地的范围，把政府供应土地逐步纳入公开、公平、公正的市场机制配置土地的轨道。

（3）积极推行国有土地租赁制度。

（4）建立土地使用权出让计划控制制度。各市政府每年都要制定出让土地计划，

并根据市场供求调整土地供应量，防止过量供地，合理控制房地产投资、开发规模。

（5）建立土地收购储备制度，增强政府调控土地市场的能力，规范土地市场秩序，公开市场信息，引导投资者使用土地方向。

（五）组织实施土地开发整理复垦，实现土地集约利用

按照土地利用规划，有组织地对宜农荒地、废弃地和农村的田、水、路、林、村进行开发和综合整治，增加有效耕地面积，提高耕地质量，以改善农业生产条件和生态环境。

土地整理是实现耕地总量动态平衡的主要途径。我国宜农后备耕地资源虽有1亿多亩，但质量普遍较差，且多分布于北方地区，六成在干旱、半干旱地区，要想增加耕地主要靠对已利用土地特别是农地的整理。通过土地整理，可以增加有效耕地面积，提高耕地质量和产出率，保障国家粮食安全；通过改造旧村庄，归并农村居民点，可大大节约基础设施建设费用，有利于改变农村的生活环境，提高农民的生活质量；通过土地整理，可以为农业现代化创造条件，提高农业劳动生产率，降低生产成本，提高我国农产品在国际上的竞争力。

从目前总体情况来看，我国土地有效利用的程度还不高，土地整理的潜力非常大。有相当一部分耕地地块零碎不规整，田坎、沟渠、坑塘、道路总面积过多。据推算，通过农地整理，达到中等国家一半的集约化水平，就可以增加优质高产耕地面积达到1亿多亩，再加上对各类零星闲散地、农村居民点、乡镇企业、砖瓦窑等用地进行整理，还可增加近1亿亩耕地。因此，认真进行土地整理，是实现土地资源集约利用的重要途径。

第七章　土地资源优化配置管理

地球上的土地资源是有限的，研究如何将现有的土地资源进行合理分配，使之达到最大的利用效果，是世界各国面临的挑战。我国地域广阔，有些气候环境恶劣地区的土地目前还无法开发，而我国又是人口大国，人均占地面积小是我们积极研究土地资源优化配置管理的重要原因。

我国是农业大国，农村人口比重大是我国的基本国情，并且由于在我国城市土地和农村土地的所有权性质不同，城市土地为全民共有，农村土地为集体所有，所以在我们研究土地资源优化配置时，将土地资源区分为城市土地和农村土地两类分别进行分析。

对于城市土地，国家既可以通过土地批租，直接调控城市土地的供给量，也可以通过制定土地相关法律法规和调整土地相关税收等，来间接调控城市土地市场。对于农村土地，国家只能通过帮助建立完善的土地流转市场，来达到农村土地优化配置的目的。当需要征收农村土地进行公共建设时，国家可以通过规定的途径将农村土地转化为城市建设用地。

要了解土地资源优化配置管理的细节，我们首先要了解土地资源优化配置管理的概念。

第一节　土地资源优化配置概述

一、土地资源优化配置的概念

土地是一种多用性资源，同一块土地可以有多种用途，如将土地用于种植粮食，这块土地就是耕地；如在土地上建造房屋，这块土地就是建设用地。不同用途的土地对土地本身的质量有着不同的要求，既包括土地的地理位置、地貌类别、植被种类和水质条件等自然属性，也包括土地的社会属性。根据土地的不同质量等级，可以决定不同土地在社会物质生产中被利用的适宜性。

土地是社会经济发展的基础，是一切物质生产必需的生产要素，国民经济各个部门都离不开土地，都是在土地的基础之上进行生产的。因此，存在着土地资源如何在国民经济各部门之间进行分配的问题，即土地资源优化配置的问题，如何分配才能使土地资源达到最高的利用效率。这里有两层含义，一是土地资源可以被分配做哪些用途；二是土地资源在这些用途间是按照怎样的方式组合。因此，土地资源优化配置 = 土地用途 + 土地分配方式。

随着人口的增长和人们生活水平的提高，人类对农业生产用地的需求不断增加，同时，随着城镇化的进行，城市建设用地、交通用地的需求也不断增加，但是土地总量却是一定的，它不像其他生产要素一样可以源源不断的获得，土地是不可再生的，这就造成了土地供给与土地需求之间的矛盾。这一矛盾会随着经济的发展不断加剧，土地对人类的重要性会变得愈加明显，如何使有限的土地满足人类无限的需求，就要求人们不断提高土地的利用效率，这一方面要求通过科学手段来提高土地在一定用途下的效率，另一方面要求通过研究土地在各种不同用途下的最佳配置，即土地利用结构的优化，达到土地利用效率最大化。因此，研究土地资源的优化配置是必然的。

二、土地资源优化配置的依据

（一）土地资源自身特点

进行土地资源优化配置管理，使土地资源达到最优使用效率，是一项细致缜密的工作，必须基于土地本身的特点，结合目前土地配置的情况，加以综合考虑可以得出，而不能无视现实状况，任意地做计划。我国幅员辽阔，不同地区之间的土地情况很不一样，为因地制宜地正确指导各地土地资源的配置，我国在制定土地资源配置计划时将国土划分为东南沿海区、环渤海区、东北区、中部五省区、西南区、黄土高原区、西北区、青藏高原区八大区域进行管理。

如东南沿海区，包括上海、江苏、浙江、福建、广东、海南6个省市。这一区域土地资源的特点是：拥有优越的对外开放和发展的区位优势，区内土地开发程度高，经济效益较好，但人均耕地少，一些地方城镇用地外延扩张和开发区的盲目设立，闲置、浪费土地问题突出，进一步加剧了农业与非农业的用地矛盾。针对这些具体情况，国家的管理措施是：控制各类建设用地特别是城镇和开发区建设用地规模的扩大，各类建设用地要由外延扩张向内涵挖潜转变，充分利用闲置土地和存量土地，农民建住宅逐步向小城镇和中心村集中、乡镇工业逐步向工业区集中，努力压缩农村居民点用地总规模。切实保护耕地，发展城郊农业和创汇农业，重点加强农用地整理、山地综合开发和沿海滩涂的开发利用，加快沿海防护林体系建设和山区水土流失综合治理，强化对自然保护区、湿地和沿海红树林的保护。

而西北区，包括新疆维吾尔自治区、内蒙古自治区的西部和甘肃省陇西5个地市，由于该地区气候干旱，地广人稀，未利用土地面积较大，土地退化严重，水资源短缺，石油、煤炭资源比较丰富，国家针对这一地区的土地具体特点，做出的管理措施是：加强城郊耕地保护，农、牧并举，建设绿洲粮棉油果基地和牧业基地，结合水资源合理利用，统一规划、稳步开发宜农荒地。积极营造防护林、水源涵养林和人工、半人工草场，防治沙化、盐碱化。保障石油、煤炭、盐业及交通建设用地，及时复垦废弃地。

对比以上两区域不同的土地资源配置计划，可以看出差别是很大的，这主要是源于两区域的土地具体情况的差异。

（二）维持生态平衡的要求

土地生态系统是一个动态平衡的开放的系统，它具有自动平衡性，在能够排除人类干扰的情况下，生态系统各组成部分之间具有自动平衡的内在要求，能够达到一种完整的、和谐的平衡。人类在以往的利用土地的过程中，常常会因为方法不当而打破这种土地的生态平衡，现在退耕还林的措施就是为了弥补以前过多开采森林造成的生态破坏。在 2010 年土地利用规划中，明确提出要加强土地生态保护与整治，具体有以下几点。

1. 加强农田生态环境保护。加强耕地特别是爸本农田的质量保护，再结合土地整理和修筑梯田、改良土壤、营造农田防护林等综合措施；培肥地力，改善农田生态环境。加强农田水利设施建设，扩大农田灌溉面积。采取措施防治工业特别是乡镇企业对土地的污染，控制高残留化学膜和农药的使用。

2. 加快林业生态体系工程建设加强森林资源保护，保障重点防护林体系的工程建设，改善生态环境。

3. 积极开展土地退化的防治。加大水土流失的治理力度，禁止开垦陡坡地，有计划、有步骤地退耕还林、还草。大江大河两岸及其他生态脆弱地区的陡坡耕地全部退耕。25° 以下缓坡耕地，采用"坡改梯"和改进耕作技术等措施，减少水土流失。开展防沙治沙工作，采取生物措施与工程措施相结合，增加沙区植被，建立防、治、用有机结合的荒漠化防治体系。把退耕还牧、保护草场资源与改良草场、建设人工和半人工草场结合起来，综合治理退化草原。

4. 加强自然保护区和湿地的保护。按照全面规划、积极保护、科学管理、永续利用的方针，建立和完善自然保护区网络，扩大自然保护区规模。加强湿地、红树林和河口生态系统的保护。湿地、红树林、河口生态系统的保护和开发利用纳入土地利用总体规划，禁止进行盲目围垦和建设。

（三）产业结构的影响

产业结构变化研究中最著名的学说是由英国经济学家威廉·配第发现、英国经济学家科林·克拉克提出的"配第一克拉克定理"，即随着经济的发展及国民收入水平的提高，劳动力逐渐从第一产业向第二、第三产业移动。库兹涅茨则在"配第一克拉克定理"的基础上，把第一、二、三产业分别称为"农业部门"、"工业部门"和"服务部门"，不仅指出了劳动力在三次产业中的分配规律，而且还指出了三次产业在一国国内生产总值中的比重的演变规律，指出三次产业在一国国内生产总值中的比重也呈现一、二、三到二、三、一再到三、二、一的演变规律。

土地的区位理论将产业结构与土地资源配置联系起来，它指出是由于土地地理位置的差异，导致不同区位土地的利用纯收益产生差异，这就决定了对土地位置敏感的、能够支付高额租金的商业、娱乐业等第三产业用地应该处于城市的中心区域，而对于位置敏感性较差的工业用地应该处于城市边缘地区。

随着我国社会经济的发展，第三产业在国内生产总值中所占比重越来越大，同时第二产业出现由轻工业向重工业转移的趋势。产业结构的调整不仅带来土地分配结构的变化，而且使城区工业逐步向外迁移，中心区第三产业快速发展，城市边缘区成为重要工业基地，远郊区县成为重要的农副产品生产基地，城市经济呈现出地带性圈层结构分布。目前，国内许多城市提出的"腾笼换鸟"、"退二进三"、"双优化"、"置换土地"等工程，其实都是随着产业结构的演化，对土地资源重新分配，把成熟的产业从城市中心区迁移出去，为新兴产业和经济效益高的产业腾出发展空间，使土地资源达到最优配置。

另外，土地资源配置的不断调整也为产业结构的调整提供了条件，土地资源的优化配置，要求土地资源在各个产业中合理分配，使土地利用效率水平达到最高，这样就进一步推动了产业升级，优化产业结构。

第二节　农村土地的优化配置

在因地制宜的原则下，用定量分析方法来确定不同农业生产用地的用途，并从总量上把握各类用途土地的占地面积，可以尽量使农业用地达到最大产出效率，且使农业产品的供给符合国民需求，以达到土地资源优化配置的目的，但是由于各种经济、文化、制度、管理等方面的原因，促使一方面有些农户有强烈的将承包土地转让出去的愿望（如农民进城务工），另一方面有些农户有强烈的受让土地承包经营权的愿望，这就需要形成一个有效的农村土地流转市场，以保证土地在不同承包者手中合法、合理的流转，使资源最优的配置，以获得土地资源利用效率的最大化。

（一）农村土地流转的概念

农村土地流转指的是附着于农村土地上的某一权利或权利束由一个权利主体转移

至另一权利主体的过程。这里所说的权利是指在法律规定的范围内，可用作交换或转移的各种权利，包括所有权、承包经营权、使用权、抵押权、租赁权、继承权等。根据所转移的土地权利的不同，农村土地的流转主要包括两个内容，即国家征用农村土地和农村土地承包经营流转，后者又有承包经营权转让、互换、土地使用权转让、继承、赠予、出租、入股、抵押等具体形式。

农村土地所有权的转移只能发生在拥有该片土地的集体与国家之间，转移后该土地的所有权性质由集体所有变为全民共有，其他任何形式的农村土地所有权流转均被法律明文禁止。农村土地承包经营权的转移大部分发生在拥有该片土地的集体成员内部，至少集体内部成员有优先承包权。农村土地使用权的转移应该是各种土地权利转移中最多样、最活跃的形式，除了对用途的限制外，没有其他针对参与权利转移的主体、权利转移方式上的限制。

（二）农村土地流转市场存在的必然性

1.农村土地流转市场是社会主义市场经济体制的选择

在社会主义市场经济体制下，市场成为了各种资源配置的基础，其他调控手段都必须建立在这个基础之上，农村土地资源的配置也无例外，这就要求一个健全的农村土地流转市场作为农村土地资源配置的现实基础，促进农村土地有效利用、提高农村土地的产出率。当前，我国农村经营中的许多问题，如要素配置不合理、撂荒耕地、减少对土地的投入等，都与缺乏完善的农村土地流转市场分不开。

2.农村土地流转市场是家庭联产承包制矛盾的解决途径

我国的农村家庭联产承包责任制的特点是按照人口平均分配土地，以家庭为单位进行土地经营。这种分配土地的方式使得户均占地过少、各户承包土地过于分散，不利于土地的集约化经营和规模经营。只有建立土地流转市场，令土地可以在各权利主体之间自由流动，才可能将家庭承包的土地集中起来，形成规模经营大户，提高农业用地生产效率。

3.农村土地流转市场是农村人口变迁的保障

未来几十年内，我国的城市化进程发展迅速，这意味着有一大批的农村人口将离开农村，进入城市，另外由于越来越多的农民选择进城务工，也引农村人口的大幅度变迁。通常迁移进城的农民手中都还掌握着不同年限的农村土地承包权，这些人既无心耕种又不舍得将土地承包权无偿放弃，也必然会出现粗放经营土地导致土地生产率低下的情况，甚至还会出现大范围撂荒耕地的现象，这就要求有效的土地流转市场为基础，保障土地自由流转，达到土地资源优化配置的目的。

4.农村土地流转市场是完善城市土地市场的基础

土地作为一种生产要素，其资源配置的市场化机制是一个系统工程，城市土地已经逐步从建国初期无偿转让的划拨形式为主转变为现在以城市土地市场为基础、国家宏观调控相结合的资源配置机制，这必将对农村土地流转市场的建立形成强大的拉动力，最终形成城市土地市场与农村土地流转市场协调发展的局面。

（三）农村土地承包经营权流转市场

国家征收农村土地必须是出于公共利益需要，这种土地流转方式也是农村土地转变为城市土地的唯一途径，这种土地流转方式我们留待下一节再作详述，本节主要针对农村土地在农村内的流转方式作简单介绍。目前，农村土地承包经营权流转形式主要有以下几种：

1. 农村土地承包经营权转让。它是指转让方在承包期限内，依法将部分或者全部承包地上的物权性质的土地承包经营权转移给受让方的行为。其结果是转让方丧失部分或者全部的土地承包经营权，同时转让方与发包方之间在部分或者全部承包地上的承包关系也将终止。如果转让方将全部的土地承包经营权转让出去，那么转让方的法律资格和其所拥有的土地承包经营权也同时消灭。

2. 农村土地承包经营权转包。它是指转让方在承包期内，在保留物权性质的土地承包经营权的情况下，依法将部分或者全部承包地上的债权性质的农村承包地的使用权转移给受转包方的行为。即转让方将从物权性质土地承包经营权中分离出来的部分权能（包括土地承包经营权中的占有权、使用权和收益权，但不包括处分权）转让给受转包方的行为。其结果是受转包方无法取得物权性质的土地承包经营权，而只能取得债权性质的土地承包经营权，原承包方与发包方的承包关系不变。

3. 农村土地承包经营权出租。它是指出租方在承包期内，在保留物权性质的土地承包经营权的情况下，依法将部分或者全部承包地上的债权性质的农村承包地的使用权转移给承租方的行为。结果是承租方无法取得物权性质的土地承包经营权，而只能取得债权性质的农村承包地的租赁权，原承包方与发包方的承包关系不变。

4. 农村土地承包经营权互换。它是指同一发包方的两个通过家庭承包方式取得有效的物权性质的土地承包经营权的承包方之间依法互相调换土地承包经营权的行为。这种方式利于家庭将各自承包土地集中起来，进行集约化生产。

5. 农村土地承包经营权入股。它是指入股者依法将农村承包地使用权入股从而取得股权的行为。

6. 农村土地承包经营权抵押。它是指抵押人在不转移其对农村土地占有的条件下，并将物权性质的土地承包经营权作为债权担保的行为。

7. 农村土地承包经营权继承。它是指承包方在承包期内最后一个家庭成员死亡，由最后一个死亡的家庭成员的继承人依法继承物权性质的土地承包经营权的行为。

8. 农村土地承包经营权代耕。它是指承包方将其承包地委托给第三人暂时代为经营的行为。

第三节 城市土地的优化配置

一、城市土地的概念

城市土地从广义上定义，是指城市行政区内陆地、水域及其他地上、地下的空间总称。从城市土地的广义定义来看，城市土地主要包括有城市建设用地、城市中用于农业生产的土地及行政区内的水域和其他土地。从狭义上来看，城市土地仅指城市的建设用地，而不包括其他内容。但是根据 1991 年国家建设部批准的《城市用地分类与规划建设用地标准》，我国城市土地大类可以分为居住用地、公共设施用地、工业用地、仓储用地、对外交通用地、道路广场用地、市政公用设施用地、绿地、特殊用地、水域及其他用地 10 项，其中水域及其他用地又分为耕地、园地、林地、牧草地、村镇建设用地、弃地和露天矿井。对于狭义的城市土地仅只对于建设用地而言，是不包括水域及其他用地这一项的。作为政府制定城市规划的依据，应该是建设用地，而不是广义上的城市土地。

城市土地相比较前面提到的农业用地，有许多自身独特的性质：

1. 价格高于农地。从地租理论的观点来看，农业用地的地租包括绝对地租和级差地租，某些有特别使用价值的土地还包括垄断地租，而一块农村土地要转变为城市土地，必须满足土地转变后的收益高于其之前用于农业所能够获得的收益，即城市土地地租的下限应该是这块地作为农村土地所能获得的绝对地租、级差地租和垄断地租之和，反映在价格上，城市土地的价格就高于农村土地。

2. 位置决定价格。农业用地价值的大小主要是决定于其肥沃程度，虽然也与位置有一定的关系，但远比不上位置对城市土地价格影响那么明显，对于城市土地而言，位置是决定其价格的最主要的因素，一块相同面积的城市土地在市中心地段和在较为偏僻的地段，价格相差可能几十倍甚至几百倍，价格的巨大差异引导对位置最敏感的商业用地逐步趋向市中心，而对位置敏感性较低的工业用地逐步趋向市郊。

3. 区域差异明显。对于农业用地而言，也存在不同区域的土地因成分不同导致生产效率高低不一的问题，但这种效率的差异体现在收益上相差并不会太大，并且可以通过科学技术弥补土地自身的不足，提高单位面积产出率，从而缩小不同区域间农业用地的差异。但是不同城市间土地价格的差异却非常之明显。就我国而言，目前土地价格比较高的城市每亩土地平均价格在 500 万元人民币以上，相比一些中小城市平均每亩几十万元的价格，其间的差异不能不说是巨大的，而且城市间的这种价格差异也很难在短时间内改变，一个城市土地的价格与其经济发展状况和人文历史环境密切相关，而这些又都难以在短时间有大的变化，所以城市土地不同区域间的差异是持久的。

4.数量绝对增加。从世界各国城市化进程的历史来看，城市土地的扩张是必然的。

虽然人们对城市土地利用效率越来越高，城市中心摩天大楼层出不穷，但由于城市人口不断增加以及城市的日益发达，人们对城市土地的需求仍然逐步上升，占用农村土地以及开发荒地是城市扩张的主要途径，使得城市土地在数量上呈现绝对增加的态势，而农村土地则趋于减少。

二、市场在土地配置过程中的基础作用

（一）土地无偿出租的不合理性

新中国成立之初，在经济理论界曾有过一种观点，认为地租是在土地私有制条件下、土地所有权与使用权分离产生的特殊经济关系，而我国已经实现了社会主义土地公有制，因此我国已经没有了这种特殊的经济关系，所以就没有必要继续研究地租理论了，造成当时全面否认地租关系在我国的存在。在这种理论观点主导下，建国初期我国土地是没有价格的，完全以国家划拨形式无偿出让给需要的单位，如果单位要征用农村土地进行建设，只需要向上级申请，并且开发土地所需要的投资完全由国家支付，而用地单位则无须负担任何成本，这样造成许多单位在未对土地进行任何利用规划的情况下，大肆地申请使用土地，但往往在得到土地使用权后，又因不知如何利用而将其长期搁置起来，这样就造成城市土地无法充分有效的利用，即使北京、上海、天津这样十分拥挤的大城市，也有许多土地闲置未用。另一方面在农村，乡镇企业侵占农田以及农民私自盖房等乱占土地的现象也十分严重，造成耕地面积大幅度减少，危及国民经济。所以土地完全依靠国家行政划拨，在土地使用上吃"大锅饭"，是无法使土地达到最优的利用效率的。

其实就地租理论而言，虽然在社会主义公有制条件下，土地是属于全民或集体共有的财产，但由于使用土地的企业或单位所代表的是不同的利益主体这就是说社会主义仍然存在产生地租的社会条件。因此，实际上在社会主义公有制条件下仍然是存在地租的，只不过社会主义地租和资本主义地租反映的经济关系不同罢了（资本主义地租反映的是土地所有者、农业资本家共同剥削农业工人的关系，而社会主义地租反映的是国家、企业和个人对超额利润的分配关系）。并且在我国，土地仍然存在由于肥沃不均、位置不同所带来的生产率差别，仍然存在产生级差地租的自然条件，仍然存在土地定价的理论依据，所以土地在社会主义公有制条件下也是有价格的。

（二）以价格为导向优化土地配置

从我国过去对土地管理的失败经验可以证明，计划经济管理体制下的土地无偿出租体制是不值得提倡的，不利于土地资源的优化配置，只有以价格为导向配置土地资源，才可能达到土地资源的最优利用。我国现行的经济体制是有中国特色的社会主义市场经济体制，强调市场在资源配置当中的基础性作用，虽然土地资源由于其国有性、稀缺性、不可再生性、位置固定性等特点，使其不同于一般的商品，但只要通过建立有效的土地市场，以价格机制来引导土地的供给和需求，仍然是达到土地资源优化配置最重要的途径。因为只有建立有效的土地市场，土地所有者才能充分利用土地价格等市场信号，根据收益原则来进行资金、土地、劳务等生产要素的最佳组合，从而使每一块土地都能按照其最有效的用途来使用，进而提高土地资源的配置效率。

我国土地按照所有者不同可以分为两大类，一类是城市土地，归国家全民所有，另一类是农村土地，归农村集体所有。因而我国土地市场也分为两大类，一类是个人或企业直接从国家手中获取土地使用权，称为土地一级市场或土地批租市场，它是政府与土地购买者之间的纵向交易行为。另一类是土地使用权在个人或企业之间的转移，称为土地二级市场或土地转让市场，它是发生在购买土地的个人或企业之间的横向交易行为。而由农村集体所有土地转变为城市国家所有土地，即征地行为，属于政府行为，个人或企业不得私自征用农村土地，所以不构成土地市场的一部分。因此，我们这里所说的市场在土地资源配置中起基础作用，指的是城市土地批租市场和城市土地转让市场，不包括征地行为在内。

以市场为基础配置土地资源，使土地配置效率最大化，必须要求有一个健全的、有效的土地市场作支撑，同时，由于土地转让市场即包括直接转让土地，也包括通过转让房地产间接转让土地，并且后者为主要形式，所以一个健全的、有效的房地产市场对于优化土地资源的配置也是至关重要的。我国现有的土地市场和房地产市场无论从法律保障角度、信息管理角度、交易管理角度还是其他配套管理角度，都有待完善。

1. 完整的土地法律体系

土地法律体系是由所有有关土地的法律、法规、规章组成的，用以调整人们在土地方面关系的总和。从我国现有的经济法律来看，很难说能够形成一个完整的体系，所以加快我国的经济立法步伐，建立一个完整的体系是不可避免的。就土地方面的法律而言，应该有一个总的土地法律体系规划方案，在整理分析现有土地法律的基础上，还可以借鉴国外的经验，对建立一个完整的土地法律体系所需要的法律、法规、规章进行全面的规划。规划应注意各法律法规间不出现交叉重复，并注意土地法与其他法律的协调配套。

2. 成熟的中介市场

在发达国家，土地及房产中介机构的作用由于城市房地产市场的不确定性和不完全性而显得特别重要。首先，房地产市场的信息不对称性使得购买者想要充分获取市场信息，必须要有非常专业的房地产知识背景。其次，土地位置的固定性使得购买者如需亲眼目睹每一片土地、每一幢房产，都需花费大量的成本。再次，房地产交易的复杂性使得交易双方需具备许多相关的法律、财务、估价、金融等各方面的知识。这所有的问题都可以通过健全一个发达的房地产中介机构来解决。目前我国的房地产中介市场非常的不完善，它们大多只能完成一些简单的职能，与国外成熟的中介市场相比，还有很长的路要走。

3. 发达的土地金融市场

城市土地交易是一项需要巨额资金支持的交易活动，一般情况下，购买者仅仅依靠自身力量是难以完全支付的，通常需要借助于金融机构的支持。我国的土地金融市场结构单一，绝大部分的土地交易都是向商业银行申请贷款，这种模式容易令银行发生危机，于是中央银行在 2003 年颁布了第 121 号文件《关于加强房地产信贷工作的通知》，明确规定停止发放房地产开发企业的过桥贷款（土地一级市场取得土地），并且严格控制土地储备机构的贷款，发放额度不超过土地交易总额的 70%。央行收紧贷款后，许多土地购买者，只能通过民间集资的方式获取资金，但这种集资方式成本非常高昂，不能成为土地融资的主要渠道，因此我们迫切需要一个成熟、发达的土地金融市场，为上地市场的繁荣提供辅助作用。

4. 规范的土地批租方式

我国城市土地批租主要是采用招标、拍卖、挂牌、协议、行政划拨几种方式，划拨出让主要用于教育用地、军事用地、公共用地等，协议出让由于容易引发寻租行为，国土资源部 2002 年下发 11 号令，规定从 2002 年 7 月 1 日起，除原划拨土地使用权人不改变原土地用途申请补办出让手续和按国家有关政策规定属于历史遗留问题之外，商业、旅游、娱乐和商品住宅等经营性用地供应必须严格按规定采用招标、拍卖、挂牌方式，严格禁止协议方式出让。2004 年国土资源部和监察部又共同下发 71 号令，规定 2004 年 8 月 31 日前将历史遗留问题界定并处理完毕，8 月 31 日后，不得再以历史遗留问题为由采用协议方式出让经营性土地使用权。

三、政府对城市土地优化配置的宏观调控

（一）影响政府调控城市土地的因素

城市土地资源主要以价格为导向，依靠土地市场来进行合理配置，但土地作为国家所有的重要资源，政府必须对其进行宏观调控，以确保土地市场健康有序的运行。

作为一个国家的综合管理者，政府在调控土地资源优化配置的过程中，必须综合考虑与土地相关的各个因素，使得国家各部门共同协调发展，达到整个国家的效益最大化目标。

1. 经济目标

对土地优化配置而言，促进经济增长或维持现有经济水平是政府规划的一个重要目标，根据不同时期政府的不同战略目标，制定的土地配置方案是不同的，政府会寻求一种商业、工业、住宅、公用设施用地的平衡，使其符合政府的经济发展目标。并且由于城市土地配置方案确定后相应用途的土地流入市场，短期内就无法改变这种土地利用结构（住宅用地从批租出去起至土地使用权期满为70年，工业用地50年，商业用地40年），因此，土地优化配置方案必须以国家的长远经济目标为制定依据。

2. 产业结构

城市土地资源的优化配置，与国民经济的发展战略是密切相关的，而国民经济发展战略的主要内容包括一定时期经济发展的重点，这就直接关系到一国的产业结构政策，如主导产业的选择政策、幼小产业的扶持政策、衰退产业的撤让政策、产业间的关联关系以及产业的集中度等。简单地说，就是一个国家比重最大的产业所分配到的土地应比比重最小的产业所分配的土地多。城市土地资源的配置不仅应符合国家产业结构政策，还应随着产业结构的调整而变化，如近10年来，以上海为中心的长江三角洲逐步形成了大规模的工业生产聚集地，在这一区域的土地配置优化方案中就应体现出工业用地的大幅增加，而相应其他用地减少的趋势。

3. 环境保护

国家制定土地优化配置方案除了主要以经济目标为主，还要考虑环境保护的目标，在城市的各个区域配置绿地、公园等有利于环境保护的项目用地，在城市中心不设置重污染工业用地，污染大的工业用地不与居住用地放在一起，在具有较高生态价值的土地上不搞建设，等等。

4. 再分配目标

国民收入再分配是国家的一项重要职能，在制定城市土地配置的优化方案时必须考虑到国家的再分配目标，对低收入者给予政策优惠，最主要的土地优惠政策就是经济适用房以大大低于市场的价格出让。经济适用房是我国给予低收入者的一项住房优惠政策，为降低经济适用房的价格以使得低收入者有能力购买，国家在限制经济适用房开发商利润的同时，还可以以极为低廉的价格出让经济适用房的土地，以减少开发成本。

（二）政府调控城市土地的手段

如上所述，土地市场包括土地批租市场和土地转让市场两方面。在土地转让市场上，拥有一定年限土地使用权的单位、企业或个人，可以在土地转让市场将土地使用权自由转让出去，政府对这种市场行为，只能通过法律、税收（如土地增值税）、经济手段给予间接调控，但是政府对土地批租市场或者土地一级市场的调控却是直接的，因为土地在没有进入土地市场以前是归国家所有的，国家可以决定土地的批租价格、批租数量以及批租土地的用途等。国家通过对土地一级市场的垄断，可以有效地实施土地供应计划、供地方式、地价政策、土地利用结构等，以保证社会经济的协调发展。由于篇幅限制，在此仅对国家宏观规划城市用地结构做详细阐述。

国家从宏观角度规定城市当中各类用途土地的占地面积，目的是为了使土地的利用结构更加符合整个社会的发展趋势，令土地资源达到最优配置。

第四节　土地在城市与农村之间的优化配置

一、农村集体土地的征收

（一）土地征收的概念

要实现某种资源的优化配置，必然要为其创造一个可自由流转的市场环境，通过价格机制、供求机制、竞争机制来引导资源的流向，实现资源配置最优化。由于土地资源的特殊性，实行土地流转的完全市场化，目前在我国是行不通的。通过上面两节内容的介绍，我们可以看到，土地资源无论是在农村内部流转或者是在城市内部流转，都是提倡主要由市场发挥"看不见的手"的作用的，而由于我国特殊的国情，城市土地和农村土地分别属于不同的主体，要实现土地在农村与城市之间的优化配置，就无法让市场发挥主要作用。

土地资源在农村和城市之间的流转，完全是由国家控制的。国家可以对农村土地进行征收或征用，而其他个人和组织均不得以任何方式直接占有农村土地，这也是土地资源在农村与城市之间流转的唯一途径，但国家也不可以任意的征收农村土地，必须是"为了公共利益的需要"。

（二）征收土地遵守的原则

1. 珍惜耕地，合理利用土地

"十分珍惜、合理利用每寸土地和切实保护耕地"是我国的基本国策。我国是个拥有 14 亿人口的大国，占世界人口的 22%，但我国的土地面积只是世界的 9%，人均占地面积只有世界人均占地面积的 1/3，特别是人均占有耕地面积只有 1 亩多。耕地是农业乃至整个国民经济发展的基础，因此国家在征收土地时，必须对耕地实行特殊保护，以保持耕地总量动态平衡。

我国实行耕地补偿制度。非农业建设经批准占用耕地的，可以按照占补平衡的原则，由用地单位开垦与所占耕地的数量和质量相当的耕地，或按省（自治区、直辖市）规定足额交纳耕地开垦费，主要是用于开垦新耕地。除改善生态环境需要外，不可以占用耕地发展林果业和挖塘养鱼。

2. 保证国家建设用地

征收土地特别是占用耕地，必然会给被征地单位和农民带来一定的困难，但是为了国家的整体利益和长远利益，就要求被征地单位和农民从全局出发，克服暂时的局部困难，保证国家建设用地。在征收土地时，既要贯彻节约用地的原则，又要保证国家建设项目所必需的土地。

3. 妥善安置被征地单位和农民

征收土地肯定会给被征地单位和农民个人的生产、生活带来不便，用地单位应根据国家和当地政府的规定，必须妥善安排被征地范围内的单位和农民，这主要包括五个方面：给被征地单位安置生产用地；妥善安置征地范围内的拆迁户；对征收的土地给予适当的补偿；对农民因征地造成的损失要适当补助；对征地造成的剩余农村劳动力适当安排。

在国家建设征收土地时，由用地单位支付土地补偿费、安置补助费、地上附着物和青苗补偿费、土地补偿费和安置补助费之和不超过该土地被征收前3年平均年产值的30倍。

4. 依法征地

征收土地必须根据国家的有关规定和要求，持有国家主管部门或者县级以上人民政府批准的证书或文件，并按照征收土地的程序和法定的审批权限，依法办理了征收手续后，才能合法用地。

（三）征收土地的执行机构

目前各地都有专门的土地征收机构，接受政府委托，对已核准征收土地代表国家行使征地权，如征地事务所、征地拆迁办公室。这里简单介绍一下土地储备中心。1997年8月，杭州市为适应新形势下土地管理工作的需要，在市区范围内建立了政府调控为主要特色的土地储备机制，成立了专门的土地储备机构——土地储备中心，出台了相应的政府规章，对新增城市用地（农村土地经过转换成为城市土地）和市区需盘活的存量土地实施统一征收、收购、储备，经过开发整理后有计划地供应，初步形成了一整套的土地收购、储备和供应机制。目前我国在上海、青岛、武汉等70多个城市都已建立了城市土地储备制度。

在土地储备中心成立以前，大量城市郊区的农村集体土地隐形入市，造成土地资产流失和土地市场运行混乱，在建立城市土地储备制度以后，由于加大对隐形市场的清查和打击力度，郊区农村集体土地必须经过土地储备机构才能转为城市土地，这样使得国家垄断了农村土地转化为城市土地的途径，最后达到减少国有土地资产流失和规范土地市场运行的目的。

值得一提的是，土地储备中心不仅仅是国家征收农村土地的机构，而且它还是国家盘活城市存量土地的机构。政府通过对城市存量土地的收购、置换、回收，经整理后投入市场，使得国家很好地控制了土地的市场供给，这对于国家更好地调控土地价格、房地产价格，更好地实现土地利用总体规划、城市规划等，都具有积极意义。

二、土地资源配置的定量方法

模型法是在研究土地资源优化配置时使用最广泛的定量方法。由于模型是对实际系统及其运行过程中某一方面的本质属性的描述，是对实体进行过滤，省略次要因素，从而突出系统主要特征的抽象或简化，因此通过建立模型可以了解系统、观察系统、计量系统，进而为决策提供定量的依据。

在土地配置的决策中，如何在保证耕地动态平衡的前提下，衡量各因素利弊，作出最优配置决策，同样需要对土地系统建立模型，通过数学演算，作出定量分析，为决策部门提供决策依据。与前面介绍的综合平衡法不同，模型法研究的土地系统既可以是一定面积的农业生产用地，也可以是全国范围的所有土地，其运用范围更广，综合法主要是研究农村生产用地在各生产用途间的配置。

适用于土地资源优化配置的模型很多，有数学模型、图形模型、仿真模型、推理模型等，数学模型中的线性规划模型可以说是运用最广泛的，因为其使用方便简单，且能较好的模拟现实情况。运用线性规划法选择土地配置的最优方案，其步骤如下：

（一）界定土地系统

要选择土地最优配置方案，首先必须确定一个研究对象。土地系统大小不一，大到整个地球，小到一块农田，它可以是一个经济区域范围，也可以是一个行政区域范围。如我国国土资源部之前制定的《1997～2010年全国土地利用总体规划纲要》就是针对我国全国土地系统而言的，其中将我国国土划分为8个区域，确定各区域的土地利用方向，由各区域因地制宜制定各自具体的土地利用结构，这些区域在确定各自土地最优配置方案时，其涉及的土地系统就是各自区域范围内的土地。因此，利用线性规划法优化土地资源配置，最先要做的就是界定土地系统。

（二）分析土地配置情况

线性规划法作为一种数学模型分析方法，需要大量的数据支持，因此，指派专员进行广泛的土地自然、社会经济资料收集是一项基础工作。在整理所采集的大量数据后，对土地利用现状结构与空间分布进行分析，找出土地利用的优势和存在的问题，指出未来土地利用的方向和途径。同时对土地本身进行潜力评价、适宜性评价、经济评价，在对后备土地的开发规模和增产潜力研究基础上，可以预测各部门未来用地需求。

（三）建立模型

1.确定目标函数

在做土地资源配置的最优化决策时，往往会同时出现多个目标，如最基本的经济效益最大化目标，即在生产过程中希望所得收益最大，或者说，在投入相等资源下，产出尽可能多的产品和服务，就一个国家而言，体现为国内生产总值最大化。但仅仅符合经济原则并不代表土地资源合理配置的所有方面，还必须考虑到产出与社会需求如何适应的问题，实现最有效的生产和最有效的消费相结合。另外，对环境污染的控制也是土地配置中不得不考虑的问题，但生态环境资源不像其他资源可以用货币尺度来衡量，这也加大了建立目标函数的难度。既然目标不是单一的，而在建立线性规划模型时却只允许一个目标函数，这就要求全面考虑经济效益、社会效益和生态效益，衡量各种效益的利弊，按综合效益的原则给出目标函数的数学表达式。

2.确定约束条件

由于土地资源的稀缺性，导致各土地所有者不能随意的追求利益最大化，必须服从所受的各种约束力，如土地面积的约束、劳动力的约束、生产工具的约束、资金的约束等。约束条件有时还包括一些主观的或社会的约束，如国家在制定全国土地利用规划时必须考虑到耕地面积保持动态平衡的约束、环境保护的约束，以及土地管理法的约束，并结合考虑国民经济发展结构等。

在列出约束条件的数学表达式时，假设所有约束条件都满足可加性、可分性和比例性。假设：生产300kg大麦需要1亩地，生产400kg小麦需要1亩地。那么由约束条件可加性可以得出：同时生产300kg大麦和400kg小麦需要2亩地；由约束条件比例性可以得出：生产3000kg大麦则需要10亩地；由约束条件可分性可以得出：生产3kg大麦需要0.01亩地（即在约束条件表达式中可以出现分数和小数形式，如0.12亩地或1.12kg大麦等）。

（四）评选最优方案

在进行土地资源最优配置决策时，根据不同的发展战略，可以选定不同的目标函数和相关变量，列出不同的约束条件，因而可能得到多个最优方案。各方案在各自假设前提下都是最优的，但执行过程中并不一定都可行，因此在最后评选最优方案时，必须先对各方案进行可行性研究，挑选操作性强的方案作为最优方案。

第八章 适应社会主义新农村建设的土地整理管理模式

第一节 土地开发整理的概念

土地开发整理的基本功能就是有效补充耕地数量，应该快速改善土地质量以提高粮食综合生产能力，促进土地集约化利用和改善农村生态环境质量，也是全面提高耕地资源对可持续发展保障能力的重要手段。自 1999 年我国开始实施大规模的土地开发整理，这是贯彻落实国家新的《土地管理法》，实现全国耕地总量动态平衡目标的需要，也是贯彻执行"保护土地资源"和"严格保护基本农田，实现可持续发展的重要举措。近五年来随着北京市经济的健康快速发展和社会主义市场经济体制的逐步完善，北京市土地整理储备中心组织实施了市级土地开发整理项目 755 个，累计新增加农用地 1.11 万 hm²。并在土地开发整理项目建设和管理等方面积累了经验，在合理开发利用土地资源、实现耕地占补平衡等方面发挥了重要的作用，即通过对田、水、路、林、村的综合整治，有效补充了耕地数量，提高了耕地质量，优化了土地利用结构，促进了土地集约化利用，改善了京郊生态环境质量，对京郊经济的持续快速发展和社会主义新农村建设也起到了显著的促进作用。

第二节 国内外土地开发整理调查研究

一、国际开展土地开发整理的经验

荷兰农村土地开发整理方面已具有 60 多年的历史，他们在实施土地开发整理的过程中，始终坚持使农场主和当地居民的个人利益与社会利益达到协调一致的原则。如荷兰 1985 年颁布实施的《荷兰土地整理条例》，就明确了土地整理要全面地保障农村地区的各种利益，并给予地方政府决定土地整理项目实施的权力，即土地整理项目的选择和立项的决定权由项目区中多数土地所有者和使用者控制。土地整理委员会必须包含项目区内土地所有者和使用者的代表，并制定了土地整理项目规划的协商与公示制度。《荷兰土地整理条例》还要求土地整理委员会在制订规划的过程中，必须征求国家科学委员会关于自然和景观保护的建议，并在土地整理规划中设立必要的措施以保护土地景观。在土地整理的初期要强调增加农田的平均场地尺寸，以及土壤改良、排灌系统的改善、建立高质量的农田基础设施等农业经济性指标。近些年来荷兰土地整理工作的重心已逐渐转移到保护农业生态环境、美化土地景观，以及建设户外娱乐设施等方面。

在第二次世界大战之后，前西德农业生产落后，农业耕作单元较小，农场平均耕作土地面积只有 8h ㎡，且土地插花、零碎分散现象普遍出现，这严重地阻碍了该国农业机械化、农田基本建设和农业生产专业化的发展。为了改变这种农业落后的现状，前西德政府实施了以"土地整理"、"农业结构调整"为核心的"绿色计划"，使土地集中与农业现代化均衡发展，并坚持土地集中与水利、道路、电力和住宅区等农村基础设施全面规划、协调进行的原则，综合实施土地整理与农村居民点整理（如农户升级与搬迁、建立集约化的大农场等），从而使前西德的农业生产率得到提高，农业劳动收益显著增加，农业生态环境质量和农村生产生活景观都能够得到改善。如前西德1950 年一个农业劳动力只能供养 10 个人（10×800kg 食物），1990 年一个农业劳动力就能供养 89 个人（89x1300kg 食物）；谷物单位面积产量由 1950 年的 2580kg／h ㎡，增加到 1990 年 5607kg/h ㎡增加了 1.7 倍。与此同时，在土地开发整理与农业结构调整的过程中，逐步建立了农业科研、技术推广与咨询等社会化服务体系。总之，德国土地整理程序规范而严格，即制定土地整理规划、明确土地产权归属及其利益、具体实施土地整理规划、核算并评估实施土地整理的效益。一项平均规模和中等难度的土地整理项目，其实施所需要的时间可达 10 年以上，这样确保了土地整理在建设可持续农业中发挥重要的作用。

美国和法国作为世界农业生产大国，它们主要是通过土地开发整理使农业生产规模不断扩大和农业生产专业化。如美国在 20 世纪中期通过土地开发整理，在中部大草原地区建成了著名的小麦生产地带（生产全美国 70% 以上的小麦）、玉米生产地带（45% 的玉米）、棉花和烟草生产地带，在加州谷地建成了著名的果品生产基地。法国则根据各地自然环境条件，将全法国划分为 470 个农业专业化生产经济区，极大地提高了农业生产率和农产品的市场竞争能力。

韩国是人多地少的国家，经济和农业生产发展的历史对我国具有重要的借鉴意义。早在 20 世纪 60 年代韩国农业经营规模小，农户居住分散，并出现了农村人口"弃农离农"的现象，农村缺乏中坚农户，农业生产后继乏人。这种现象与我国福建省、浙江省等经济相对发达的农村现状相类似。韩国社会的这种快速工业化和城市化发展历程，也导致了自然环境质量的恶化、农业人口的"妇女化"和"老人化"、农业劳动生产率低下、农业经济恶化等问题。为了有效解决农业和农村问题，韩国政府制定一系列加强和扶持农业的政策，在充分调查区域地形、土壤、水利等农业基础设施的基础上，采取以下土地整理措施：一是通过实施土地的集约化利用提高土地利用率，还限制企业及个人将农用地转移到农业以外的用途，防止农用地的休耕或弃耕；二是鼓励农用地所有权、租借权的转移和农用地的委托经营，以有效扩大农业生产规模，提高农业生产效益；三是加强农业和农村生活基础设施建设，开发和普及环境协调型农业技术（即将现代生物技术运用到设施园艺、花卉、植物工厂、食用菌生产、特产农业等），以消除城乡差别，使农民安居乐业，农业得以稳定发展，农村得以持续繁荣。

日本也是人多地少的国家，在 20 世纪中期快速工业化和城市化的过程中，农村农业的发展也经历了曲折的发展过程。日本随即开始了土地改良，其中心内容是田间整治、道路与排灌系统整治和市町村组合等。日本经过这样广泛的土地改良，使农用地的水利设施、道路系统得到改善，同时促进了农业多种经营的发展，如水库养鱼、田间周边造林、明渠封顶作为停车场等。既增加了农业收入，又有效地保护了农业生态环境。

综上所述，国际土地整理工作具有以下特征：第一，强化农业基础设施建设，以改善农业生产的基本条件，提高了农业生产率。日本在实施农业开发及其土地改良之后，基本上实现水田排灌化，水稻生产过程的机械化，使得日本基本实现了蔬菜、水果和畜产品的自给，粮食的自给能力也大大增强了。美国在实施田纳西流域开发计划之后，使流域内适宜种植小麦、大豆、玉米等耕地上农作物的生产率成倍增加。第二，增强了农产品的国际竞争能力。日本通过实施土地改良以及韩国实施土地整理，均大大地降低了农业的生产成本。如日本水稻生产成本降低了 60%，从而极大地提高了稻米的国际竞争能力。第三，创造就业机会、提高农民收入。泰国通过对贫困农村实施土地开发整理和农业综合开发，使 5700 多个农村的百万农民摆脱了贫困。韩国通过实施土地整理曾经使部分农民的收入超过城市工人的收入，并为农民提供了大量就业机会，使农民生产生活条件进一步改善，在一定程度上不仅扼制了农村青壮年劳动力流失现象，而且还减缓了农村人口向城市迁移集中的进程。第四，改善了农业生态环境质量和农民的生活条件。如日本在实施山区土地开发整理的过程中，十分重视保护森林资源，使山区水土流失得到有效控制。韩国则将改善农业生产环境、美化农业景观、改善农民生活条件作为农村土地开发整理的重要标志，使农民告别了传统的草房建筑而实现了农村电气化。由于世界各国的自然环境、社会发展历史、经济发展水平、社会制度、人口与文化的差异，土地整理的组织管理、规划与实施、费用分摊与效益评估标准各不相同，因此，国外的土地开发整理只能给我们以启示和借鉴的作用。

21 世纪世界农业发展的基本方向是创建可持续农业，即就是一种能生产出足够的食物和纤维，以满足当代人的需要，又不破坏甚至能够保护自然资源和改善生态环境，从而保证满足今后世世代代需要的农业生态系统。由此可见，当今国际土地开发整理的发展趋势：一是强化农业基础建设，提高区域农业综合生产能力及其农产品的市场竞争能力；二是改善农村生态环境质量，创建可持续的清洁化大农业生产模式；三是通过优化区域土地利用结构以美化农业生产景观（或土地景观），通过发展绿色、生态、可控农业（设施农业）创建国家级现代农业科技示范园区。

二、国内兄弟省市开展土地开发整理的经验

主要介绍国内社会经济较为发达的省份，如福建省、浙江省、河北省和上海市开展土地开发整理方面的经验。

福建省已经在土地开发整理的实践中，建立比较完整的省级土地开发整理规章制度，并主要用于指导土地开发整理工作。其主要实施机构是福建省土地开发整理中心（国家全额拨款的事业单位），其下设综合、项目、稽查、技术和储备五个科。其中综合科（办公室）的主要任务是协助中心领导组织、协调中心的日常工作；项目科主要任务是项目立项审查、预验收和围垦管理；稽查科主要任务是核查工程质量和资金管理；技术科主要任务是控制工程设计和设计变更；储备科主要任务处理原来地产中遗留问题，收集欠债、围垦费用和负责耕地占补平衡。

福建省的主要经验有：第一，初步建立了土地开发整理项目实施的"四查制"，即一是查内业，在项目动工10%后，核查项目的施工组织与计划、项目等级、经费计划、总结与管理、开发整理标准等，并对不合格者下发整改通知书，要求在规定期限内反馈；二是查质量，在项目完成35%左右时，相关人员就会开始检查土地开发整理的施工程序，是否按规划设定的方案实施，并预判未来的耕地质量状况；三是查中期拨款，土地开发整理的款项是否专款专用，并预判其使用效果；四是查工程进度及工程质量，在项目完成70%～80%左右时，进行预验收前的一次核查。第二，以土地开发整理项目区为平台，创建现代农业生产的新模式。如福清市土地整理中心则将整理后的土地，以承包的方式分配给相关农民，同时鼓励农民作为"地主"将其承包土地租赁给"企业"，如精准农业公司等，开展以水果、蔬菜和花卉为代表的劳动力密集型产品的生产。土地承包者（即农民）又以打工的方式参与"企业"，如精准农业公司等的生产劳动，从而使农民成为事实上的产业工人。在这样现代化的农业生产过程中，农民一方面获得了固定的收入，另一方面又学到了现代农业生产技术，并且能够了解农产品的市场状况，同时又能监督"企业"等使用土地经营农业生产的单位是否采取了科学合理的农业生产方式，以确保土地质量和农业生态环境不受损害。通过实践证明，这种建立在市场经济体制之上的农业经营模式，已经成为塑造社会主义新农村、新农业、富裕

新农民的一项根本措施。第三，在土地开发整理过程中初步设定了土壤改良的内容，主要是针对围海造田的土地必须实施土壤改良，在福建省长泰县土地整理项目中就有土壤改造（改良）工程的内容，以确保土地开发整理的增产增收作用。

第三节　土地整理在京郊社会主义新农村建设中的作用

北京市在借鉴国内外相关经验的基础上，自 2000 年初开展了系统性的土地开发整理及其相关研究，对于促进北京市和谐城市建设、京郊社会主义新农村建设、缓解城乡二元结构发挥了巨大的作用。

一、土地开发整理确保了基本农田保护及耕地的占补平衡

北京市国土资源局结合首都生态环境建设、农田水利设施建设等工程，在进行充分生态环境影响评价的前提条件下，重点对宜农荒地实施土地开垦、对破瓦窑及其取土用地、废弃旧村址、废弃坑塘及渠道、采沙石场、堆沙石及固体废弃物堆放场地等进行治理与复垦。仅在 1997—2001 年期间累计开发整理、复垦优质耕地约 1 万 hm²，在保持耕地总量动态平衡的同时，还为改善北京市郊区农业生态环境质量做出了重要贡献。

二、土地开发整理促进了首都生态环境圈建设

土地开发整理发展历程可划分为三阶段：一是通过田、水、路、林、村的综合整治来增加耕地面积、提高耕地质量以达到增加粮食综合生产能力的目的；二是结合土地整理及土地利用配置的优化，有效地开展农业及农村生态环境建设，以创建可持续农业生产模式；三是结合土地整理和村庄整理，在美化农业生产及农村景观的同时，提高了土地资源的利用效益，促进了农村经济的快速发展和农民生活水平的全面改善。近 5 年来北京市在经济持续高速发展、人民生活水平显著改善、基础设施建设速度明显加快的情况下，还可以通过土地开发整理使得城郊农业生态环境质量得到显著改善。

农村及农业生态环境治理效果明显。北京市结合土地开发整理、中低产田改造等实施了国家级生态示范县建设。林业生态工程、密云水库上游水土保持工程、饮用水源保护及泥石流防治工程、前山坡地爆破造林工程等，在改善农业生态环境及建设生态农业等方面取得了突破性进展。郊区平原的农田林网和主要干线公路绿色通道建设成绩显著，在适度开发宜农荒地的同时，使得北京市山区林木覆盖度提高到 60% 以上，并且建成了经济效益、社会效益（安置劳动就业）、生态环境效益十分显著的高

标准园地面积 11.92 万 h㎡；平原区营造林网（特别是区县城、卫星城外围地区的林网）和林片总面积超过 10 万 h㎡。与此同时，结合土地开发整理及生态环境建设工程，治理水土流失面积超过 1200k㎡，使治理地区土壤年平均侵蚀模数由 2000t／k㎡下降到 1600t／k㎡，使水土流失和农业面源污染扩散得到有效控制，确保密云水库、怀柔水库的水质连续保持国家地表水二类水质标准。通过土地复垦等综合措施治理砖瓦厂、河道采集沙石场等废弃荒地，并在永定河、潮白河、大石河、南口以及延庆县康庄等重点风沙危害区营造经济型的生态林 2 万 h㎡ 以上，为有效控制地面扬尘、改善大气质量发挥了积极作用。

土地开发整理在促进北京市郊区土地利用模式优化、提高土地资源效率方面成绩显著。国内外相关研究成果表明，生态环境退化是区域土地利用的产物，美国 EPA 的专家通过监测新泽西州一个小流域过去 30 年的生态环境变化，指出所有的生态环境问题事实上都是区域土地利用与土地规划问题。基于上述认识，北京市国土资源局组织相关研究专家，2000 年初市土地整理中心在开展平谷区土地开发整理的实践过程中，就设立了土地开发整理的生态环境影响评价专题；2002 年向市委市政府提交了《北京市土地资源利用变化与生态环境分析报告》。在上述调查的基础上，明确了土地开发整理目标就是创建区域可持续农业生产模式，将传统的土地管理方式逐步转变为以生态农业土地评价为核心的土地规划及管理模式，并采取有效措施优化区域土地利用配置，使生态环境效益和经济效益较好的林地与园地面积比重得到增加，以达到从根本上消除引发生态环境退化的因素。

土地开发整理工作的开展强化了对自然资源的保护，随着土地开发整理特别是工矿废弃土地复垦工作的开展，北京市政府先后决定在本市行政区域内开始全面禁止开采沙石、生产黏土或部分以黏土为原料的实心砖、多孔砖、空心砖以及黏土瓦，并要求尽快对废弃的工矿用地进行复垦。在水源涵养林及生态防护林集中的山区，严格禁止过度开垦与建设，与此同时，市人民政府坚持以人为本的科学发展观，对山区生态林建设和管理实行"养山就业、规范补偿、以工代补、建管结合"的方针，为有效保护山区造林绿化成果，提升山区绿色生态屏障建设和管理水平，切实维护山区农民的利益，促进山区经济全面、协调和可持续发展，建立了山区生态林补偿机制，通过建立生态林补偿机制，实现山区农民由"靠山吃山"向"养山就业"转变，推进了山区生态环境建设和社会经济的协调发展。

三、土地开发整理促进了京郊农村经济持续快速发展

土地开发整理作为政府扶持农业的重要手段，必须不断强化农业生产的基础条件，支持农业经济结构的战略性调整，以提高农业综合生产能力，确保社会主义新农村建

设事业的快速发展。北京市国土资源局认真贯彻了市委市政府有关农业和农村经济发展的政策，将提高土地综合生产能力、增加农民收入作为土地开发整理的重要目标，使土地开发整理资金及其相关工程措施在调整土地利用结构、农业生产结构、强化农业基础设施建设、优化土地权属等方面发挥了重要的作用。

仅 2003 年北京市新兴农业实现产值 148.3 亿元，占郊区农林牧渔业总产值的比重为 62.9%；使新兴农业对北京市郊区农业总产值增长的贡献率达 133.6%。北京郊区种植业由传统二元结构向三元结构转变，蔬菜种植面积发展到 6 万 h ㎡，花卉、药材种植面积突破了 0.67 万 h ㎡，饲草种植面积达到 1.85 万 h ㎡。养殖业发展快速，产值占大农业产值比重达到 50% 农业科技的推广应用和先进技术装备水平明显有所提高，近 11 万农民经过培训获得绿色证书。北京大力发展绿色农业，在全国率先启动农产品安全体系建设。

土地开发整理工作的开展对促进北京郊区农民就业增收，保持农村社会稳定，统筹城乡协调发展发挥了积极的作用，在促进郊区农村经济持续发展方面也发挥了重要的作用。据统计，随着近些年来大规模的土地开发整理项目的实施，北京郊区农民年平均每人纯收入从 1997 年约 3224 元（未开展土地整理时）增加到 2003 年的 6496 元，即土地开发整理直接或间接地使北京郊区农村农民年均纯收入翻了一番。

四、土地开发整理增强了农业生产能力和市场竞争力

近 5 年以来土地开发整理工作在北京市郊区全面展开，实施的 755 个市级土地开发整理遍布北京郊区 11 个区县的 50 个乡镇。市土地整理储备中心与市发展与改革委员会、市农村工作委员会等密切协调，坚持以经济建设为中心，以富裕农民为主线，进一步深化土地开发整理及土地管理改革，积极推动了农村产业结构和土地利用结构的调整，大力加强农业基础设施和农村基本建设，取得了突出的成就：一是土地开发整理增强了北京郊区综合经济实力，农民生活实现了小康。北京市郊区农村经济年平均增长率达到 8.0% 以上，2003 年京郊农村人均国内生产总值超过万元，农民人均年纯收入达到 6496 元。二是带动了产业结构的调整，使现代农业初具规模，种植业由粮食、经济作物二元结构开始向粮食、经济作物、饲料饲草三元结构转变，新兴农业等迅速兴起，乡镇企业二次创业全面推进，区县工业开发区、乡镇工业小区建设加快，郊区旅游业蓬勃发展，农村消费市场活跃。三是土地开发整理促进了农业增长方式的转变，使科学技术成为农村经济增长的主导性因素。随着土地开发整理和农业科技的广泛运用，科学技术对农业生产的贡献率已超过 55%。四是开创了农田水利基本建设的新局面，掀起了京郊生态环境建设的新高潮。全市节水设施控制农田面积达到 26.7 万 h ㎡，林木覆盖率达到 43%。五是改善了山区生产生活条件，加快了经济发展

的步伐，已经全面消除了人均年劳动所得在 1500 元以下的低收入村。六是进一步深化了农村和农业改革，以家庭承包经营为基础、统分结合的双层农业经营制度进一步健全，农民成为农业生产领域的投资主体，农业专业化合作经济组织和农村非公有制经济发展加快。另外北京市政府为了保护本市粮食综合生产能力，保护农民种粮积极性，给种粮农民以优惠政策，以增加粮食种植面积、提高粮食的产量和质量。采取了对本市郊区种植小麦、玉米的农户实施种植面积和良种补贴，即小麦种植按每公顷补贴 750～900 元；玉米种植按每公顷补贴 450～600 元。这从政策上确保了土地开发整理项目实施所带来的新增耕地能够及时用于粮食生产。

第四节　北京特色土地开发整理管理运作模式

运用科学的发展观来指导土地开发整理工作，是北京市管好、用好土地资源的前提。北京市人多地少，人均耕地和宜农后备土地资源更少，而且随着经济的迅速发展、郊区城镇化进程的加快和人民生活水平的不断提高，基础设施及奥运工程建设与耕地保护的矛盾日益突出，以及生态环境建设所必需的退耕，都已成为经济发展和人民生活改善的重要制约因子。但从总体上看，北京市境内耕地资源一方面十分紧缺，另一方面还存在着利用不合理、浪费和荒弃耕地的现象。根据国际上土地经营和管理的经验，通过开展区域土地开发整理与复垦，促进传统粗放的土地资源利用模式向集约高效的土地利用模式的转变，可以确保土地生产力的持续增长和农业生态环境的优化。因此，创建可持续的农业生产模式，是缓解建设占地与耕地保护矛盾的关键所在。为此，在总结近 5 年来北京市土地开发整理的实践经验，以及在借鉴国内外土地开发整理经验的基础上，运用科学的发展观来指导土地开发整理及其管理工作，建立了具有北京市特色的土地开发整理项目管理模式。

一、构建了集成型的土地开发整理管理模式

以科学的发展观为指导，构建集成型的土地开发整理管理模式是北京市土地开发整理制度的核心和重要组成部分。由于自然地理环境、经济发展条件、开发历史以及区位条件的不同，北京市境内土地利用结构的地域差异明显，而且以水土流失、土壤风蚀沙化、农业面源污染扩散等为主的生态环境问题较为突出。据有关资料显示，2000 年北京市有水土流失面积约 4089km "的三河两滩" 地区（千平方公里）为风沙危害的重点地区。联合国粮农组织（FAO）和环境规划署（UNEP）的专家研究了以水土流失为特征的区域土地持续退化问题，认为缺乏生态环境成本的土地资源评价体

系、急功近利型的土地开发利用方式、分散型土地资源管理方式是主要原因。因此，在规划、设计与实施土地开发整理项目的过程中，政府土地资源管理机构应该与其他相关部门，如发展改革委员会、农业、林业、环保、水利、电力、交通、劳保、财务和民政等机构密切协调，以土地开发整理项目区域为平台，统筹政府各个职能管理机构的作用，在实际工作中落实科学发展观，建设资源节约型和环境友好型的生态农业，以促进京郊经济的可持续发展和改善的人民生活。市土地整理储备中心在 2001 年在开展平谷区土地开发整理规划研究的过程中，就开始与规划局、水利局、林业局、农业局、环保局等协调工作，编制了科学性强和操作性较好的土地开发整理规划。2005 年市建设委员会在实施关闭境内众多黏土砖厂的过程中，就联合市国土资源局、市水务局、市农村工作委员会等机构，对砖厂废弃土地实施有效的复垦，在转变京郊农村经济发展方式、提高农民经济收入、发展农业生产、改善农村生态环境和人民生活水平等方面取得了显著的效益。

二、建立土地开发整理的生态环境影响评价制度

在科学的发展观指导下，建立土地开发整理的生态环境影响评价制度是科学合理利用土地资源的重要前提，也是统筹人与自然和谐发展的重要途径。统筹人与自然和谐发展不仅是科学发展观的主要内容之一，而且还是土地开发整理必须面临的研究议题。2003 年 9 月 1 日起施行的《中华人民共和国环境影响评价法》第七条明确规定：国务院有关部门、设区的市级以上地方人民政府及其有关部门，对其组织编制的土地利用的有关规划，区域、流域、海域的建设、开发利用规划，应当在规划编制过程中组织相关人员对环境影响进行评价，编写该规划有关环境影响的篇章或者说明。土地整理是针对特定行政区域或自然地域，按照区域土地利用总体规划或城市规划所确定的目标和用途，采取行政、经济、法律或工程措施对土地利用现状进行调整改进、综合整治，以提高区域土地利用率和产出率，改善农村生产、生活条件和生态环境过程的总和；土地开发是指在保护和改善生态环境、防止水土流失和土地荒漠化的前提下，采用工程、生物等技术措施，将未利用的宜农土地资源投入利用与经营的活动。土地开发整理的基本功能是进行国土资源整治和补充耕地面积的不足，在经济快速发展的同时，使农业生态环境得到根本改善。作为生态环境系重要组成要素的土地资源，其开发整理与生态环境的变化密切相关，因此，进行土地开发整理中的生态环境保护研究也是实现土地整理总目标的重要方面。国土资源部 2000 年颁布的土地开发整理标准明确指出，土地开发整理规划方案的可行性分析包括经济效益分析、环境效益分析和社会效益分析。早在 2001 年市土地整理储备中心就在平谷区夏各庄镇土地开发整理试点研究中，设立了土地开发整理的生态环境影响评价专题研究，随后在编制怀

柔、延庆等区县土地开发整理规划中均设立相关研究专题。这些专题科学地评价了土地开发整理对生态环境的影响，即预测土地开发整理活动本身对生态环境的不利影响；预测未来农业生产过程可能引起的生态环境问题；也对土地开发整理过程中可能存在的生态环境问题进行科学的研究，提出切实可行的、有效的生态环境保护对策。浙江省土地整理中心则在土地开发整理的过程中，引导土地经营者（或承包者）进行对土地质量和生态环境的影响进行评价监测，以确保土地持久高效的生产力，以创建可持续发展的农业生产模式。

三、土地开发整理与创建现代化农业生产模式相配套

北京市是"大城市，小郊区"，且京郊经济发展程度差异明显，因此，在实施土地开发整理的过程中，以科学的发展观统筹城乡发展、区域发展，以及解决"三农"问题就显得更加重要。自 1999 年以来，北京市财政投入土地开发整理资金高达 4.5 亿元，再加上国家投入的相关资金、区县自筹资金和利用社会资金，在超过 10 亿元以上资金的支持下，我市实施各类土地开发整理项目约 100 项，在土地开发整理项目的规划、设计与实施过程中进行了深入的调查与科学研究，并且以土地开发整理项目所在区域为核心，创建了可持续的农业生产模式，这些土地开发整理项目直接或间接地带动了北京市新兴农业（设施农业、籽种农业、精品农业、观光农业、创汇农业和加工农业）的迅速发展。仅 2003 年北京市新兴农业就实现了产值 148.3 亿元，占郊区农林牧渔业总产值的 62.9%；使新兴农业对北京市郊区农业总产值增长的贡献率达 133.6%。目前北京郊区种植业开始由传统二元结构向三元结构转变，蔬菜种植面积发展到 6 万 h㎡，花卉、药材种植面积突破了 0.67 万 h㎡，饲草种植面积达到 1.85 万 h㎡。随着土地开发整理工作的开展，京郊农业科技的推广应用和先进技术装备水平明显提高，近 11 万农民经过培训获得绿色证书；京郊绿色农业得到大力发展，并在全国率先启动农产品安全体系建设。

四、创建适应市场经济需求的农业经营模式

实施土地开发整理，逐步创建适应市场经济需求的农业经营模式，这是当前塑造新农村、新农业、富裕新农民的根本。统筹城乡发展的实质，是促进城乡二元经济结构的转变。我国正处在深刻的社会转型过程中，从城乡二元经济结构向现代社会经济结构转变，将是今后几十年我国经济发展的基本走向。过去主要是农业生产问题，现在是围绕"农民、农村、农业"，注重通过"三化"，即农业生产的产业化（农副产品的工业化生产）、农村社区的现代化、农业经济（农业劳动力配置、农副产品生产与交易）的市场化，来促进"三农"问题的根本解决。由于自然环境条件及其自然地

理过程的差异性，实际上造成了城乡之间在资源分配和发展机遇等方面的"不公平"，这就需要建立相应的"补偿"机制，以消除或缓解这种"不公平"现象，以达到城乡的共同发展。土地开发整理本身就是政府利用城市的资金与技术优势，按照区域土地利用总体规划或城市规划所确定的目标和用途，采取行政、经济、法律或工程措施对土地利用现状进行调整改进、综合整治，以提高区域土地利用率和产出率，改善农村生产、生活条件和生态环境质量的总和。这样就极大地提升了京郊农业生产的市场竞争能力。据北京市统计局资料显示，2004 年一季度北京市郊区农业增势稳定，农产品出口成倍增长，农林牧渔业产值完成 30.92 亿元，同比增长 11.4%：农产品出口交货 9140 万元，同比增长 3.8 倍。在土地开发整理的过程中还可以探索鼓励农民作为"地主"将其承包土地租赁给"企业"，如精准农业公司等，开展以水果、蔬菜、花卉为代表的劳动力密集型产品的生产；土地承包者（即农民）又以打工的方式参与"企业"，如精准农业公司等的生产劳动，从而使农民成为事实上产业工人，以逐步塑造京郊社会主义新农村、新农业、富裕新农民的新途径。

参考文献

[1] 杨壮壮. 土地利用转型与土地资源管理路径分析 [J]. 地产, 2023（1）: 4.

[2] 王雨薇. 城乡规划管理中土地资源管理和资源环境研究 [J]. 中国科技期刊数据库 工业 A, 2023（3）: 3.

[3] 李金梅. 新形势下土地资源管理与土地利用转型的探究 [J]. 中国科技期刊数据库 工业 A, 2023（4）: 4.

[4] 刘小平. 新时期土地资源管理与土地利用开发研究 [J]. 中文科技期刊数据库（全文版）社会科学, 2023（4）: 4.

[5] 李振坤. 浅论城乡规划管理中土地资源管理和资源环境 [J]. 中国科技期刊数据库 工业 A, 2023（2）: 3.

[6] 李维. 浅谈土地资源管理与经济可持续发展 [J]. 中文科技期刊数据库（全文版）自然科学, 2023（2）: 3.

[7] 李雪霖. 基于城乡规划建设的土地资源管理研究 [J]. 科技创新导报, 2022（003）: 019.

[8] 王葵, 宋建中. 测绘技术在土地资源管理中的应用研究 [J]. 科技创新与应用, 2022（010）: 012.

[9] 马雪. 地理信息系统在国土资源管理中的应用 [J]. 中文科技期刊数据库（文摘版）工程技术, 2022（7）: 3.

[10] 杨君风. 土地资源管理中地理国情监测机制运用分析 [J]. 中文科技期刊数据库（全文版）自然科学, 2022（1）: 4.

[11] 杨木壮林彤赵冠伟吴大放冯艳芬. 新时期土地资源管理专业研究生培养模式探讨 [J]. 教育教学论坛, 2022（39）: 133-136.

[12] 李晓琳, 肖颖, 李佳璇. 地理大数据与土地资源管理专业课程融合教学初探 [J]. 教书育人: 高教论坛, 2022（10）: 4.

[13] 仇晓宇. 浅议如何积极推进同土资源管理创新 [J]. 2022（6）.

[14] 王玉山. 新时期土地资源管理与土地利用综合规划浅析 [J]. 中文科技期刊数据库（全文版）社会科学, 2023（4）: 4.

[15] 马克鹏. 土地利用转型与土地资源管理 [J]. 电脑乐园, 2022（4）: 0271-0273.

[16] 颛孙萍. 土地资源管理对经济和社会可持续发展影响分析 [J]. 地产, 2023 (4)：4.

[17] 张泽. 谈土地资源管理与经济可持续发展的思考 [J]. 中文科技期刊数据库（全文版）经济管理, 2022 (7)：4.

[18] 柴建民, 周佃朋. 浅谈土地资源管理与经济可持续发展 [J]. 长江技术经济, 2022, 6 (S01)：3.

[19] 屈金超. 土地资源管理中"智慧国土"建设研究 [J]. 合作经济与科技, 2022 （ 12)：142-143.

[20] 李丽莉. 浅谈土地资源管理助推乡村振兴战略实施的政策建议——以丹东市为例 [J]. 辽宁自然资源, 2023 (1)：3.

[21] 王志华. 浅谈国土资源管理中节约集约土地的创新策略 [J]. 中文科技期刊数据库（文摘版）工程技术, 2022 (11)：3.

[22] 王爱英. 国土资源大数据应用的土地资源管理模式创新探析 [J]. 中文科技期刊数据库（全文版）社会科学, 2022 (11)：3.

[23] 夏长青. 基于国土资源大数据应用的土地资源管理模式创新研究 [J]. 居业, 2022 (9)：172-174.

[24] 王潭. 城乡一体化发展背景下洛阳市土地管理创新策略 [J]. 乡村科技, 2022, 13 (12)：4.

[25] 彭丽青. 土地测绘在土地资源开发管理中的应用 [J]. 科学大众：科技创新, 2022 (43).

[26] 高阳, 吴浩, 李鑫, 等. 国家自然科学基金"土地科学和自然资源管理"申请代码领域研究格局, 热点透视与发展展望 [J]. 自然资源学报, 2022, 37 (12)：3049-3059.DOI：10.31497/zrzyxb.20221202.

[27] 肖蔚. 智慧国土资源管理体系构建研究 [J]. 科技创新导报, 2022, 19 (25)：4.

[28] 秦以明. 智慧国土建设下的土地资源管理研究 [J]. 电子乐园, 2022 (11)：0280-0282.